"双一流"建设精品出版工程
"十三五"国家重点出版物出版规划项目
航天先进技术研究与应用/电子与信息工程系列

基于项目学习与大学生科技创新

PROJECT-BASED LEARNING AND INNOVATION
FOR COLLEGE STUDENTS (GENERAL EDITION)

（通识篇）

何胜阳　赵雅琴　主编

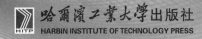

内 容 简 介

本书是"基于项目学习与大学生科技创新"系列的通识篇,以哈尔滨工业大学电子与信息工程学院的大学生在科技创新活动中开展的相关工作为基础,并且融合了"PjBL与科技创新"课程教学内容及编者在大学生科技创新活动指导过程中的工作经验,旨在帮助缺乏科学研究经验的高校新生基于项目学习理论,深入了解大一年度项目、大学生创新创业训练计划和专业学科竞赛等科技创新活动所需的基础知识,通过组建科技创新团队、优化项目选题、撰写过程文档和规范学术道德等方面的训练,引导大学生在全面了解科技创新活动过程的基础上,掌握科研工作的基本知识和方法。

本书可以作为高等学校电子信息类学生基于项目学习理论的培训教材,也可以作为电子类学生了解专业科技创新活动的通识类读本。

图书在版编目(CIP)数据

基于项目学习与大学生科技创新. 通识篇/何胜阳,赵雅琴主编. —哈尔滨:哈尔滨工业大学出版社,2021.5
ISBN 978－7－5603－9317－9

Ⅰ.①基… Ⅱ.①何… ②赵… Ⅲ.①大学生－创造教育－研究 Ⅳ.①G640

中国版本图书馆 CIP 数据核字(2021)第 016867 号

策划编辑	许雅莹
责任编辑	周一瞳
封面设计	屈 佳
出版发行	哈尔滨工业大学出版社
社　　址	哈尔滨市南岗区复华四道街 10 号　邮编 150006
传　　真	0451－86414749
网　　址	http://hitpress.hit.edu.cn
印　　刷	哈尔滨博奇印刷有限公司
开　　本	787mm×1092mm　1/16　印张 12　字数 303 千字
版　　次	2021 年 5 月第 1 版　2021 年 5 月第 1 次印刷
书　　号	ISBN 978－7－5603－9317－9
定　　价	32.00 元

(如因印装质量问题影响阅读,我社负责调换)

前　言

积极组织和引导在校大学生踊跃参与科技创新活动,是高校实践育人的重要内容,是青年学生综合素质培养的重要组成部分,也是提高当代大学生培养质量、增强大学毕业生综合能力和素质的重要举措。在参与科技创新活动的过程中,学生除可以提高科技创新能力外,还能得到科学思维能力、领导能力、团队协作沟通能力、市场营销宣传能力、项目组织管理能力、成果总结提炼能力等多维度、全方位能力锻炼。近年来,各高校均大力推行创新教育改革,全面提高创新教育质量,着力培养信念执着、品德优良、知识丰富、本领过硬的高素质专门人才和拔尖创新人才。但是,科技创新活动所涉及的内容相当广泛,对于大学新生来说,其科技创新能力的培养不可能一蹴而就,而需要通过长期的积累和训练。

基于项目学习(PjBL,Project-Based Learning)要求学生按照项目团队的形式,借助各种教学和科研资源,通过自主学习、自主管理、自主规划、自主设计,在一定时间内独立完成一项硬件作品或软件程序。基于项目学习摒弃了传统教学模式中教师主导教学、学生被动学习的方式,倡导以大学生为项目主体、教师指导为辅助的一种学习新模式,是国际流行的教育方式之一。基于项目学习为培养大学生的综合素质提供了一套可行的方法,十分符合中国教育发展新形势,对当前的专业学科教学、综合实践课、研究性学习都有很好的参考意义,是提高大学生科技创新能力和综合素质的有效途径。

"基于项目学习与大学生科技创新"系列,是以哈尔滨工业大学电子与信息工程学院的大学生科技创新活动开展的相关工作为基础,并且融合了"PjBL 与科技创新"课程教学内容及编者在大学生科技创新活动指导过程中的工作经验,旨在为缺乏科学研究经验的大学生在科研选题、研究项目申报、研究计划制定、研究成果总结以及科技论文撰写、专利发表、财务报销等方面给予指导和训练,使大学生对科技创新活动过程有一个比较全面的了解和认识,掌握科技创新活动中所需用到的基本技能,引导大学生初步了解和掌握科研工作的基本知识和方法,使其在遇到某个科学问题时,知道如何运用所学知识去解决这些科学问题,为将来从事科研和技术工作奠定一个良好的基础。

本书作为"基于项目学习与大学生科技创新"系列丛书的通识篇,分 8 章内容对科技创新相关的通用基础知识做介绍。第 1 章是绪论,对开展科技创新活动的目的和意义进行阐述,并且从国家层面对国家创新战略和创新战略的人才需求做了介绍;第 2 章对基于项目学习与大学生科技创新理论进行梳理,对哈尔滨工业大学的创新能力培养体系和创新活动基本流程做了简单介绍;第 3 章和第 4 章分别对大一年度项目、大学生创新创业训练计划的项目流程、管理规范、历年选题等情况进行介绍;第 5 章从学生团队、指导教师两个方面对组建大学生科技创新团队的相关注意事项进行介绍;第 6 章就科技创新活动的选题进行介绍,主要内容包括选题的意义与原则、选题的来源与策略及方法、选题的误区与注意事项,以及选题的评价等;第 7 章重点介绍科技创新项目过程文档的撰写方法和规范;针对当前科研工作者的学术道德及学术造假问题,本书特意编写了关于学术道德以及学术规范方面的内容作为第 8 章内容,对大学中的这些未来的科技工作者进行学术道德方面的教育和培养。

本书得到黑龙江省教育厅重点课题"一流本科教育人才培养体系、建设研究"(批准号:STGZ 20180017)和黑龙江省教育科学规划重点课题"新工科背景下电子信息类创新创业实践教育体系"(批准号 GBB 1318036)的支持。

本书由何胜阳、赵雅琴主编,张俐丽参加了第 3 章、第 4 章的材料组织和编写工作。

本书在编写过程中,引用了国家关于创新创业方面的政策文件,借鉴了国内外有关基于项目学习、创新思维、创新实践等方面的文献资料和成果。在此向所参阅专著、论文的原作者表示诚挚的感谢。尽管力求翔实生动,但限于篇幅和编者水平,书中难免有疏漏之处,参考文献也未能一一列出,不当之处敬请指正。

编　者

2021 年 1 月

目 录

第1章 绪论 ·· 1
    1.1 开展科技创新的目的与意义 ·· 1
    1.2 科技创新与创新创业教育 ··· 11
    1.3 中国的创新战略 ·· 15
    1.4 创新战略的人才需求 ·· 20

第2章 基于项目学习与大学生科技创新理论 ··· 22
    2.1 基于项目学习的理论 ·· 22
    2.2 大学生科技创新活动的理论与实践 ··· 26
    2.3 基于项目学习的科技创新活动基本流程介绍 ··· 29

第3章 大一年度项目 ·· 41
    3.1 大一年度项目由来 ··· 41
    3.2 大一年度项目介绍 ··· 41
    3.3 项目流程 ·· 44
    3.4 大一年度项目管理规范 ··· 47
    3.5 大一年度项目历年情况介绍 ··· 53

第4章 大学生创新创业训练计划 ··· 88
    4.1 项目介绍 ·· 88
    4.2 项目管理规范 ·· 90
    4.3 历年情况介绍 ·· 104

第5章 组建大学生科技创新团队 ·· 113
    5.1 学生团队 ·· 113
    5.2 指导教师 ·· 120

第6章 基于项目学习科技创新活动的选题 ··· 130
    6.1 选题的意义与原则 ··· 130
    6.2 选题的来源与策略及方法 ·· 135
    6.3 选题的误区与注意事项 ··· 136
    6.4 选题的评价 ·· 138

第7章 科技创新项目过程文档撰写 ·· 141
    7.1 立项报告的撰写 ·· 141
    7.2 中期报告的撰写 ·· 148

  7.3 结题报告的撰写 …………………………………………………… 155
  7.4 项目演示文稿的制作 ………………………………………………… 158
第 8 章 大学生科研学术道德规范 ……………………………………… 164
  8.1 大学生学术道德规范 ………………………………………………… 164
  8.2 有关学术道德和科研诚信的文件汇编 ……………………………… 169
参考文献 …………………………………………………………………… 185

第 1 章

绪　论

创新是社会进步的灵魂,是国家兴旺发达的不竭动力,是从根本上打开增长之锁的钥匙。创业是推动经济社会发展、改善民生的重要途径。在经济转型升级和创新驱动发展的背景下,创新创业已经成为时代的主题和国家的战略决策。作为"大众创业、万众创新"的主力军,大学生创新创业工作的顺利开展、高校创新创业教育水平的提高,不仅关乎高等教育的发展和人才培养质量的提高,更关乎国家战略目标的实现。党中央、国务院高度重视创新创业工作,尤其是对学生创新创业工作尤为关注。十八大以来,全社会都要重视和支持青年创新创业的理念已深入人心。各级政府一定要把促进毕业生就业创业作为当前十分重要而紧迫的任务,为广大毕业生投身创业创新清障减负,以创业带动就业。2015 年 5 月,国务院办公厅在《关于深化高等学校创新创业教育改革的实施意见》中明确指出,深化高等学校创新创业教育改革是国家实施创新驱动发展战略、促进经济提质增效升级的迫切需要,是推进高等教育综合改革、促进高校毕业生更高质量创业就业的重要举措。2020 年 11 月 11 日,在教育部新闻发布会上,高等教育司吴岩司长指出:深化高校创新创业教育改革是国家实施创新驱动发展战略的需要,也是中国高等教育综合改革的需要。教育部通过建基地、定标准、抓课程、强师资、推政策、强实践六大举措深化高校创新创业教育改革。吴岩强调:"通过这样的育人理念、质量标准、教育学的改革,体制机制的创新,技术方法等全面的变革,让'我敢闯、我会创'成为新时代的高等教育的新的一种素质教育。"

在"大众创业、万众创新"的大背景下,如何与时俱进地培养学生的科技创新能力是当今社会发展对高校人才培养的一个重要要求。对于当代大学生而言,科技创新能力是反映学生素质教育的重要方面,对增强各学科学生开拓创新思维及实践动手能力尤为重要,是知识型人才必备的条件。

1.1　开展科技创新的目的与意义

科技是国家强盛之基,创新是民族进步之魂。科技兴则民族兴,科技强则国家强。近年来,我国科技事业发展取得很大成就,科技创新能力显著提升,但我国科技发展水平,特别是关键核心技术创新能力,与国际先进水平相比还有很大差距,要实现"两个一百年"奋斗目标仍需努力。要切实增强紧迫感和危机感,坚定信心,奋起直追,按照需求导向、问题导向、目标导向,从国家发展需要出发,提升技术创新能力,加强基础研究,努力取得重大原创性突破。科技是国之利器,国家赖之以强,企业赖之以赢,人民生活赖之以好,这才是科技创新的重要意义和重大价值。

1.1.1 国家赖之以强

"工欲善其事,必先利其器。"大国复兴,当有利器。科技是当今世界发展之利器、强国之利器,实现中华民族伟大复兴必须建设科技强国。创新是引领发展的第一动力,是国家综合国力和核心竞争力的最关键因素。重大科技创新成果是国之重器、国之利器,必须牢牢掌握在自己手上,必须依靠自力更生、自主创新。在这个问题上,一定要保持清醒。科技创新作为提高社会生产力、提升国际竞争力、增强综合国力、保障国家安全的战略支撑,必须摆在国家发展全局的核心位置。

1. 创新是引领发展的第一动力

创新是引领发展的第一动力。抓创新就是抓发展,谋创新就是谋未来。党的十八大以来,以习近平同志为核心的党中央把创新摆在国家发展全局的核心位置,围绕实施创新驱动发展战略,加快推进以科技创新为核心的全面创新。2017年10月18日,中国共产党第十九次全国代表大会报告指出:"创新是引领发展的第一动力,是建设现代化经济体系的战略支撑。要瞄准世界科技前沿,强化基础研究,实现前瞻性基础研究、引领性原创成果重大突破。"从发展上看,主导国家命运的决定性因素是社会生产力发展和劳动生产率提高,只有不断推进科技创新,不断解放和发展社会生产力,不断提高劳动生产率,才能实现经济社会持续健康发展,避免陷入"中等收入陷阱"。

2. 科技是国家强盛之基

科技实力和创新实力决定着国家的政治经济实力,也决定着各国各民族的前途和命运。实现中华民族伟大复兴的中国梦,迫切需要科技创新的全面支撑。2014年6月9日,中国科学院第十七次院士大会、中国工程院第十二次院士大会指出:"科技是国家强盛之基,创新是民族进步之魂。自古以来,科学技术就以一种不可逆转、不可抗拒的力量推动着人类社会向前发展。16世纪以来,世界发生了多次科技革命,每一次都深刻影响了世界力量格局。从某种意义上说,科技实力决定着世界政治经济力量对比的变化,也决定着各国各民族的前途命运。"一个国家只是经济体量大,还不能代表强。国家富强靠什么?靠自主创新,靠技术,靠人才,科技是国家强盛之基。

3. 科技创新是综合国力的战略支撑

当代国际竞争实质上是一场以科技创新和技术进步为核心的竞争。在这场史无前例的国际竞争中,为从根本上提升本国的综合国力,增强发展后劲与竞争实力,不少国家都不约而同地选择了科技创新这一最佳途径,并由此掀起了一场汹涌澎湃的国际科技创新竞赛。科技创新是提高社会生产力和综合国力的战略支撑,必须把科技创新摆在国家发展全局的核心位置,坚持走中国特色自主创新道路,敢于走别人没有走过的路,不断在攻坚克难中追求卓越,加快向创新驱动发展转变。创新战略竞争在综合国力竞争中的地位日益重要。科技创新,就像撬动地球的杠杆,总能创造令人意想不到的奇迹。当代科技发展历程充分证明了这个过程。

4. 科技创新是保障国家安全的关键

科技创新不仅是提高社会生产力和综合国力的战略支撑,也是保障国家安全的关键。

高端科技是现代的国之利器,在国际上,没有核心技术的优势就没有政治上的强势。计算机操作系统等信息化核心技术和信息基础设施的重要性显而易见,我们在一些关键技术和设备上受制于人的问题必须及早解决。2016年5月发布的《国家创新驱动发展战略纲要》指出:"坚持国家战略需求和科学探索目标相结合,加强对关系全局的科学问题研究部署,增强原始创新能力,提升我国科学发现、技术发明和产品产业创新的整体水平,支撑产业变革和保障国家安全。"

5. 科技创新提升国际竞争力

科技创新能力已经成为国际竞争力的关键和核心因素,只有拥有强大的科技创新能力,才能提高我国的国际竞争力。实施创新驱动发展战略,是加快转变经济发展方式、提高我国综合国力和国际竞争力的必然要求和战略举措,必须紧紧抓住科技创新这个核心和培养造就创新型人才这个关键,瞄准世界科技前沿领域,不断提高企业自主创新能力和竞争力。现代以来,西方国家之所以能称雄世界,一个重要原因就是掌握了高端科技。真正的核心技术是买不来的。正所谓"国之利器,不可以示人"。只有拥有强大的科技创新能力,才能提高我国国际竞争力。

【延伸阅读】 刘永坦院士事迹

(数据来源:《人民日报》《哈工大报》)

哈工大报讯(报宣) 2018年1月9日,《人民日报》以"为祖国海疆装上'千里眼'"为题,刊发2018年度国家最高科学技术奖获得者刘永坦院士事迹。报道全文如下。

【人物小传】 1936年12月出生,中国科学院院士,中国工程院院士,哈尔滨工业大学教授。1991年和2015年两次获得国家科技进步一等奖。他率领团队全面自主创新,实现对海新体制探测理论、技术的重大突破。耄耋之年他仍奔波在教学、科研一线,继续为筑起"海防长城"贡献力量。

(记者吴月辉)1月8日,因在我国对海探测新体制雷达研制中做出的开创性贡献,82岁的刘永坦站到了2018年度国家最高科学技术奖的领奖台上。

面对荣誉,他说:"我只是一名普通的教师和科技工作者,在党和国家的支持下做成了点事。这份荣誉不仅属于我个人,更属于这个伟大时代所有爱国奉献的知识分子。"

对标国际,提出研制新体制雷达

1981年秋天,45岁的刘永坦心中萌生了一个宏愿——开创和发展中国的新体制雷达。

当然,这个宏愿并非凭空而来,而是源自此前他在英国伯明翰大学的一段学习经历。

伯明翰大学电子工程系拥有丰富的文献资料和先进的试验设备,那里聚集着一大批雷达技术的知名专家和学者,刘永坦的导师谢尔曼便是其中之一。

那时,谢尔曼正主持一项重大科研项目"民用海态遥感信号处理机"的研制工作,刘永坦有幸参与其中。"传统的雷达有'千里眼'之称,但也有很多'看'不到的地方。"刘永坦说:"那时候西方几个大国都在致力于研制能够'看'得更广更清的雷达。"

刘永坦所说的这种"超级"雷达就是新体制雷达,对航天、航海、渔业、沿海石油开发、海洋气候预报、海岸经济区发展、国防等领域都具有重要作用。

"中国必须要发展这样的新体制雷达!这就是我一定要做的!"说干就干!回国后,刘永坦立马开始着手筹备。

刚提出这个设想时,没有多少人相信和支持。

但是刘永坦却说:"这项技术我们如果不去研究掌握,等别的国家发展好了,我们再去跟,那肯定是要落后的。"

国家需要,就是奋斗的方向

这注定是一场填补国内空白、从零起步的攻坚战。经过刘永坦的不懈努力,新体制雷达研制项目获得了航天工业部经费支持,得以立项。刘永坦立即组织团队拟定出了一份20多万字的《新体制雷达的总体方案论证报告》。

接下来的战斗更加艰苦卓绝。

除基本思路外,刘永坦根本找不到多少资料,一切从零开始……经过团队800多个日日夜夜的努力、数千次实验、数万个测试数据的获取,主要关键技术得到突破,新体制雷达从预研项目被正式列为国家科技应用与基础研究项目。

刘永坦团队在获得理论突破后,很多人觉得他们完全可以"见好就收"了。

但是,刘永坦说:"要做国家需要的实用化新体制雷达,这是我努力和奋斗的方向。"他带领团队,建成中国第一个新体制雷达站,完成中国首次对海远程目标探测试验,成功研制出国际领先的新体制对海远程探测雷达,等等。

37年间,经过刘永坦和团队成员们的努力攻关,中国的新体制雷达终于从梦想成为现实。中国成为世界上少数几个拥有该技术的国家。

虽然清贫,却干得有劲、觉得光荣

在接受采访时,刘永坦一再强调,新体制雷达研制成功离不开国家支持和团队协作,是大家集体智慧的结晶。

在这37年间,当刘永坦一次又一次做出为大义舍小利的决定时,团队成员们从来都是义无反顾地全力支持和配合。

团队骨干许荣庆、张宁、权太范、邓维波、于长军、马子龙、张庆祥等人都表示:刘老师艺高胆大,又善于团结大家一起协力攻关,跟着刘老师干有信心。

刘永坦说:"国家把这么重要的项目交给我们做,这是我们最大的荣耀。我们团队的队员尽管清贫,却干得有劲、觉得光荣。"

如今,刘永坦的团队已从最初的6人攻关课题组发展成了30人的大团队。尽管已经斩获诸多大奖,但团队前进的脚步仍在继续。刘永坦说:"接下来我们希望能把现有的新体制雷达进行小型化,使得它的应用更加灵活、广泛。"

1.1.2 企业赖之以赢

科技决定市场,科技改变企业。今日世界,无论什么行业的企业,也无论企业大小,科技水平和创新能力都是企业生存与发展的关键,决定着企业的现在和未来。一个地方、一个企业,要突破发展瓶颈、解决深层次矛盾和问题,根本出路在于创新,关键要靠科技力量。

1. 企业生命力在于科技创新

创新是引领企业发展的第一动力,科技是支撑企业发展的核心要素。管理要靠创新改变,靠科技提升;经营要靠创新拓展,靠科技前行;产品要靠创新延续,靠科技争优。党的十八大提出的实施创新驱动发展战略,就是要推动以科技创新为核心的全面创新,坚持需求导向和产业化方向,坚持企业在创新中的主体地位,发挥市场在资源配置中的决定性作用和社会主义制度优势,增强科技进步对经济增长的贡献度,形成新的增长动力源泉,推动经济持续健康发展。

2. 科技创新提升企业的综合竞争实力

科技创新能力是企业的发展能力、应变能力和竞争能力的核心,是企业综合实力的支撑。从全球范围看,科学技术越来越成为推动经济社会发展的主要力量,创新驱动是大势所趋。要引导我国企业不断提高原始创新能力、集成创新能力和引进消化吸收再创新能力,着力开发具有自主知识产权的新技术、新装备、新产品,形成一批拥有自主知识产权的知名品牌产品,实现企业发展由单纯的技术引进、加工组装向自主创新、自主制造转变。创新发展注重的是解决发展动力问题。我国创新能力不强,科技发展水平总体不高,科技对经济社会发展的支撑能力不足,科技对经济增长的贡献率远低于发达国家水平,这是我国这个经济大个头的"阿喀琉斯之踵"。新一轮科技革命带来的是更加激烈的科技竞争,如果科技创新搞不上去,发展动力就不可能实现转换,我们在全球经济竞争中就会处于下风。

3. 科技创新是企业持续发展之基、市场制胜之道

装备制造业是一个国家制造业的脊梁,目前我国装备制造业还有许多短板,要加大投入、加强研发、加快发展,努力占领世界制高点、掌控技术话语权,使我国成为现代装备制造业大国。企业持续发展之基、市场制胜之道在于创新,各类企业都要把创新牢牢抓住,不断增加创新研发投入,加强创新平台建设,培养创新人才队伍,促进创新链、产业链、市场需求有机衔接,争当创新驱动发展先行军。一个地方、一个企业,要突破发展瓶颈、解决深层次矛盾和问题,根本出路在于创新,关键要靠科技力量。要加快构建以企业为主体、市场为导向、产学研相结合的技术创新体系,加强创新人才队伍建设,搭建创新服务平台,推动科技和经济紧密结合,努力实现优势领域、共性技术、关键技术的重大突破,推动中国制造向中国创造转变、中国速度向中国质量转变、中国产品向中国品牌转变。

【延伸阅读】 2020 中国新科技 100 强名单

2020 年 9 月 16 日,由中国科学院《互联网周刊》、eNet 研究院、德本咨询联合主办的"2020 中国新科技 100 强"评选榜单正式发布,该榜单聚焦中国科技前沿企业,由行业专家、学者从各领域行业中遴选出 100 家实现可持续增长的科技型、创新型企业,涵盖新基建、物联网、健康医疗、企业服务等行业,被视为理念、模式、技术等创新发展的风向标。

表 1.1　2020 中国新科技 100 强名单

序号	公司简称	公司全称	行业属性
新基建 10%			
1	安恒信息	杭州安恒信息技术股份有限公司	网络安全
2	博创科技	博创科技股份有限公司	芯片设计
3	海光信息	海光信息技术股份有限公司	人工智能芯片
4	亨通光电	江苏亨通光电股份有限公司	特高压
5	科大讯飞	科大讯飞股份有限公司	人工智能

续表1.1

序号	公司简称	公司全称	行业属性
6	清华同方	同方股份有限公司	信息技术
7	全志科技	珠海全志科技股份有限公司	芯片
8	有孚网络	上海有孚网络股份有限公司	数据中心
9	中兴通讯	中兴通讯股份有限公司	5G产业链
10	紫光展锐	紫光展锐(上海)科技有限公司	信息技术
数字化基建10%			
11	海纳云	青岛海纳云科技控股有限公司	智慧社区园区生态平台
12	海云捷迅	北京海云捷迅科技有限公司	云计算
13	浪潮卓数	浪潮卓数大数据产业发展有限公司	大数据
14	脸云	脸云(上海)互联网科技有限公司	人脸识别
15	瑞为技术	厦门瑞为信息技术有限公司	人工智能
16	神州控股	神州数码控股有限公司	信息技术
17	易捷行云 EasyStack	北京易捷思达科技发展有限公司	云计算
18	影谱科技	北京影谱科技股份有限公司	智能影像技术
19	有数科技	浙江有数科技有限公司	金融科技
20	智慧足迹	智慧足迹数据科技有限公司	数据智能
创新互联网10%			
21	叮当快药	叮当快药科技集团有限公司	医药O2O
22	观远数据	杭州观远数据有限公司	商业智能BI
23	盒马鲜生	上海盒马网络科技有限公司	新零售平台
24	京东	北京京东叁佰陆拾度电子商务有限公司	无界零售
25	快手	北京快手科技有限公司	短视频内容分享平台
26	拼多多	拼多多(上海)网络科技有限公司	团购电商
27	豌豆公主	北京良市无际科技有限公司	日淘电商
28	熊猫星厨	北京联创聚兴科技有限公司	外卖共享厨房服务
29	易搜集团	山东易搜信息科技集团有限公司	互联网信息服务、软件开发
30	优客工场	优客工场(北京)创业投资有限公司	共享办公
信创10%			
31	BoCloud博云	苏州博纳讯动软件有限公司	云计算
32	Testin云测	北京云测信息技术有限公司	数据标注、云测试

续表1.1

序号	公司简称	公司全称	行业属性
33	国双	北京国双科技有限公司	数据分析
34	金山办公	北京金山办公软件股份有限公司	云端办公
35	品高软件	广州市品高软件股份有限公司	云计算
36	麒麟软件	台湾联发科技股份有限公司	操作系统
37	深科技	深圳长城开发科技股份有限公司	EMS服务链
38	升腾威讯	福建升腾资讯有限公司	桌面云
39	天津飞腾	天津飞腾信息技术有限公司	芯片设计
40	致远互联	北京致远互联软件股份有限公司	信创办公应用
数字金融 8%			
41	德生科技	德生科技股份有限公司	金融社保卡
42	恒生电子	恒生电子股份有限公司	金融软件
43	嘉实理财嘉	嘉实基金管理有限公司	基金管理
44	京东数科	京东数字科技控股股份有限公司	数字科技
45	马上金融	马上消费金融股份有限公司	消费金融
46	蚂蚁集团	蚂蚁科技集团股份有限公司	普惠金融
47	同盾科技	同盾科技有限公司	金融科技
48	银联商务	银联商务股份有限公司	第三方支付
新兴/前沿科技 8%			
49	博雅工道	博雅工道（北京）机器人科技有限公司	特种机器人
50	大唐半导体	大唐恩智浦半导体有限公司	汽车半导体
51	旷视科技	北京旷视科技有限公司	深度学习
52	商汤科技	北京市商汤科技开发有限公司	计算机视觉
53	通微富电	通富微电子股份有限公司	半导体元件
54	眼控科技	上海眼控科技股份有限公司	计算机视觉
55	依图科技	上海依图网络科技有限公司	计算机视觉
56	正威国际	正威国际集团有限公司	新材料
企业服务 5%			
57	创略科技	创络（上海）数据科技有限公司	智能数据中台
58	华正信息	青岛华正信息技术股份有限公司	智慧园区智慧社区
59	肯耐珂萨	上海肯耐珂萨人力资源科技股份有限公司	人力资源 SaaS

续表1.1

序号	公司简称	公司全称	行业属性
60	优税猫	重庆优税猫科技有限责任公司	财税服务
61	珍岛集团	珍岛信息技术（上海）股份有限公司	智能营销云平台
新制造5%			
62	埃斯顿	南京埃斯顿自动化股份有限公司	工业机器人
63	杭可科技	浙江杭可科技股份有限公司	锂电池
64	小鹏汽车	广州小鹏汽车科技有限公司	汽车制造
65	扬天科技	天津扬天科技有限公司	工业机器人
66	翼菲自动化	济南翼菲自动化科技有限公司	工业机器人
工业互联网5%			
67	德风科技	北京德风新征程科技有限公司	工业互联网全栈解决方案提供商
68	瀚云科技	瀚云科技有限公司	工业互联网平台
69	树根互联	树根互联技术有限公司	工业互联网平台
70	徐工信息	江苏徐工信息技术股份有限公司	工业互联网平台
71	智擎信息	智擎信息技术（北京）有限公司	工业大数据
生活服务5%			
72	阿姨帮	北京智诚永拓信息技术有限公司	家政服务
73	本来生活	北京本来工坊科技有限公司	生鲜电商
74	多点	多点新鲜（北京）电子商务有限公司	商超零售
75	美团点评	北京三快科技有限公司	团购网站
76	闪送	北京同城必应科技有限公司	即时物流
健康医疗2%			
77	阿里健康	阿里健康科技（中国）有限公司	互联网医疗
78	安顿	北京雪扬科技有限公司	医疗健康
在线教育2%			
79	松鼠Ai	上海松鼠课堂人工智能科技有限公司	智能教育
80	猿辅导	北京贞观雨科技有限公司	K12教育
物联网2%			
81	海尔智家	海尔智家股份有限公司	物联网
82	力维智联	深圳力维智联技术有限公司	AIoT

续表1.1

序号	公司简称	公司全称	行业属性
大文娱 2%			
83	哔哩哔哩	上海幻电信息科技有限公司	视频网站
84	咪咕文化	咪咕文化科技有限公司	数字内容
知识产权 2%			
85	八戒知识产权	重庆猪八戒知识产权服务有限公司	在线知识产权服务平台
86	汇桔网	广州博鳌纵横网络科技有限公司	创业公司知识产权交易服务平台
智慧农业 2%			
87	慧云信息	广西慧云信息技术有限公司	农业大数据
88	智棚	智棚农业科技有限公司	农业物联网
云视频 1%			
89	会畅通讯	上海会畅通讯股份有限公司	多方通信云会议
供应链 1%			
90	云象供应链	上海云象供应链管理有限公司	供应链管理
其他行业 10%			
91	福特科	福建福特科光电股份有限公司	智能安防
92	华大基因	深圳华大基因股份有限公司	基因检测
93	佳都科技	佳都新太科技股份有限公司	智慧城市
94	康希诺生物	康希诺生物股份公司	疫苗研发与生产
95	龙腾光电	昆山龙腾光电股份有限公司	液晶面板
96	森美智家	安德森科技股份有限公司	智能家居
97	圣湘生物	圣湘生物科技股份有限公司	临床诊断试剂研发
98	时空电动	时空电动汽车股份有限公司	车联网及硬件
99	天威诚信	北京天威诚信电子商务服务有限公司	电子认证行业
100	新奥数能	新奥数能科技有限公司	智慧能源

数据来源：德本咨询/eNet研究院/《互联网周刊》，排名不分先后。

1.1.3 人民生活赖之以好

科技改善生活，科技改变你我。回顾人类文明史，人类的生存状态与社会生产力发展水平密切相关，而生产力发展水平主要取决于科技发展水平。科技创新驱动着历史车轮不断前进，加速人类的发展进程，为人类文明进步提供了不竭的动力源泉，推动人类从蒙昧走向文明，从游牧文明走向农业文明，从工业文明走向信息化时代。农业科技、人口健康、资源环境、公共安全、防灾减灾等领域工程科技发展,大幅度提高了14亿中国人的生活水平和质量,使中国的面貌、中国人民的面貌发生了历史性变化。

1. 依靠科技创新满足人民生活新需求

随着人民收入水平的不断提升,人民对生活的新需求也日益增多,现有的产品必然不能满足人民新生活的需要。只有通过持续的科技创新,根据新需求,产出新产品,才能不断满足人民追求美好生活的新需要。要深入研究和解决经济与产业发展亟需的科技问题,围绕促进转方式调结构、建设现代产业体系、培育战略性新兴产业、发展现代服务业等方面需求,推动科技成果转移转化,推动产业和产品向价值链中高端跃升。

2. 依靠科技创新不断改善人民生活环境

科技创新为人民生活提供越来越美的绿色环境、生态环境。人类进步越快,对生活环境和自然环境的要求越高。而改善环境必须依靠科技创新,必须依靠科技创新创造绿色发展模式,形成人与自然和谐发展新方式。必须加快推动生产方式绿色化,构建科技含量高、资源消耗低、环境污染少的产业结构和生产方式,大幅提高经济绿色化程度,加快发展绿色产业,形成经济社会发展新的增长点。必须加快推动生活方式绿色化,实现生活方式和消费模式向勤俭节约、绿色低碳、文明健康的方向转变,力戒奢侈浪费和不合理消费。

3. 依靠科技创新改善人民生活质量

随着经济社会不断发展,我国14亿人民过上美好生活的新期待日益上升。但是,提高这么多人口的生活质量,依靠传统的生产方式是不可能的。改善人民生活、增强人民体质、提高人民素质都必须依靠科技创新。要在人民生活急需的重大疾病防控、食品药品安全、治理环境污染等方面集中开展科技创新。大幅增加公共科技供给,让人民享有更宜居的生活环境、更好的医疗卫生服务、更放心的食品药品。要依靠科技创新建设低成本、广覆盖、高质量的公共服务体系,实现医疗和教育等优质资源普惠共享。我们要大力发展科技事业,通过科技进步和创新,使人们在持续的天工开物中更好掌握科技知识和技能,让科技为人类造福。

科技是实现强国梦的翅膀,承载着我们对美好生活的向往。灵心胜造物,巧手夺天工。心灵手巧、最富创新禀赋的中华民族,一定能够在今天这场世界科技创新竞赛中获得胜利。

【延伸阅读】 格列卫的故事

2018年,电影《我不是药神》带火了进口药品格列卫。格列卫,专业名称是甲磺酸伊马替尼片,是瑞士诺华制药生产的专门治疗慢性粒细胞白血病的"神药"。而"神药"得以面世,历经了近130年。

1889年,英国医生斯蒂芬·佩吉特发表论文,认为癌症与人的组织器官有关,而不仅是某些类似病毒和细菌的癌细胞引起的。随后,德国病理学家大卫·保罗在此理论基础上首次从遗传学细胞分裂染色质角度去研究癌症的病因。

1902年,德国生物学家西奥多·勃法瑞提出癌症肿瘤是由自身细胞分裂造成的,可能是某一个细胞的染色体产生了问题。

1923年,美国细胞遗传学家佩因特用染色体"压片法"证明人类有48条染色体。直到1956年,华人科学家蒋有兴确定人类有46条染色体,开创了人类细胞遗传学历史。

1960年,美国癌症研究家彼得·诺威尔在两名慢性白血病人身上发现22号染色体变异,并得出结论:慢性白血病很可能是遗传变异引发的,而且极可能是由单个变异细胞发展而来的。人们把这一发现命名为"费城染色体"。

1970年,美国血液学家珍妮特·戴维森·罗利发现22号染色体变异和9号染色体有关,而22号染色体的变异导致了慢性白血病的产生。后来,她进一步发现慢性白血病是9号和22号染色体有问题,急性髓性白血病是8号和21号染色体有问题,早幼粒细胞白血病是15号和17号染色体有问题。但受技术限制,她一直未找到染色体发生问题的原因。

1983年,荷兰遗传学家杰拉德·格罗斯维尔德基于罗利的研究发现9号染色体的c-abl癌症基因竟然转移到了22号染色体上,然后又在22号染色体上发现断裂点簇集群区(bcr)重组蛋白,c-abl+bcr结合成bcr-abl,慢性白血病的成因找到了。

1987年,美国生物学家大卫·巴蒂摩尔把致病的bcr-abl具体化,研究出了是一种大小为210 kd的蛋白。1990年,乔治·戴利把这个蛋白打到小白鼠身上,小白鼠也得了白血病,最终证实了bcr-abl蛋白是一种酪氨酸激酶的活化形式。经历了30年研究,慢性粒细胞白血病的病因终于确定了。

确定病因后,药物研究工作开展起来。经过多年实验,于1992年发现编号为STI751的抑制剂成功杀死了突变蛋白,同时不影响其他细胞,研究取得了重大突破。由于患病人数较少,因此临床试验非常困难,只能在个别病人之间进行,但是效果非常好。后来经过患者参与的全球试验对药品剂量和有效性均进一步进行了验证,效果显著。美国药物审批机构加快了审批流程,2001年5月10日,格列卫就此诞生。

格列卫在临床使用中,将白血病人的5年存活率从原来的不到30%,提高到将近90%,且5年后几乎接近100%的病人获得了血液缓解,被《时代周刊》称为"猎杀狼人的银弹"。

毫无疑问,格列卫的研发故事是科技创新成果转化的极佳案例,也掀开了靶向治疗癌症的新篇章。我们不应忘记,正是这些钻研基础科学的生物学家,以及推动新药问世的研发人员数十年如一日的坚守,才让拯救生命的创新药物成为可能。

1.2 科技创新与创新创业教育

1.2.1 科技创新

发现(Discovery)又称科学发现(Scientific Discovery),是对客观世界中前所未知的事物、现象及其规律的一种认识活动。发现的结果不以人的意志为转移,是客观存在的事物,与人类是否认识深入无关。例如万有引力定理,即使牛顿没有发现,也是客观存在的事实。科学研究的目的就是发现这些客观存在的、还没有被人类认识到的规律。

发明(Invention)是指具有独创性、新颖性、实用性和时间性的技术成果,通常指人类做出的前所未有的成果,这种成果包括有形的物品和无形的方法等,在被发明出来之前客观上是不存在的。发明最注重的是独创性和时间性(或称首创性)。例如2017年5月,来自"一带一路"沿线的20国青年评选出了"中国的新四大发明":高铁、扫码支付、共享单车和网购。虽然这些没有一项是"中国发明",但是由于中国在这些技术的推广应用方面领先,对国外比较有影响,因此被称为"中国的新四大发明"。

创造（Creation）一词是对创造活动的综合概括，是人们所从事的能够提供新颖而独特的、有价值的事物的活动，"新颖"是指"破旧立新"，前所未有或者首创。"有价值"是指产生的新概念、新设想、新理论、新技术、新工艺、新产品是有用的，具有一定社会价值或个人价值，深化了人类对客观世界的认识或满足了人类的某种需求。

"创新"一词在中国古代很早就出现了，《魏书》（二十四史之一）中有："革弊创新者，先皇之志也。"《周书》（二十四史之一）中有"创新改旧"的论述。"创新"在《现代汉语词典》中的解释为：抛开旧的，创造新的。在《辞海》中，"创新"的解释是："创"是首；"新"是初次出现或改旧、更新。创新的英文Innovation源于拉丁语。《韦氏词典》中，Innovation的含义为引进新概念、新东西和革新，它原意有三层含义：第一，在现有基础上进行更新；第二，创造原来没有的、新的东西；第三，对原有的东西进行发展和改造。

1912年，美籍奥地利经济学家、创新理论大师约瑟夫·熊彼特在《经济发展理论》书中首次提出"创新理论"：创新是指技术、新发明在生产中的首次应用，是指建立一种新的生产函数或供应函数，是在生产体系中引进一种生产要素和生产条件的新组合。熊彼特界定了创新的五种形式，引入新产品或提供产品的新特性、引进新技术或新的生产方法（主要是工艺）、开辟新的市场、获得一种原料或半成品的新的供给来源、实现新的组织形式和管理模式。

通过以上论述可以看出，创造强调的是新颖性和独特性，而创新强调的则是创造的某种具体实现。创造强调过程，创新强调结果；创造强调"首创""第一""无中生有""破旧立新"，不一定有比较对象；创新建立在既有概念、想法、做法等基础之上，"由旧到新"，强调与原有事物相比较。因此，可以将创新看作是创造的目的和结果。

科技创新（Science and Technology Innovation）是指创造和应用新知识和新技术、新工艺，采用新的生产方式和经营管理模式，开发生产新产品，提高产品质量，提供新的服务的过程。按钱学森开放的复杂巨系统理论的分类，科技创新包括三类：知识创新、技术创新以及现代科技引领的管理创新。

（1）原创性的科学研究或知识创新是提出新观点（包括新概念、新思想、新理论、新方法、新发现和新假设）的科学研究活动，并涵盖开辟新的研究领域、以新的视角来重新认识已知事物等。知识创新具有以下特征。

①独创性。知识创新是新观念、新设想、新方案及新工艺等的采用，它甚至会破坏原有的秩序。知识创新实践常常表现为勇于探索、打破常规，知识创新活动是各种相关因素相互整合的结果。

②系统性。知识创新可以说是一个复杂的"知识创新系统"，在实际经济活动中，创新在企业价值链中的各个环节都有可能发生。

③风险性。知识创新是一种高收益与高风险并存的活动，它没有现成的方法、程序可以套用，投入和收获未必成正比，风险不可避免。

④科学性。知识创新是以科学理论为指导、以市场为导向的实践活动。

⑤前瞻性。有些企业只重视能够为当前带来经济利益的创新，而不注重能够为将来带来利益的创新，而知识创新则更重未来的利益。

（2）技术创新是以现有的知识和物质为出发点，在特定的环境中，改进或创造新的事物

(包括但不限于各种方法、元素、路径、环境等)并能获得一定有益效果的行为。重大的技术创新会导致社会经济系统的根本性转变。技术创新包括新产品和新工艺,也包括原有产品和工艺的显著技术变化。原创性的知识创新与技术创新结合在一起,使人类知识系统不断丰富和完善,认识能力不断提高,产品不断更新。技术创新可以分成以下几类。

①渐进性创新。渐进性的、连续的小创新。

②根本性创新。开拓全新领域,有重大技术突破的创新。

③技术系统的变革。这类创新将产生具有深远意义的变革,通常出现技术上有关联的创新群的出现。

④技术经济范式的变更。这类创新将包含很多根本性的创新群,又包含很多技术系统变更。

(3)信息通信技术发展引领的管理创新作为信息时代和知识社会科技创新的主题,也是当今科技创新的重要组成部分。

1.2.2 创新创业教育

"创业"一词最早出现在《孟子·梁惠王下》:"君子创业垂统,为可继也。"《辞海》中对创业的解释是:"创业,开创基业。"创业包括"创"和"业"两个字,"创"是指创办,而"业"是指事业、业务,是指创业者对自己拥有的资源或通过努力对能够拥有的资源进行优化整合,从而创造出具有更大经济价值或社会价值的过程。创业是一种劳动方式,是一种需要创业者运营、组织、运用服务、技术、器物作业的思考、推理和判断行为。

创业的定义一般有广义和狭义之分,广义的创业一般是指个人运用自己掌握的知识、技能、资源和发现的信息、机会等,克服思维定式,以创造的思维和艰苦的努力,开辟新的工作途径,开创新的工作局面,争创新的工作业绩,促进事业获得突破性的成就,从而实现自己某种追求或目标的过程。岗位创业就属于广义创业的范畴,即在现有岗位上顺应时代发展和岗位目标的要求,全面提高自身能力和素质,创造性地发挥自己的聪明才智,通过勤奋努力的工作,在事业上取得开创性的新发展,从而为岗位提供者创造尽可能多的价值。

狭义的创业一般仅指自主创业,自主创业是指创业者个人或创业团队以资源所有者的身份,利用知识、能力和社会资本,通过自筹资金、技术入股、寻求合作等方式创立新的社会经济单元,并为社会上更多的人创造就业机会。自主创业的主体是投资者和资产所有者,自主创业需要创业者拥有关键的资源或者具有整合资源的能力,因此比岗位创业更为复杂艰难。

创新创业是基于创新基础上的创业活动,既不同于单纯的创新,也不同于单纯的创业。创新强调的是开拓性与原创性,而创业强调的是通过实际行动获取利益的行为。因此,在创新创业这一概念中,创新是创业的基础和前提,创业是创新的体现和延伸。创新创业与传统创业的根本区别在于创业活动中是否有创新因素。此处创新因素不仅指的是技术方面的创新,也包含管理创新、知识创新、流程创新、营销创新等方面。总之,只要能够给资源带来新价值的活动就是创新。在某一方面或者某几个方面进行创新并进而创业的活动就是创新创业,而没有在任何方面进行创新的创业就属于传统创业。

1989 年,联合国教科文组织"面向 21 世纪教育国际研讨会"首次提出了"创业教育"理念。1999年6月,《中共中央国务院关于深化教育改革全面推进素质教育的决定》公布以后,形成"创新教育"思潮。

2010年5月,《教育部关于大力推进高等学校创新创业教育和大学生自主创业工作的意见》(教办〔2010〕3号)中主要提出以下几点。

(1)创新创业教育是适应经济社会和国家发展战略需要而产生的一种教学理念与模式。在高等学校中大力推进创新创业教育,对于促进高等教育科学发展,深化教育教学改革,提高人才培养质量具有重大的现实意义和长远的战略意义。创新创业教育要面向全体学生,融入人才培养全过程。要在专业教育基础上,以转变教育思想、更新教育观念为先导,以提升学生的社会责任感、创新精神、创业意识和创业能力为核心,以改革人才培养模式和课程体系为重点,大力推进高等学校创新创业教育工作,不断提高人才培养质量。

(2)加强创新创业教育课程体系建设。把创新创业教育有效纳入专业教育和文化素质教育教学计划和学分体系,建立多层次、立体化的创新创业教育课程体系。突出专业特色,创新创业类课程的设置要与专业课程体系有机融合,创新创业实践活动要与专业实践教学有效衔接,积极推进人才培养模式、教学内容和课程体系改革。加强创新创业教育教材建设,借鉴国外成功经验,编写适用和有特色的高质量教材。

(3)广泛开展创新创业实践活动。高等学校要把创新创业实践作为创新创业教育的重要延伸,通过举办创新创业大赛、讲座、论坛、模拟实践等方式,丰富学生的创新创业知识和体验,提升学生的创新精神和创业能力。省级教育行政部门和高校要将创新创业教育和实践活动成果有机结合,积极创造条件对创新创业活动中涌现的优秀创业项目进行孵化,切实扶持一批大学生实现自主创业。

2012年3月,教育部印发《关于全面提高高等教育质量的若干意见》(教高〔2012〕4号),其中第九条涉及创新创业教育:加强创新创业教育和就业指导服务。把创新创业教育贯穿人才培养全过程。制订高校创新创业教育教学基本要求,开发创新创业类课程,纳入学分管理。大力开展创新创业师资培养培训,聘请企业家、专业技术人才和能工巧匠等担任兼职教师。支持学生开展创新创业训练,完善国家、地方、高校三级项目资助体系。依托高新技术产业开发区、工业园区和大学科技园等,重点建设一批高校学生科技创业实习基地。普遍建立地方和高校创新创业教育指导中心和孵化基地。加强就业指导服务,加快就业指导服务机构建设,完善职业发展和就业指导课程体系。建立健全高校毕业生就业信息服务平台,加强困难群体毕业生就业援助与帮扶。

2012年8月,教育部印发《普通本科学校创业教育教学基本要求(试行)》(教厅〔2012〕4号)提出:通过创业教育教学,使学生掌握创业的基础知识和基本理论,熟悉创业的基本流程和基本方法,了解创业的法律法规和相关政策,激发学生的创业意识,提高学生的社会责任感、创新精神和创业能力,促进学生创业就业和全面发展。

2015年5月,国务院办公厅出台《关于深化高等学校创新创业教育改革的实施意见》(国办发〔2015〕36号)提出总体目标。

(1)2015年起全面深化高校创新创业教育改革。

(2)2017年取得重要进展,形成科学先进、广泛认同、具有中国特色的创新创业教育理念,形成一批可复制可推广的制度成果,普及创新创业教育,实现新一轮大学生创业引领计划预期目标。

(3) 2020年建立健全课堂教学、自主学习、结合实践、指导帮扶、文化引领融为一体的高校创新创业教育体系,人才培养质量显著提升,学生的创新精神、创业意识和创新创业能力明显增强,投身创业实践的学生显著增加。

2018年9月,国务院印发《关于推动创新创业高质量发展 打造"双创"升级版的意见》(国发〔2018〕32号)中指出:"强化大学生创新创业教育培训。在全国高校推广创业导师制,把创新创业教育和实践课程纳入高校必修课体系,允许大学生用创业成果申请学位论文答辩。支持高校、职业院校(含技工院校)深化产教融合,引入企业开展生产性实习实训。"

2018年11月,在《教育部关于做好2019届全国普通高等学校毕业生就业创业工作的通知》(教学〔2018〕8号)中指出:"全面深化高校创新创业教育改革。各地各高校要将创新创业教育贯穿人才培养全过程,把创新创业教育和实践课程纳入高校必修课体系,促进创新创业教育与专业教育有机结合、与思想政治教育深度融合。开展好大学生创新创业训练计划、中国"互联网+"大学生创新创业大赛和"青年红色筑梦之旅"活动,着力培养学生的创新意识、实践能力和奋斗精神。"

2020年7月23日,国务院印发《国务院办公厅关于提升大众创业万众创新示范基地带动作用进一步促改革稳就业强动能的实施意见》(国办发〔2020〕26号)中指出,支持高校示范基地打造并在线开放一批创新创业教育优质课程,加强创业实践和动手能力培养,依托高校示范基地开展双创园建设,促进科技成果转化与创新创业实践紧密结合。推动高校示范基地和企业示范基地深度合作,建立创业导师共享机制。支持区域示范基地与高校、企业共建面向特色产业的实训场景,加快培养满足社会需求的实用型技能人才。促进大学生加强数理化和生物等基础理论研究,夯实国家创新能力基础。实施双创示范基地"校企行"专项行动,充分释放岗位需求,支持将具备持续创新能力和发展潜力的高校毕业生创业团队纳入企业示范基地人才储备和合作计划,通过职业微展示、创业合伙人招募等新方式,拓宽创业带动就业的渠道。

高校创新创业教育是要培养创新创业型人才,不仅要为创新驱动发展战略提供人才和智力支撑,更要提供人才引领。因此,从认识和行为性质角度看,创新创业教育是一种国家、时代层面的战略决策,是一种高度自觉的行为,其范围远远超出就业、创业层面,提升到创新驱动发展的创新层面。创新创业教育的主体也不再局限于毕业生,而是扩展到高校全体学生。内涵与本质方面,在创业基础上又增加创新内容,明确创新、创业和就业之间的关系,"坚持创新引领创业、创业带动就业",内涵更加符合高校人才培养和大学生创业特点。

1.3 中国的创新战略

创新是一个国家核心竞争力的体现,创新能力已经成为一个国家综合实力和竞争力的核心体现。对于经营主体而言,面对国内市场和国际市场的激烈竞争,"要么创新,要么就是死亡"。对于国家而言,创新成为经济社会发展的核心驱动力是必然趋势。

我国提出以创新型国家建设为目标,这也是时代的历史使命体现。2006年1月9日,国家主席胡锦涛在全国科技大会上宣布中国未来15年科技发展的目标时,提出"2020创新型国家"的伟大目标。创新型国家的表现是：整个社会对创新活动的投入较重要产业的国际技术竞争力较强,投入产出的绩效较高,科技进步和技术创新在产业发展和国家的财富增长中起重要作用。创新型国家应具备以下四个特征：①创新投入高,国家的研发投入即R&D(研究与开发)支出占GDP(国民生产总值)的比例一般在2%以上；②科技进步贡献率达70%以上；③自主创新能力强,国家的对外技术依存度指标通常在30%以下；④创新产出高。

2006年,胡锦涛主席在全国科技大会上宣布"2020年建成创新型国家,使科技发展成为经济社会发展的有力支撑"时,中国科技创新的基本指标是：到2020年,经济增长的科技进步贡献率要从39%提高到60%以上,全社会的研发投入占GDP比重要从1.35%提高到2.5%。

2012年,全国科技创新大会进一步细化了"2020年建成创新型国家"的战略目标。2020年,我国要基本建成适应社会主义市场经济体制、符合科技发展规律的中国特色的国家创新体系；原始创新能力明显提高,集成创新、引进消化吸收再创新能力大幅增强；关键领域科学研究实现原创性重大突破,战略性高技术领域技术研发实现跨越式发展,若干领域创新成果进入世界前列；创新环境更加优化,创新效益大幅度提高,创新人才竞相涌现,全民科学素质普遍提高,科技支撑引领经济社会发展能力大幅度提升,进入创新型国家行列。

2012年底召开的十八大明确提出："科技创新是提高社会生产力和综合国力的战略支撑,必须摆在国家发展全局的核心位置。"强调要坚持走中国特色自主创新道路、实施创新驱动发展战略。这是我们党放眼世界、立足全局、面向未来做出的重大决策。学习贯彻十八大精神,就要以全球视野谋划和推动自主创新,着力增强创新驱动发展新动力,加快形成经济发展新方式,推动经济社会科学发展、率先发展。"创新驱动发展"战略有两层含义：一是中国未来的发展要靠科技创新驱动,而不是传统的劳动力以及资源能源驱动；二是创新的目的是为了驱动发展,而不是为了发表高水平论文。

2015年,《政府工作报告》中提出："打造大众创业、万众创新和增加公共产品、公共服务'双引擎',推动发展调速不减势、量增质更优,实现中国经济提质增效升级。"2015年3月,国务院办公厅印发了《关于发展众创空间推进大众创新创业的指导意见》(国发办〔2015〕9号),全面部署推进大众创业、万众创新工作。2015年成为"大众创业、万众创新"的双创元年。"大众创业、万众创新"战略的提出是进一步推动我国建设成为创新型国家的重要举措。

2016年5月19日,中共中央、国务院发布《国家创新驱动发展战略纲要》(简称《纲要》)。《纲要》围绕"四个全面"的战略布局,明确了实施创新驱动发展战略的要求、部署、任务和保障措施等,提出了到2020年进入创新型国家行列、到2030年跻身创新型国家前列、到2050年建成世界科技创新强国的"三步走"战略目标。作为顶层设计文件,《纲要》突出战略性、思想性、系统性。《纲要》提出,创新驱动就是创新成为引领发展的第一动力,以科技创新为核心带动全面创新。《纲要》提出了四条基本原则,包括紧扣发展、深化改革、强化激励、扩大开放。《纲要》明确了实施创新驱动发展战略的总体部署,强调要按照"坚持双轮驱动、构建一个体系、推动六大转变"进行布局,构建新的发展动力系统。

2019年3月5日,《政府工作报告》中提出："过去一年,深入实施创新驱动发展战略,创新能力和效率进一步提升。大力优化创新生态,调动各类创新主体积极性。深化科技管理体制改革,推进关键核心技术攻关,加强重大科技基础设施、科技创新中心等建设。强化企业技术创新主体地位,将提高研发费用加计扣除比例政策扩大至所有企业。制定支持双创深入发展的政策措施。技术合同成交额增长30%以上。"

2020年10月29日,十九届五中全会通过的《中共中央关于国民经济和社会发展第十四个五年规划和2035年远景目标的建议》将创新放在了各类规划任务的首位,强调要坚持创新在我国现代化建设全局中的核心地位,把科技自立自强作为国家发展的战略支撑,面向世界科技前沿、面向经济主战场、面向国家重大需求、面向人民生命健康,深入实施科教兴国战略、人才强国战略、创新驱动发展战略,完善国家创新体系,加快建设科技强国。

党的十八大以来,中央高度重视科技创新,强调科技创新是提高社会生产力和综合国力的战略支撑,必须摆在国家发展全局的核心位置。实施创新驱动发展战略决定着中华民族前途命运,创新是引领发展的第一动力。我们要深刻把握和全面落实习近平总书记关于创新驱动发展战略的一系列重要论述,牢牢把握科技进步大方向,坚持走中国特色自主创新道路,有效解决创新发展中的问题,在创新驱动发展上迈出更加实实在在的步伐。

【延伸阅读】《国家创新驱动发展战略纲要》内容摘要
一、三步走战略目标

第一步,到2020年进入创新型国家行列,基本建成中国特色国家创新体系,有力支撑全面建成小康社会目标的实现。

(1)创新型经济格局初步形成。若干重点产业进入全球价值链中高端,成长起一批具有国际竞争力的创新型企业和产业集群。科技进步贡献率提高到60%以上,知识密集型服务业增加值占国内生产总值的20%。

(2)自主创新能力大幅提升。形成面向未来发展、迎接科技革命、促进产业变革的创新布局,突破制约经济社会发展和国家安全的一系列重大瓶颈问题,初步扭转关键核心技术长期受制于人的被动局面,在若干战略必争领域形成独特优势,为国家繁荣发展提供战略储备、拓展战略空间。研究与试验发展(R&D)经费支出占国内生产总值比重达到2.5%。

(3)创新体系协同高效。科技与经济融合更加顺畅,创新主体充满活力,创新链条有机衔接,创新治理更加科学,创新效率大幅提高。

(4)创新环境更加优化。激励创新的政策法规更加健全,知识产权保护更加严格,形成崇尚创新创业、勇于创新创业、激励创新创业的价值导向和文化氛围。

第二步,到2030年跻身创新型国家前列,发展驱动力实现根本转换,经济社会发展水平和国际竞争力大幅提升,为建成经济强国和共同富裕社会奠定坚实基础。

(1)主要产业进入全球价值链中高端。不断创造新技术和新产品、新模式和新业态、新需求和新市场,实现更可持续的发展、更高质量的就业、更高水平的收入、更高品质的生活。

(2)总体上扭转科技创新以跟踪为主的局面。在若干战略领域由并行走向领跑,形成引领全球学术发展的中国学派,产出对世界科技发展和人类文明进步有重要影响的原创成果。攻克制约国防科技的主要瓶颈问题。研究与试验发展(R&D)经费支出占国内生产总值比重达到2.8%。

(3)国家创新体系更加完备。实现科技与经济深度融合、相互促进。

(4)创新文化氛围浓厚,法治保障有力,全社会形成创新活力竞相迸发、创新源泉不断涌流的生动局面。

第三步,到2050年建成世界科技创新强国,成为世界主要科学中心和创新高地,为我国建成富强民主文明和谐的社会主义现代化国家、实现中华民族伟大复兴的中国梦提供强大支撑。

(1)科技和人才成为国力强盛最重要的战略资源,创新成为政策制定和制度安排的核心因素。

(2)劳动生产率、社会生产力提高主要依靠科技进步和全面创新,经济发展质量高、能源资源消耗低、产业核心竞争力强。国防科技达到世界领先水平。

(3)拥有一批世界一流的科研机构、研究型大学和创新型企业,涌现出一批重大原创性科学成果和国际顶尖水平的科学大师,成为全球高端人才创新创业的重要聚集地。

(4)创新的制度环境、市场环境和文化环境更加优化,尊重知识、崇尚创新、保护产权、包容多元成为全社会的共同理念和价值导向。

二、推动产业技术体系创新,创造发展新优势

加快工业化和信息化深度融合,把数字化、网络化、智能化、绿色化作为提升产业竞争力的技术基点,推进各领域新兴技术跨界创新,构建结构合理、先进管用、开放兼容、自主可控、具有国际竞争力的现代产业技术体系,以技术的群体性突破支撑引领新兴产业集群发展,推进产业质量升级。

1.发展新一代信息网络技术,增强经济社会发展的信息化基础。加强类人智能、自然交互与虚拟现实、微电子与光电子等技术研究,推动宽带移动互联网、云计算、物联网、大数据、高性能计算、移动智能终端等技术研发和综合应用,加大集成电路、工业控制等自主软硬件产品和网络安全技术攻关和推广力度,为我国经济转型升级和维护国家网络安全提供保障。

2.发展智能绿色制造技术,推动制造业向价值链高端攀升。重塑制造业的技术体系、生产模式、产业形态和价值链,推动制造业由大到强转变。发展智能制造装备等技术,加快网络化制造技术、云计算、大数据等在制造业中的深度应用,推动制造业向自动化、智能化、服务化转变。对传统制造业全面进行绿色改造,由粗放型制造向集约型制造转变。加强产业技术基础能力和试验平台建设,提升基础材料、基础零部件、基础工艺、基础软件等共性关键技术水平。发展大飞机、航空发动机、核电、高铁、海洋工程装备和高技术船舶、特高压输变电等高端装备和产品。

3.发展生态绿色高效安全的现代农业技术,确保粮食安全、食品安全。以实现种业自主为核心,转变农业发展方式,突破人多地少水缺的瓶颈约束,走产出高效、产品安全、资源节约、环境友好的现代农业发展道路。系统加强动植物育种和高端农业装备研发,大面积推广粮食丰产、中低产田改造等技术,深入开展节水农业、循环农业、有机农业和生物肥料等技术研发,开发标准化、规模化的现代养殖技术,促进农业提质增效和可持续发展。推广农业面源污染和重金属污染防治的低成本技术和模式,发展全产业链食品安全保障技术、质量安全控制技术和安全溯源技术,建设安全环境、清洁生产、生态储运全覆盖的食品安全技术体系。推动农业向一二三产业融合,实现向全链条增值和品牌化发展转型。

4.发展安全清洁高效的现代能源技术,推动能源生产和消费革命。以优化能源结构、提升能源利用效率为重点,推动能源应用向清洁、低碳转型。突破煤炭石油天然气等化石能源的清洁高效利用技术瓶颈,开发深海深地等复杂条件下的油气矿产资源勘探开采技术,开展页岩气等非常规油气勘探开发综合技术示范。加快核能、太阳能、风能、生物质能等清洁能源和新能源技术开发、装备研制及大规模应用,攻克大规模供需互动、储能和并网关键技术。推广节能新技术和节能新产品,加快钢铁、石化、建材、有色金属等高耗能行业的节能技术改造,推动新能源汽车、智能电网等技术的研发应用。

5. 发展资源高效利用和生态环保技术,建设资源节约型和环境友好型社会。采用系统化的技术方案和产业化路径,发展污染治理和资源循环利用的技术与产业。建立大气重污染天气预警分析技术体系,发展高精度监控预测技术。建立现代水资源综合利用体系,开展地球深部矿产资源勘探开发与综合利用,发展绿色再制造和资源循环利用产业,建立城镇生活垃圾资源化利用、再生资源回收利用、工业固体废物综合利用等技术体系。完善环境技术管理体系,加强水、大气和土壤污染防治及危险废物处理处置、环境检测与环境应急技术研发应用,提高环境承载能力。

6. 发展海洋和空间先进适用技术,培育海洋经济和空间经济。开发海洋资源高效可持续利用适用技术,加快发展海洋工程装备,构建立体同步的海洋观测体系,推进我国海洋战略实施和蓝色经济发展。大力提升空间进入、利用的技术能力,完善空间基础设施,推进卫星遥感、卫星通信、导航和位置服务等技术开发应用,完善卫星应用创新链和产业链。

7. 发展智慧城市和数字社会技术,推动以人为本的新型城镇化。依靠新技术和管理创新支撑新型城镇化、现代城市发展和公共服务,创新社会治理方法和手段,加快社会治安综合治理信息化进程,推进平安中国建设。发展交通、电力、通信、地下管网等市政基础设施的标准化、数字化、智能化技术,推动绿色建筑、智慧城市、生态城市等领域关键技术大规模应用。加强重大灾害、公共安全等应急避险领域重大技术和产品攻关。

8. 发展先进有效、安全便捷的健康技术,应对重大疾病和人口老龄化挑战。促进生命科学、中西医药、生物工程等多领域技术融合,提升重大疾病防控、公共卫生、生殖健康等技术保障能力。研发创新药物、新型疫苗、先进医疗装备和生物治疗技术。推进中华传统医药现代化。促进组学和健康医疗大数据研究,发展精准医学,研发遗传基因和慢性病易感基因筛查技术,提高心脑血管疾病、恶性肿瘤、慢性呼吸性疾病、糖尿病等重大疾病的诊疗技术水平。开发数字化医疗、远程医疗技术,推进预防、医疗、康复、保健、养老等社会服务网络化、定制化,发展一体化健康服务新模式,显著提高人口健康保障能力,有力支撑健康中国建设。

9. 发展支撑商业模式创新的现代服务技术,驱动经济形态高级化。以新一代信息和网络技术为支撑,积极发展现代服务业技术基础设施,拓展数字消费、电子商务、现代物流、互联网金融、网络教育等新兴服务业,促进技术创新和商业模式创新融合。加快推进工业设计、文化创意和相关产业融合发展,提升我国重点产业的创新设计能力。

10. 发展引领产业变革的颠覆性技术,不断催生新产业、创造新就业。高度关注可能引起现有投资、人才、技术、产业、规则"归零"的颠覆性技术,前瞻布局新兴产业前沿技术研发,力争实现"弯道超车"。开发移动互联技术、量子信息技术、空天技术,推动增材制造装备、智能机器人、无人驾驶汽车等发展,重视基因组、干细胞、合成生物、再生医学等技术对生命科学、生物育种、工业生物领域的深刻影响,开发氢能、燃料电池等新一代能源技术,发挥纳米、石墨烯等技术对新材料产业发展的引领作用。

1.4 创新战略的人才需求

半个多世纪以来,世界上众多的国家都在各自不同的起点上,努力探索实现工业化和现代化的道路。一些国家主要依靠自身丰富的自然资源增加国民财富;一些国家主要依附于发达国家的资本、市场和技术;还有一些国家把科技创新作为基本战略,大幅度提高自主创新能力,形成日益强大的竞争优势,国际学术界把这一类国家称为"创新型国家"。

综合国际上有关科技创新综合能力评价的指标看,我国与创新型国家相比较,在科技创新能力方面的主要差距表现为关键技术自给率低、发明专利数量少、科学研究质量不高、尖端人才匮乏、科技投入不足,在综合国力竞争日趋激烈的形势下,我国创新能力不足将对经济社会发展和国家安全构成严重制约。因此,把提高自主创新能力作为提高国家竞争力的中心环节,把建设创新型国家作为面向未来的重大战略选择,是丝毫不能懈怠的大事。

2007年11月,美国国家科学理事会(National Science Board,NSB)发表报告《大力推进工程教育改革》,把全球工程环境的急速变化列为工程教育面临的第一位挑战。全球工程环境的变化包括三个方面:一是市场、企业和供应链已经最大程度地国际化;二是工程服务已经成为国家之间的竞争力体现;三是随着工程服务的全球化,高端工程能力需求日益强烈。

随着技术不断向社会渗透,工程和社会两个系统的联系越来越紧密,工程师们不再局限于解决传统工程问题的复杂关系,同时还要把人类和环境问题视为其中的主要因素,以适应不断变化的外部环境。除现代教育体系可以提供的分析能力外,企业还需要工程师有激情,能系统地考虑问题,具有创新能力和在多元文化环境下工作的能力,理解工程中的商业环境,拥有跨学科技能、沟通技能、领导能力和环境适应能力,以及对终身学习的渴求。这样的需求不再局限于现有的工程师培训标准,在掌握专业技能的基础上,工科学生还需要为更宽广的职业道路做好准备,包括对管理和营销技能的掌握。这样可以在具备一定的工程实践能力以后,转入诸如管理类的工作岗位。基于对工程原理和实践的广泛认识,工程师应该成为具有较强适应能力的领导者。通过这些途径进行工程教育改革,就可能改善工程师的就业前景,并培养他们解决未来复杂的工程和社会问题的能力。

工程人才培养质量要求面向未来,目前对未来工程师的质量标准尚未有一个统一的界定,但对未来工程师素质的大量描述,在一定程度上反映了未来工程人才质量的核心要素。研究表明,领导力、创新能力和解决重大挑战的能力被认为是"下一代工程师"的核心能力。欧盟《欧盟专题报告——提升欧洲的工程教育》明确将领导力作为工程师的竞争力之一。提出工程领导力教育理念的美国工程院(National Academy of Engineering,NAE)和美国自然科学基金委员会(Natinal Science Foundation,NSF)在《2020的工程师:新世纪工程的愿景》报告中凝练出工程师应具备的关键特征,包括分析能力、实践能力、创造力、沟通能力、商务与管理能力、伦理道德和终身学习能力。报告指出:工程领导力是工程人才进行工程技术创新、应对工程挑战、解决重大工程问题、影响公共政策制定和产业管理的关键要素。这一理念很快成为美国麻省理工学院和斯坦福大学工程教育改革的重要理念和目标,也成为21世纪全球高等教育发展中日益重要的新兴领域。英国皇家工程院在《培养21世纪的工程师——工业界的视角》中阐明:作为未来承担重任的工科毕业生,需要具备在未来领导工业界走向成功的创造性、创新性和领导力。中国工程院《走向创新——创新型工程科技人才培养研究》中提到：领导能力是创新型工程领导人才的重要素质。在我国"卓越工程师教育培养计划"中，领导力也成为卓越工程师的重要标准之一，不仅要求他们成为各自专业领域的高水平专家，更要求他们能够全面发展，成为所在行业的领军人物。2016年世纪经济论坛报告 *The Future of Jobs: Employment, Skills and Workforce Strategy for the Fourth Industrial Revolution* 中特别强调了包括社会技能、系统技能、解决复杂问题的技能、资源管理技能、技术技能在内的交叉复合技能。目前，全球工程教育研究和实践领域把工程领导力界定为：适应顾客和社会的需求，在技术发明的支持下，针对新产品、新流程、新项目、新材料、新模型、新软件和新系统，进行观念创新、设计创新或生产创新的技术领导力以及工程技术人才的创业能力。

在激烈的全球竞争中，世界各国都认识到工程教育改革的重要作用，不断提高对工程人才的要求，并将工程领导力作为工程人才培养的重要内容和目标。欧美一流大学认为，工程领导力之所以重要，是因为工程人才首先要在技术、经济、环境、伦理冲突时进行协调与管理；工程人才要在不同文化背景的组织或团队中有效工作；此外，工程人才的个人发展及其所在组织或团队的发展，离不开与公共政策制定以及产业管理的相互作用。正是基于工程领导力的突出特质，工业界对于具备工程领导力的人才需求日益强烈。善于沟通协调、积极参与团队合作、有能力影响他人，已经成为高素质人才的一项新标准；企业的发展需要具备领导力的工程人才，工程领导力是企业领导者的必备素质，是改善企业形象、提升企业文化、优化组织结构、提升生产效率的有效能力；未来企业要在全球化的环境中承担国际任务，这要求工程人才能够把握国际多元文化，具备人际沟通、组织协调、团队合作、多元文化融合等领导能力，从而提高企业的国际竞争力。然而，目前国内大学的工程人才培养往往还是更多地去关注现在、关注就业，而对世界、对人类、对未来的关注还不够，这样培养出来的学生缺乏影响和引领未来全球事务的精神、意识、勇气和能力，也缺乏相应的国际竞争力和全球领导力。

基于国际标准和我国重大战略需求及发展实际，未来的工程人才培养标准应该强调以下核心素养：家国情怀、创新创业、跨学科交叉融合、批判性思维、全球视野、自主终身学习、沟通与协商、工程领导力、环境和可持续发展、数字素养。作为21世纪的工科大学生，应该以国家需求为努力奋斗的方向，扎实学好知识，掌握过硬的本领，为社会主义经济建设贡献自己的力量。

第 2 章 基于项目学习与大学生科技创新理论

基于项目学习(Project-Based Learning,PjBL)是一种可广泛应用于学生科技创新能力培养过程中的新兴教学模式,其核心是借助一系列有应用背景的工程项目,让学生在推进项目的同时,通过自主学习逐渐掌握未来社会应该具备的各项技能,如发现问题、任务规划、团队协作、自我管理等。国内外的教学实践表明,基于项目学习模式是一种十分有效的学习手段,能够充分调动学生学习的积极性,加深学生对理论知识的理解,并提高学生解决实际问题的能力。

2.1 基于项目学习的理论

2.1.1 基于项目学习的定义

基于项目学习是一种适合大学生科技创新能力培养的新型教学模式,与传统教学模式不同,基于项目学习强调学生自主学习、学科综合、团队合作,主张让学生运用专业知识去解决现实生活中存在的问题,有利于培养学生搜集、处理信息的能力,解决问题的能力,以及交流与合作的能力。

基于项目学习的定义很多,按照美国巴克教育研究所(Buck Institute for Education,BIE)的定义,基于项目学习是一种使学生通过面对复杂的问题、困难或挑战,经历深入的探究过程,以提高学以致用能力的教学方法。根据基于项目学习教师指导手册中的定义,基于项目学习是指由学生设计、计划、执行一个完整项目的学习过程,并且该项目将最终产出一个面向公众的结果,如产品、出版物或者展示等。

项目学习可以使学生围绕一个具体的项目,充分学习、选择和利用各种学习资源,在项目构思设计、实际体验、探索创新、内化吸收过程中,以团队形式自主地获得较为完整而具体的知识,形成技能并获得发展地学习,能够提升学生解决问题的能力,培养学生的终身学习技能,使其形成自主合作的学习精神和工作态度。

无论哪一种定义,都是将创新教育聚焦于学生,而不是独立的课程,所探究的项目也都是现实生活中可见的、急需解决的问题。在这个框架内,学生可以通过一系列的过程与手段来寻求解决方案。而在此过程中产生的诸如动力、热情、创造力、同情心和应变能力等优点,则无法通过书本去学会,必须通过积累项目经验去激活。

2.1.2 基于项目学习的特征

从上述基于项目学习的诸多定义中,可以概括出其特征为以下几点。

(1)强调学生的主导作用。在基于项目学习过程中,由学生基于个人兴趣从现实生活中寻找驱动性问题(课题),发掘学生对基于项目学习的内在渴求。

(2)有一个或一系列最终作品。参与项目的学生之间要就作品设计、制作进行充分交流和讨论,最终得出结论并发现新的问题,促进进一步学习活动的开展。

(3)基于项目学习要求多学科交叉。来源于现实生活的问题(课题)均属于多学科交叉性质的问题,在项目进行过程中,要求学生运用多学科知识综合起来解决所遇到的问题。

(4)强调项目执行过程中的团队合作。涉及该项目的所有人员,包括老师和学生,通过相互合作,形成"学习共同体"。

(5)采用基于过程管理的评价方法。项目考核不再局限于最终作品的展示,还考核学生在参与项目全过程中的表现,提出对学生的期望,要求学生掌握一系列的技能和知识。

(6)基于项目学习是对现实生活中现象、问题的探究。通过探究发现问题,并运用专业知识解决问题,从而获得学科知识的核心概念和原理,进而掌握必备的生活技能和专业技能。

(7)在学习过程中需综合运用多种认知工具和信息资源。基于项目学习过程中,学生需使用多种认知工具和信息资源来陈述他们的观点,支持他们的学习。在选题阶段,需要使用网络、图书馆等资源查询资料;在立项阶段,需要使用 Word、PowerPoint、Visio、Adobe 等软件做文档撰写和项目展示;在项目进行阶段,则需要使用各种专业软件进行仿真设计。通过基于项目学习的实践,加深学生对这些认知工具和信息资源的运用技能。

2.1.3 基于项目学习的构成要素

基于项目学习主要由内容、活动、情境和成果四个要素构成,其构成要素图如图 2.1 所示。

图 2.1 PjBL 构成要素图

1. 内容——项目选题

基于项目学习的内容即项目选题,是学生作为主体所发现的现实生活中急需解决的各种复杂的、多学科知识交叉的问题。首先,大学生基于项目学习的项目选题应该是由学生以个人兴趣为前提发现的,或者是学生在指导教师的辅导下发现的,只有这样才能与学生团队的个人兴趣一致,才能最大程度发挥大学生的兴趣驱动作用;其次,项目选题应该是来源于现实生活的完整课题,是值得学生运用专业知识进行深度探究、学生有能力进行探究的项目,这个过程实际上需要指导教师进行把关。

2. 活动——项目研究过程

基于项目学习的活动即指项目研究过程,主要是指学生采用一定的技术工具(如专业软件)和研究方法(如硬件设计)解决所面临的问题时,所采取的一系列的探究行动。首先,项目研究过程具有一定挑战性,在基于项目学习过程中,学生不可避免地会遇到书本知识无法解决的问题,需要学生熟练运用其创新性思维和动手实践能力加以解决,从而达到形成和提高自身专业技术水平的目的;其次,项目研究过程具有建构性,基于项目学习为参与项目的学生提供了一种学习经历,学生通过确定问题、寻求问题解决办法,到最后独立解决问题形成作品,在整个基于项目学习过程中实现了知识的建构;最后,项目研究过程具有个性化,基于项目学习适用于不同的学习方法、给学生提供参与和学习方式等个性化选择。

3. 情境——项目研究环境

情境即为项目研究环境,是指支持学生开展基于项目学习的环境,这种情境既可以是物质实体的学习环境,也可以是借助信息技术条件所形成的虚拟环境。情境能促进学生之间以及学生和社团之间的合作。基于项目学习给学生提供了更丰富、更具真实性的学习经历,而不只是在单调的教室环境中进行的。这种环境同时也能使学生减少人际冲突,并且帮助他们解决人际冲突,在没有压力、诚信合作的环境中,学生对发挥他们的能力充满了自信。情境有利于学生使用并掌握技术工具,为学生学会使用各种技术提供了理想环境,能拓展学生的能力并为他们走向社会做好准备。

4. 成果——个人能力的提升

成果是指学生在学习过程中或学习结束时通过参与项目活动所学会的知识和技能,如团队合作学习技能、生活技能、自我管理技能等,也促进学生的高级认知技能和问题解决策略的形成,为培养学生的专业技能和训练专业研究策略等提供服务,促进学生"学会学习"。成果的形式多种多样,内容丰富多彩,只要与专业相关即可。

2.1.4 基于项目学习的一般操作流程

基于项目学习属于新型教学模式,强调学生在项目进程中的主导作用,要求学生通过团队合作对现实生活中的某个具体问题进行探究,最终给出解决方案。通常其操作流程分为项目选题、项目计划、项目研究过程、项目作品制作、成果交流和活动评价六个步骤。基于项目学习的一般操作流程如图2.2所示。

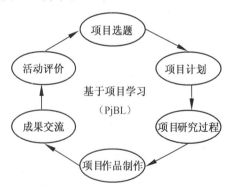

图2.2 基于项目学习的一般操作流程

(1)在基于项目学习整个流程中,项目选题是非常重要的一环,应该由学生根据自己的兴趣自主选择,教师在此过程中只能作为指导者的角色,从宏观上对学生选题进行把握,如实用性、可行性、是否与专业相关等。

(2) 项目计划包括时间计划和活动计划。时间计划是指学生项目团队应该对项目完成有总体的时间规划,在什么时间节点完成什么样的任务,做详细的时间流程安排;活动计划是指对基于项目学习中所涉及活动进行预先计划,如人员的具体分工、项目研究先后顺序等。

(3) 项目研究过程是基于项目学习的关键步骤,学生大部分知识内容的获得和技能、技巧的掌握,都是在此过程中完成。

(4) 项目作品制作是基于项目学习区别于一般活动教学的重要特征。在作品制作过程中,学生熟练运用自身在基于项目学习过程中所获得的知识和技能来完成作品的制作。

(5) 学生项目团队通过展示他们的研究成果来表达他们在基于项目学习过程中所学知识和所掌握的技能,并通过与其他团队的交流扩展思维。

(6) 活动评价是基于项目学习与传统教学模式的一个重要区别,基于项目学习的活动评价由答辩委员会评委、指导老师、团队成员共同完成,不再局限于对项目结果的评价,同时也强调对项目过程的评价,真正做到了定量评价和定性评价、形成性评价和终结性评价、对个人的评价和对小组的评价、自我评价和他人评价之间的良好结合。

2.1.5 开展基于项目学习的意义

基于项目学习这种学习模式强调"做中学(Learn by Doing)",从以"教"为中心向以"学"为中心转化,通过参与实际项目,培养学生的自主学习能力、问题求解能力、综合创新能力、团队协作能力、工程领导力。开展基于项目学习,对提高大学生的素质具有重要意义。

1. 充分发挥大学生参与基于项目学习的自主性,提高参与科技创新活动的积极性

基于项目学习的一个重要原则就是学生具有主体意识和自主意识,对学习有充分的自主选择权利,根据自身的兴趣和特长来选择项目学习的主题和内容。从选题、收集资料开始到作品制作、答辩再到成果展示的全过程,都由学生自主决断,指导教师往往只扮演协助者的角色。由于成为了学习的主体,个性得到了充分的体现,因此学生自始至终都能保持高度的学习热情,不断地发挥自己的主观能动性和创造性,真正展示自信、自立、自强的大学生风貌。

2. 培养大学生探究学习和认知的能力

通过项目驱动来组织和激发大学生学习活动,最终实现探究学习和学会学习。学生通过探究问题自主学习,获得学科知识概念和原理,构建知识,掌握专业技术技能。

3. 加强项目体验,拓展创新思维

基于项目学习克服了知识学习与思维实践的割裂状况,帮助学生不仅"知",而且体验如何"行"。项目学习将学科知识、概念、原理融入具体的项目任务中,学生参与完成具体项目任务的过程,也是参与体验、感悟学科知识、概念、原理的过程。在此过程中,学生建构起学科知识、概念、原理的个性化理解,掌握一定的技能,发展自己的高级创新思维能力。

4. 提高学生的动手能力和问题解决能力

基于项目学习的过程,先由学生主动寻找研究课题,然后通过收集资料,分析处理资料,最后形成自己解决问题的方案,并且把这一方案付诸实施,并以形成最终作品的形式来对问题解决进行陈述。与传统教学过程中学生只需坐在教室中被动地接受教师知识的传授相比,基于项目学习要求学生必须亲自动手来解决实际问题,因此有利于提高学生动手能力和问题解决能力。

5. 提高学生的沟通交流、团队协作和表达能力

传统教学模式采用竞争策略,学生之间是竞争关系。而基于项目学习模式强调的是团队成员之间的沟通与协作,即团队内同学之间是一种分工与合作的关系。在这种模式下,团队成员之间通过有效沟通达成一致意见,对项目任务进行合理分工,并适时地进行协商和讨论,沟通交流和团队协作能力都得到充分体现。基于项目学习的过程管理包括开题、中期和结题答辩等内容,要求项目组以书面、口头形式汇报项目方案、进展情况和项目成果等,对学生表达能力也提出了要求。

6. 促进多学科知识技术内容的交叉融合

在基于项目学习过程中,解决项目问题的途径往往是多学科交叉融合的,即无法单纯依靠某一门学科知识来独立解决,学生需要学习和综合运用多种学科知识来分析和求解问题。这种学习能够打破以往教师分科教学、学生分科学习、人为割裂知识内在联系的弊端,重新建立多学科交叉知识网络。

7. 提高学生综合运用各种支持工具的能力

学生在基于项目学习过程中需综合运用多种信息检索工具、认知工具、开发工具和网络资源平台等,从而提高其运用现代技术支持工具的能力。

2.2 大学生科技创新活动的理论与实践

创新是民族进步的灵魂,是国家兴旺发达的不竭动力。我国《高等教育法》明确规定:高等教育的任务是培养具有创新精神和实践能力的高级专门人才。全面培养大学生的创新意识、创新精神和创新能力已成为高校的重要工作。

创新是指研究人员针对特定研究对象,运用新的知识与方法,或引入新事物,产出某种新颖、有社会或个人应用价值成果的活动。这里的成果是指以某种形式存在的创新成果,既可以是一种新概念、新设想、新理论,也可以是一项新技术、新工艺、新产品,还可以是一个新制度、新市场、新组织。创新性的判别标准有两个:一是成果是否新颖,是否有社会或个人应用价值;二是"有社会价值",是指对人类、国家和社会的进步具有重要意义,如重大的知识创新、技术创新和产品创新等。

大学生科技创新活动是指大学生在学校和学院的组织引导下,通过指导教师的指导和帮助,利用课余时间自主开展的科技学术活动。对于电子信息类等理工科学生来说,科技创新是指利用专业相关知识对现实问题进行研究、探索、实践的科研过程,以及改进或创新前人用过的方法和技术手段来开展工作,以达到前人没有达到的高度,大学生科技创新活动的本质是一种与时俱进的创新实践活动。

2.2.1 开展大学生科技创新活动的意义

随着社会进步和现代科技的发展,培养大学生的创新意识和创新能力已经成为新时期人才培养工作的重要内容。大学生科技创新活动作为课堂教学的重要补充和拓展,已经成为提高大学生实践动手能力、创新意识和创新能力的重要环节。相对于理论课堂教学来讲,大学生科技创新活动是构成学生成长的校园文化环境。良好的校园文化环境是培养大学生创造意识和创造能力的重要因素。大学生科技创新活动以其灵活性、适宜性、多样性、层次性等特点,可以弥补理论课堂教学对学生创新意识和创新能力培养的不足。将科技创新活动与课堂教学系统地结合起来,实施规范化管理与组织运作,建立大学生创新能力评价体系,从领导、组织、运行机制、经费投入等几个方面进行统一规划与设计,是大学生创新能力培养的重要方式。当今,大学生科技创新活动也逐渐从"少部分学生参与的小范围活动"演变成"大多数学生积极参与的一项重要校园活动"。

大学生通过参与科技创新活动提升能力,是大学生自我成长发展的需要。大学生参加科技创新活动主要有以下几个方面的作用。

1. 促进课堂知识的理解与应用

大学生参与科技创新活动是对课堂理论知识进行实践、深化和拓展的过程,通过学以致用,在实践中修正对知识的错误认识,加深对知识的正确理解。同时,大学生通过参与科技创新活动,不断发现所学课堂知识的缺陷与不足,从而有意识地汲取更多知识,通过对专业知识的反复实践、修正、深化、拓展,形成相对完整的、适用于解决实际问题的知识体系。

2. 促进学风建设和学生科研能力的培养

创新活动与良好的专业基础、实验技能密不可分,即创新活动以专业学习为基础,以良好的学习成绩、知识水平为保证。一方面,善于学习、良好的学风会给创新的成功带来机遇,在科技创新活动中,大学生可以自由选择自己的方向,在兴趣的驱动下去寻找最适合自己的学习方式,在实践的过程中去发现问题和解决问题;另一方面,科技创新是一项综合工程,需要众多的领域和学科知识的支持,如果不拓宽自己的知识面创新就无从谈起,因此科技创新的知识需求又调动了学生学习的积极性和涉猎其他学科及领域的主动性。

3. 提高学生自身的综合素质

参加科技创新活动,要求大学生不仅要有严谨认真的科学态度、积极探索的专业精神,更需要有团结协作的能力、良好的沟通能力以及耐心细致、克服困难的心理素质。科学实践的道路上除个人艰苦探索、不断创新外,也需要团队的良好沟通、协作与支持,以达到个人无法完成的科学事业目标。而大学生在这种科技创新中经历的协作实践,将会使他们在学习科学知识以外收获更好的心理素质和更强的沟通能力。他们在各个方面都将具备发现问题、解决问题和创新实践的能力,从而提高了自身的综合素质。

4. 科技创新活动能丰富校园文化

大学生开展科技创新活动主要以团队形式开展,在团队合作过程中,学生之间的沟通是否良好、合作是否协调是开展活动成败及质量高低的关键。学生以项目小组、课程小组等形式相互协作,形成了科研团队文化,他们以科技创新为纽带,团结协作、交朋识友,使大学生在获取知识的同时也收获了更多有益的财富,使得校园文化更加丰富多彩。

此外,学科知识竞赛、科技创新竞赛等活动,作为激励大学生不断学习、不断创新的一种方式,在高校中广受学生喜爱。它们以多样的竞赛种类及形式,吸引着不同兴趣爱好的大学生参与其中,培育出一批又一批的优秀人才,同时也形成了相互帮助、共同进步的竞赛文化,传承着热爱科学和勇于创新的精神。

2.2.2 基于项目学习的大学科技创新能力培养体系

为支持和鼓励广大学生积极开展科技创新活动,进一步培养和激发广大学生的科技创新意识和创新精神,增强和提高学生们从事科学研究、技术开发和工程实践的能力,丰富和繁荣学生科技创新和校园文化氛围,培养一流的面向应用的各种高级人才,教育管理部门、高等院校、社会企事业单位组织实施了一系列项目和活动。

1. 大一年度项目

大一年度项目是哈尔滨工业大学2011年开始实行的一项基于项目学习计划,要求大一新生通过项目立项的方式,应用专业基本知识解决实际问题。大一年度项目以"现实问题"为载体,让学生从专业角度出发,通过自主收集、分析和处理信息来主动参与学习过程,以获取和应用知识、分析和解决实际问题。大一年度项目的开展有利于培养学生的科学素养和实践能力。

大一年度项目为本科生创造了运用专业知识解决实际问题的机会,其根本目的是使一年级学生尽快适应研究型大学的学术生活。大一学生通过项目学习解决现实生活中的实际问题,可以培养学生的实验技能、计算机技能、时间管理技能,特别是项目设计和按时完成任务的技能。在项目学习过程中,定期与导师见面可以培养学生非正式的口头表达能力;撰写立项报告、中期检查报告和项目结题报告是练习写作能力的好机会;参加基础学部组织的学生创新论坛正式宣读论文则有助于提高交流技巧。

大一年度项目可以使学生熟悉和了解科研的全过程,实现观察和发现问题能力的训练、表达与自我推销能力的训练、合作交流与表达能力的训练。

2. 大学生创新创业训练计划

根据《教育部 财政部关于"十二五"期间实施"高等学校本科教学质量与教学改革工程"的意见》(教高〔2011〕6号)和《教育部关于批准实施"十二五"期间"高等学校本科教学质量与教学改革工程"2012年建设项目的通知》(教高函〔2012〕2号)的文件精神,教育部决定在"十二五"期间实施国家级大学生创新创业训练计划。该训练计划旨在促进高等学校转变教育思想观念,改革人才培养模式,强化创新创业能力训练,增强高校学生的创新能力和在创新基础上的创业能力,培养适应创新型国家建设需要的高水平创新人才。

2015年5月,《关于深化高等学校创新创业教育改革的实施意见》(国办发〔2015〕36号)文件指出:"大学生创新创业训练计划作为强化创新创业实践的重要途径与手段,将继续深入实施,并且要扩大覆盖面,促进项目落地转化。"大学生创新创业训练计划已经成为面向全体大学生的一项创新创业人才基础培育工程。

国家级大学生创新创业训练计划内容包括创新训练项目、创业训练项目和创业实践项目三类。

(1)创新训练项目。该项目是本科生个人或团队在导师指导下,自主完成创新性研究项目设计、研究条件准备和项目实施、研究报告撰写、成果(学术)交流等工作。

(2)创业训练项目。该项目是本科生团队在导师指导下,团队中每个学生在项目实施过程中扮演一个或多个具体的角色,通过编制商业计划书、开展可行性研究、模拟企业运行、参加企业实践、撰写创业报告等工作。

（3）创业实践项目。该项目是学生团队在学校导师和企业导师共同指导下，采用前期创新训练项目（或创新性实验）的成果，提出一项具有市场前景的创新性产品或者服务，以此为基础开展创业实践活动。

国家级大学生创新创业训练计划面向中央部委所属高校和地方所属高校。中央部委所属高校直接参加，地方所属高校由地方教育行政部门推荐参加。国家级大学生创新创业训练计划由中央财政、地方财政共同支持，参与高校按照不低于1∶1的比例，自筹经费配套。中央部委所属高校参与国家级大学生创新创业训练计划，由中央财政按照平均一个项目1万元的资助数额，予以经费支持。地方所属高校参加国家级大学生创新创业训练计划，由地方财政参照中央财政经费支持标准予以支持。各高校可根据申报项目的具体情况适当增减单个项目资助经费，对中央部委所属高校创业实践项目，每个项目经费不少于10万元，其中中央财政经费应资助约5万元。

3. 学科竞赛活动

目前，形形色色的大学生学术科技竞赛层出不穷，经过不断地优化和沉淀，目前已经形成比较成熟的大学生学术竞赛体系。由教育部、共青团中央、中国科协、全国学联，以及有关专业学会等权威机构主办的，并为广大高校所认可的全国高校大学生学术科技竞赛主要有"挑战杯"、数学建模、电子设计、机械创新设计等。与此同时，社会上的某些企业和单位也发现举办竞赛是为企业选拔人才、解决某些科技问题、扩大企业知名度的有效途径，纷纷举办了一些科技类比赛，如微软公司主办的微软"创新杯"等。这些社会类科技竞赛也吸引了许多大学生的目光。

科技竞赛作为创新教育的重要实践平台，引领着学校的教学改革，也选拔和发现了一大批在学术科技上有潜力、有作为的优秀人才。目前，大学生学术科技竞赛深受广大学生的欢迎，每年数以万计的大学生在这个舞台上展现着他们的智慧和活力，一大批优秀作品和精英人才脱颖而出。参加学术科技竞赛已经成为大学生学习的重要组成部分。通过各类竞赛，激发学生的学习热情，促进学生创新能力的发挥，极大地调动了学生的学习积极性，并引导学生积累和运用知识，大胆地将所学知识应用于实践。同时，有效锻炼了学生的非智力因素，如增强信心、磨炼意志、提高竞争意识、加强团队合作等。很多学生用"一次参赛，终身受益"来描述他们的感受。经历学术科技竞赛的洗礼，广大学生充分品尝到科技攻关的艰辛，享受到创造的快乐和成功的喜悦，这些体验将伴随终生，沉淀为永久的精神财富。

2.3 基于项目学习的科技创新活动基本流程介绍

基于项目学习的科技创新活动流程，是指完成一个具体的科技创新项目所经历的基本环节与步骤。基于项目学习的一般流程如图2.3所示。

目前，基于项目学习的科技创新活动包括大一年度项目、大学生创新创业训练计划和科技创新竞赛项目等，这些活动均是采取项目化的运作模式，一般以院系为单位组织、宣传和管理，各学院通过发布通知、召开宣讲会等多途径发动广大学生积极参与，特别是由动手能力强、科研兴趣浓厚的拔尖学生组成科技创新团队，搭配专业素质强、实践经验丰富的教师

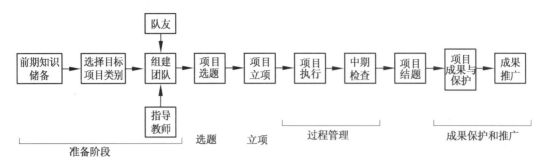

图 2.3 基于项目学习的一般流程

指导,不仅可以取得丰富的学生科技创新成果,最重要的是通过参与项目学习,将充分提高学生的实践动手能力、自主学习能力,也锻炼了意志品质和团队协作能力。

除科技创新竞赛项目一般由学生主导、自由参与外,大一年度项目和大学生创新创业训练计划均由学校统一部署,并且设立专项基金予以支持。学生自由组队、自主申报,学校组织专家进行项目答辩审核,最终确定立项并给予一定的资金支持,鼓励学生在导师指导下独立完成科技创新项目的研究。开展这些科技创新项目的目的是,通过引导学生参与、主导科学研究过程,了解学科特点和发展前沿,设身处地地深入科研一线,从而培养学生的创新精神和合作精神,提升学生的自主学习能力、创新能力和实践能力,促进大学生全面成长成才。其核心是支持学生开展科技创新训练,注重的是过程而非结果。基于项目学习的科技创新活动为学有余力的大学生提供直接参与科学研究的机会,引导学生进入专业科学前沿,了解社会发展动态。学生通过发现问题、激发创新思维、主动学习、完成课题等过程,积极主动探索新的知识领域,从而体验到一种全新的研究性学习的乐趣。通过基于项目学习能够大大激发学生的主动性和创造性,从而培养大学生的合作精神和创新精神,提升大学生的创新能力和实践能力,促进大学生全面成长成才。

基于项目学习的科技创新活动一般包括项目立项、项目研发、项目中期检查和项目验收等过程。为确保科技创新项目的顺利组织实施,学校、负责的院系和学生团队之间必须按照约定的责任与义务密切配合。

(1)学校、负责的院系确保学生科技创新研究专项经费及时到位,并负责项目的日常管理和经费使用的审批工作。

(2)学校、负责的学院成立科技创新教师指导团队,为学生开展基于项目学习的科技创新活动提供一定的技术指导和咨询服务。

(3)学校、负责的院系等应该建立学生科技创新实践基地、创新实验室等,力所能及地为学生的科技创新活动提供必要的场地、设备等条件。

(4)学校或负责的院系应该在各个时间节点组织专业教师对学生的科技创新项目进行评审立项、中期检查和验收鉴定。

(5)学生在规定期限(通常为1年)之内独立完成符合立项技术指标要求的科技创新项目,并且在结题验收时按要求提供项目的研究总结报告、研究开发的相关技术资料、研究论文、设计制作的实物或其他与课题相关的成果。

(6)学生应服从学校对项目资金的相关管理,按照项目研究计划认真开展工作,按照项目预算合理使用经费,学生负责的科技创新项目经过学校验收合格后方可结题。

(7)受学校资助的科技创新项目的研究开发成果(指知识产权的全部利益,包括申报权、所有权等)归学校所有,对于研究开发成果的转化(包括转让、许可使用等)由双方协商决定。

2.3.1 准备阶段

1. 前期知识储备

创新思维、创新实践能力及创新知识的储备直接影响着大学生参与科技创新活动的积极性和可行性,所以在进行基于项目学习之前,首先要有前期大量的知识储备。计划参与基于项目学习的大学生,在日常学习和生活中应有意识地深化专业知识、关注学术前沿、培养实践动手能力,特别是比较感兴趣的领域要格外关注。由于基于项目学习的特殊性,可能无法从书本或课堂上学到项目实践过程中所需的大量知识,因此学生自学能力的培养在前期知识储备时至关重要。

同时,应该注重知识结构的均衡性,科技创新与人文艺术密不可分,二者相互促进、相互提高。科技创新与学生团队的人文艺术特长在基于项目学习过程中可以很好的结合到一起,科技创新项目选题做到既有艺术含量、又有科技含量。例如,绘画功底好,则可以结合图像处理技术设计一个"人脸素描机器人"。2017年1月,李开复先生在其微博中就展示了"机器人画家"的写实、疯狂、抽象三幅作品,该项目就是高科技与绘画功底的巧妙融合。同样的道理,2016年震惊全球的"Alpha Go"和"Master"也是人工智能与围棋艺术的深度融合。2017年1月30日,美国卡内基梅隆大学开发的人工智能Libratus与4名顶尖扑克选手之间的"人机大战",最终以人工智能Libratus取胜结束,这是人工智能在棋牌游戏中对人类取得的又一个胜利。因此,理工科的学生要注重提升人文艺术素质,认真学习人文课程,积极阅读人文书籍,经常听听人文讲座;人文类学科的学生也要时常关注科学动态,锻炼逻辑思维能力,这种跨学科的知识储备也将对科技创新有很大的促进作用。

扩充知识面,加强思考能力需要学生养成良好的自学能力和学习习惯,在学好本专业的专业课程基础上,可以通过以下途径扩充自身的知识储备:

(1)日常生活中注重知识的积累。充分利用电视、网络、智能手机平台等资源,拓展自己的知识面,查找和摄取自己所需要的知识。以电子信息类手机App为例,极客快讯、中关村在线等App均能提供实时科技快讯,有助于随时了解科技领域的最新发展动态,每天可以花十分钟时间扫描国内外最新资讯。

(2)多与同学、前辈交流心得。同学之间、师兄弟之间的相互交流有利于快速地了解别人的经验和错误的教训,从中汲取有利于自身的内容。同时,可以借助交流,向师兄师姐了解本学科的研究领域和发展方向,做到有的放矢地学习。

(3)积极参加学术报告和学术讨论。学术报告人一般都会将其所从事的学术领域过去、现在和未来进行系统地总结和展望,会尽量在极短的时间内让听众了解本领域的相关知识。

(4)充分利用图书馆资源,尤其是科技期刊资源。科技期刊上刊登的是本学科及相关领域的国内外前沿文章,它会告诉读者本学科领域当前发展现状和趋势。

(5)根据自己的兴趣爱好,积极参与相关的社团,与同学一起学习。大学中有很多社团可以去参与,既有人文艺术类的,也有理工类的,可以根据自己的兴趣爱好,参与到不同的社团中,并在社团前辈的带领下汲取更多的知识。

2. 选择目标项目类别

基于项目学习必然会占用大量的时间和精力,所以学生必须结合自身的职业规划和学习情况,综合考虑之后再进行申请。在确定要参与项目以后,首先需要选择目标项目类别。选择目标项目类别是指,学生根据自己的知识储备、实践创新能力等,选择需要参与的基于项目学习的类别。基于项目学习的类别非常多,"大一年度项目""大学生创新创业训练计划",以及各类基础性、专业性学科竞赛,对于每个专业的学生而言,可选择性都非常多,可以根据自身兴趣爱好和能力进行选择。对于新入学的大一新生来说,通过大一年度项目可以初步培养自己的自主学习能力、问题求解能力和综合创新能力等,同时也可以参与一些基础性的学科竞赛或较简单的专业学科竞赛,如数学竞赛、物理竞赛、英语竞赛和全国大学生物联网设计竞赛等;进入大二学年以后,随着专业能力的提高,除大学生创新创业训练计划外,可以参与复杂些的专业性学科竞赛;大三学年则可以挑战一些难度较大的专业性学科竞赛。

在选定了目标项目类别以后,需要深入了解该项目的参赛须知,研究其历年获奖题目、项目所需知识等,做到心中有数,对于自身尚未具备的知识,应该抓紧时间学习,为后续的项目开展做好前期准备。

在基于项目学习的过程中,项目的选定很重要,应该由学生主导,学生根据自身的兴趣爱好进行选题。教师在此过程中仅仅只能作为指导者的角色,也就是说老师不能把某个项目强加给学生,教师所起的作用是对学生选定的主题进行评价,即选定的主题是否具有研究价值以及学生是否有能力对该项目进行研究,如果有必要,则可对学生选定的项目进行适当的调整或者建议学生对项目进行重新选择。

3. 组建团队

组建团队是参与基于项目学习的重要环节,涉及寻找队员、选定团队负责人、确认指导教师以及项目分工和时间安排等内容。

(1)寻找队员。基于项目学习是以"学生团队"为基本组织形式,强调团队协作,团队内各位同学通过密切合作共享成果。因此,组团申请相对于单独参与优势明显,不仅可以锻炼成员的团队合作能力,还有利于专业交叉和思维碰撞。

选择组团申报项目的同学,在寻找队员时要考虑到团队的知识结构需求,跨专业跨年级组建团队,实现学科交叉,这样有利于创新成果的产生。另外,团队规模不宜太大,需要按照项目人数要求组队,通常专业竞赛以3人一个团队为主,个别开放式的专业竞赛人数可能放宽到4人或5人以上。

在团队建设中,要学会合作,注意"选好"队员,更要选"好队员"。在选队员时,要注重强强联手,不要怕别人抢了自己的风头。"牛人"搭"牛车",才会更"牛"。当然,也不能一味追求最好的队员,还要兼顾队员间知识的互补性与综合性,以及队员之间的凝聚性。

(2)选定团队负责人。团队组建之初还需要确定项目的主要负责人,并初步划分工作任务。团队负责人要为团队明确方向、目标和任务,为每个队员确定职责和角色,在项目规划、时间管理、内外协调等方面发挥引领作用。项目团队全体成员要努力建设相互信任、互助合作、积极参与、相互激励、自我管理的团队精神。

(3)选择指导教师。项目申请人必须选择一名相关学科的教师作为指导教师。指导教师应具有中级及以上技术职称,主要负责项目的指导、监督和管理,协助专家组对所指导的项目进行中期检查、结题验收。指导教师是学生科技创新项目的直接负责人,指导教师的责任心、技术水平等都会对项目保质保量的完成有重大影响,务必选择负责任的指导教师。

(4)项目分工。在具体的科技创新项目中,如何分组要考虑组内成员的能力、水平和专业特长。对于简单或者是组员擅长的任务,可以分配给个人单独承担;而对于复杂的、大家都陌生的任务,则可以根据难易程度分配给多人共同完成。只有充分地发挥队友的长处,加上队友之间的默契配合与通力合作,才能达到预期的目标。

(5)时间安排。首先,为更好地发挥科技创新项目成果对于学生个人发挥的作用,需要考虑项目申报时间。完成一个科技创新项目或者参加一项科技创新竞赛的时间通常要持续半年、一年甚至更长,而发表文章、申报专利的周期可能更长。如果同学们希望利用科技创新项目的成果去获得保研加分或者作为申请国外高校的佐证材料,就要提前做好准备,安排好参与项目的时间计划。例如,有的同学希望了解科技创新项目成果能够在保研或就业时起到的积极作用,那么就需要在大三年级以前就参与并获奖。考虑到前文所述的项目执行期和科技创新项目或竞赛获奖的不确定性,如果有此方面的需求,就必须提早规划,以免出现意外情况。正是基于此考虑,很多同学在大一时就利用大一年度项目作品去积极参加各类专业学科竞赛,如全国大学生物联网设计竞赛,并且取得了不错的成绩。其次,要规划好参与科技创新项目的时间。虽然科技创新活动的开展对学生自身能力的提高十分有效,但是学生的本职工作仍然是学习,不能本末倒置,因参与项目而荒废了学业,影响考试、考研、就业等。大学生活相对于中学来说,有丰富的业余时间,所以在安排科技创新项目时间上,也具有较大的自由度。一般来说,只要能够在规定的时间期限内结题,具体的时间安排不做要求,可以自由安排。但是,另一方面,如果说学生团队希望通过这个科技创新项目得到一些奖项,则不能仅仅要求结题,而是能够在有限的时间内尽可能地搭建更完善、更可靠的系统,实现更多的功能,外观更完美,交互软件更流畅。所有的这些都需要时间去打磨,因此应该提早规划,充分利用课余时间,尽可能地把研究工作往前推进。留出的时间越充裕,给系统调试、改善升级的时间也越多,在项目和竞赛评奖的道路上就能走得更远。

2.3.2 项目选题

不管是大一年度项目、大学生创新创业训练计划还是专业学科竞赛,选题对整个项目能否都成功非常重要,不仅直接影响项目最后能否顺利结题,也对项目的最终成果,如评奖、专利、论文等有直接关系。只有在学生能力许可范围内有一定的创新性的项目,顺利完成参与结题才能得到一定的奖项,也才能写出专利或文章。如果选题时选的题目特别难,超出了团队的现有水平,最后做不出来,结不了题,何来评奖和专利、文章等成果呢?另一方面,如果选题太容易,与其他团队的项目PK而无优点,那如何从成百上千个项目中脱颖而出,获得奖项呢?因此,选择一个好的题目,对于基于项目学习的科技创新活动来说至关重要。

1. 选择选题方式

项目课题可以由学生自己提出,也可以由学生和指导教师共同拟定,或由指导教师提出、学生选择。

学生自主选题的项目是指学生根据自己的特长、兴趣爱好,并与专业背景密切结合,综合而成的科技创新项目。学生自主选题首先应该是自己所喜欢的题目,题目来源可以是对社会现象的观察、个人的特长或兴趣爱好,或者是社会问题所反映的需求。这样的选题,学生可以发挥主观能动性,提出自己的想法,而不再拘束于指导教师所给的范围限定。当然,自主选题也不是天马行空、漫无边际地瞎想,应该与所学专业密切结合。基于项目学习的目的是通过参与项目促进学生对专业的深入了解,如果项目选题都与专业无关,则背离了基于项目学习的初衷,也就变得没有意义了。学生自主选题时尤其要注意对选题价值进行重点论证,学生缺乏经验,仅有一些新的创意或点子,就填写了立项报告,由于缺乏可行性、科学性的一系列论证,即使是非常优秀的点子也很难得到资助,因此学生自主选题也需要专业指导教师的介入,专业指导教师经验丰富,可以从项目可行性、难易程度等方面把关,为项目的有效实施保驾护航。

指导教师提供的项目是指由教师提出项目,学生报名参加,主要是指导教师科研项目中根据学生的实际情况(如学生基础、参与时间长短)细化后再转化而形成的,可由学生独立开展研究的部分。在大一年度项目或大学生创新创业训练计划申报之前,各个学院一般会公布一些科创指导教师提供的项目供同学选择。同时,由于每个指导教师项目能够接纳的学生有限,因此指导教师也会选择学生,这是一个双向选择的过程。直接选择指导教师提供项目的同学要主动了解课题的相关知识和背景,也可以向该教师的高年级学生咨询,切忌盲目选择。同学们可以优先选择源于科研项目并与教学密切相关的工程技术(实践操作类)问题,这样不仅能在规定时间内完成任务,而且能巩固、加深对专业知识的学习,还能提高对专业知识的运用能力。

2. 确认选题价值

无论以何种方式选题,在初步选定了课题的大概范围或主题后,都需要进行大量的资料收集工作,充分了解课题相关领域的研究工作进展状况,以进一步确认该选题的目的性、创新性和可行性,并细化和最终确定题目。搜集资料的方式主要有查找文献、咨询专家等。

确认选题价值是一个对选题再筛选的重要过程,其目的是保证自己的选题具有足够的价值,该过程的主要工作是收集资料并进行分析。收集资料的方式不仅对于选题意义重大,对后续的研究过程也会有重要的指导作用,既能锻炼学生收集整理信息和科学运用信息的能力,了解和掌握当今科技前沿技术知识,在不断地思考中也培养了学生的创新思维和创新能力。此时,研究过程中还要让学生始终贯穿着创新意识,寻找问题的最佳解决办法。

3. 结合个人和团队的情况

项目选题要符合个人和团队的情况。从个人角度来说,首先,项目选题要考虑到个人未来的职业发展方向,科技创新项目的选择最好能对个人的发展起到积极的推动作用。如果毕业后想到华为、中兴这样的国际化专业电子企业工作,则软件、硬件均需要了解;如果是希望到BAT等这样的软件公司就职,则可能更注重软件开发能力和管理能力的提升,此时则可以在选择项目时倾向于软件开发类的项目。其次,还要考虑到个人的兴趣与特长,基于项目学习是通过参与项目的过程达到学习的目的,寓教于乐、寓教于学。在选题时,要尽可能选择那些能发挥自己的专长,学有所得、学有所感的题目,兴趣越大,研究的欲望就越强烈,成功的可能性就越大。从团队角度来说,项目选题不是由团队负责人确定的,也不是某一个成员能定的,而是需要整个团队经过深入讨论后才能定的,讨论时可以采取头脑风暴的方法充分交流,兼顾每个成员的意见和看法,每个成员对于项目选题均各抒己见,只有大家充分讨论后确定下来的题目,团队所有的成员才会好好珍惜,才能精诚合作,顺利完成项目。

2.3.3 立项

在上述准备工作和项目选题完成后,就要着手立项相关工作。项目立项是大一年度项目和大学生创新创业训练计划的重要环节,只有立项通过后,才能得到学校项目经费的资助。立项工作主要分成撰写立项报告、立项答辩和根据答辩意见修改项目三部分内容。

撰写立项报告是指学生团队需要按照统一的格式认真填写项目立项报告。立项报告一般涵盖项目背景、研究的目的与意义、项目主要研究内容、项目的实施方案、人员分工、经费需求和时间安排等内容,学生团队需要在前期资料调研的基础上总结归纳出上述内容。一份好的立项报告,不仅要格式工整、符合要求,内容上也要有理有据,对项目的内容和实施方案做详细介绍。

学生团队在提交了立项申请书后(一般通过项目负责人所在院系申报),下一步就是立项答辩。立项答辩是立项过程中最重要的步骤,无论前期做了多少工作,立项报告写得如何好,如果立项答辩过程中出问题,仍然会影响项目的立项。各个院系负责组织院内的优秀教师成立答辩专家组,对各个学生团队的项目进行答辩评审。立项答辩分为自我陈述和专家提问两个主要环节。自我陈述环节一般为 3~5 min,主要包括项目背景情况、项目主要研究内容、项目的实施方案、人员分工、经费需求和时间安排等内容。自我陈述应该简练、准确,并使用科学术语,PPT 的制作要以辅助展示陈述内容为宗旨,不可过于花哨,投影色彩要能够清晰展示内容,切忌发生因色彩衬度问题而产生模糊不清的现象。专家提问环节一般为 3 min 左右,主要考查以下几点。

(1)项目负责人具备的知识和能力情况,前期准备情况。

(2)项目方案的条理性,方法的可行性。

(3)创新训练项目。应注重考查选题的科学性、内容的新颖程度、实验设计的合理性、研究价值和应用前景,研究目标是否明确,是否有可视化的实验过程和数据,或可量化的对比结果。

(4)创业训练、创业实践项目。应注重考查行业及市场分析、营销策略的合理性、战略与组织、生产运营计划的科学性、财务分析、风险预测及控制分析是否全面,企业市场前景是否广阔等。

(5)成员结构情况,是否跨学科、跨专业、跨年级。

立项答辩过程中,专家组会针对各个项目给出一定的建议,特别是对于缺乏创新、技术难度大、可行性差的项目,往往会要求重新进行项目选题,重新立项答辩。各个学生团队应该按照答辩专家组的意见修改自己的项目。

立项答辩后,学院会根据答辩成绩对立项项目进行排序,并参考答辩专家组意见确定各个项目的经费资助情况。通过立项答辩的项目即可以开展项目研究工作,学校将根据经费管理规定,下发项目的支持经费到项目负责人所在学院。项目支持经费可以由项目组支配使用,但是要注意项目经费的使用方式。学校规定项目经费的支出范围包括图书资料费、实验耗材费等,通过报销发票的方式支持项目开展。

2.3.4 项目执行

立项通过后,学生团队即可以开展项目研究工作。项目执行过程中,为确保项目进展有序进行,应该注意以下几点。

1. 准确定位角色

初次进入科技创新项目时,本科生的专业知识和研究技能显得比较有限,需要不断地自我补充和锻炼。与中学教师不同,大学的指导教师工作任务重,往往无法长时间对项目执行进行直接指导,所以学生团队只有通过自主学习,充分利用一切学习资源查询文献资料,独立解决遇到的问题,才能促进项目的进展,这样也锻炼了本科生的自主学习能力。如果借助项目学习的机会进入到指导教师的课题组,则要准确为自己定位,以虚心的态度向老师和学长们学习经验,并以助手的姿态协助老师和学长们进行实验,积极努力地参与课题组的各项活动。最重要的是,要认真、及时地完成老师和学长交给的各项任务,这是正确定位的关键,也是介入课题研究、迅速融入课题组的有效方式。如果能够提一些创造性的建议或有一些成果,将会获得更多学习和锻炼的机会。个人成长和能力的提高,往往就是通过这样的细节逐渐积累进步的。

2. 注重研究过程

基于项目学习的科技创新活动虽然面临着结题这样的硬性指标要求,但是最重要的还是项目执行过程中所学到的知识和积累的经验。对于理工科学生来说,动手实践能力往往比理论知识更重要,项目的执行过程就是一个将理论知识运用到实践的过程,只有全身心参与其中,身体力行,才能巩固所学、学以致用,通过实践积累宝贵的工作经验,在后续的学习、工作中发挥出来。

3. 过程严格要求

如前文所述,大学生的时间相对十分充裕,所以合理安排进度是每一个项目团队必须要正视的问题。团队内部安排好进度后,团队负责人需要及时跟进各个成员的工作状态与工作进度,严格要求在规定时间内完成指定任务,只有做到过程严格要求的团队,才能有更多时间去完善项目,让团队走得更远。

4. 利用校园资源

学生团队还要充分了解和利用学校的各项科研资源。在校园中,不仅有学识渊博的导师、藏书万卷的图书馆、多种多样的专业实验室,还有面向所有本科生开放的实验中心和工程训练中心,同学们可以根据项目研究的需要自行联系,相关教师都会乐于为学生服务。

2.3.5 中期检查

中期检查不仅是学校管理学生科技创新项目的重要环节,也是学生科技创新项目团队自我检查、研究工作进展状况的机会。对不按时递交中期汇报表或无明显进展的项目,学校将停止资助。中期检查主要包括提交中期报告和参加中期答辩两个内容。

1. 提交中期报告

项目研究中期,项目负责人应提交中期检查报告。中期检查报告内容包括课题进展的初步情况、遇到的困难、最终确定的总体方案、下一步的工作计划等。

第2章 基于项目学习与大学生科技创新理论

2. 参加中期答辩

在中期答辩环节中与立项答辩过程类似,各个项目组根据前期工作成果制作答辩PPT,重点讲述项目进展情况与阶段性成果,并对下一步的研究工作进行分析,预估项目成果情况。项目团队还要对专家提问环节有所准备。通常中期答辩时,专家对于项目的创新点、可行性、研究方法的科学性等内容比较关注。专家提问环节是学生项目团队与专家面对面交流的重要机会,专家不仅通过提问方式考察项目的进展情况和学生的知识面,同时也会提出非常宝贵的意见和建议,这对项目的后续工作具有重要的指导意义。项目组一定要高度关注专家的问题和建议,并在答辩现场做好记录。

答辩后专家会根据各项目组的答辩表现给出最终中期检查成绩,对中期检查不合格的项目,根据实际情况,酌情给出以下三种处理意见:改进后可继续执行;提出警告、观察后再定继续执行或中止;中止实施。项目所在院(系)负责督促改进或进行相应处理,同时上报本科生院备案。

3. 端正心态

科学研究本身就是一个艰辛、枯燥的探索过程。大学生不仅要面对学业、就业等压力,还要面对需要不断创新的科研过程,这对大学生心理是有一定影响的。特别是在科研项目没有进展的情况下,同学们面临的心理压力会更大,这时候就需要端正心态。首先要意识到在科学研究中,遇到失败和挫折是一种很正常的现象。正因如此,同学们的意志才能得到磨炼。另外,还要认识到本科生参与科研的目的是学习,而不是一定非要有什么成果,在学习的过程中,失败也是一种宝贵经验。

2.3.6 项目结题

在项目研究工作完成后,需要进行结题汇报。项目负责人要撰写并按时提交结题报告,主要内容包括选题背景、研究内容与方法、研究结果、创新点、参考文献。其他研究成果还包括调查报告、图纸、软件、产品、作品、仪器装置、学术论文、专利、获奖证书等。需要注意的是,在很多研究项目中,实物是非常重要的直接成果。各项目团队要注意保管好实物及相关资料,并有意识地通过照相、录像等手段保留实物和实验、调研过程中的影像资料。实物和影像资料是参与各类展览展示的关键原材料。

结题答辩是整体汇报项目进行过程和成果环节,它包括学生自我陈述和解答专家提问两个主要内容。各项目团队要提前做好充分准备,包括准备PPT、文字资料、作品实物等。在结题汇报中要实事求是,坚决杜绝剽窃抄袭、造假等不良学术行为。

2.3.7 项目成果与保护

学生参与科技创新活动,不仅可以积累经验,同时也能够产生一定的项目成果,主要就是论文和专利。

撰写论文是将科技创新成果汇总的过程,学生科技创新项目小组通过对项目执行过程中的成果进行总结,对所得到的数据进行分析,结合项目创新点,就可以撰写相关的科技论文,并在科技期刊上面进行发表。撰写论文前,应该充分阅读目标期刊的相关文献资料,领悟相关方向论文的写作方法,同时了解自己的研究与同类研究相比有何突出之处,然后按照

"构思议题→拟定提纲→组织材料→初稿→修订初稿→论文投稿→修订"的程序进行投稿。

如果基于项目学习的科技创新课题具有很强的创新性,则在完成项目结题时或者结题前,就可以申请发明专利,对项目科研成果进行知识产权保护。申请发明专利有一系列的规范手续,各个学校均指定有专利代理机构,学生项目团队可以通过学校的相关部门代为办理。在基于项目学习的科技创新活动中,很多学生团队往往忽略了知识产权问题,许多优秀项目未能申请专利,从而失去了实现创新成果价值最大化的机会,使自己的利益受到了损失。根据很多科研工作者的经验,要有"先申请专利,再发表论文"的意识。需要申请专利的同学可以登录国家知识产权局网站专利检索页面(http://pss-system.cnipa.gov.cn/sipopublicsearch/portal/app/home/declare.jsp)、专利搜索引擎页面(http://www.soopat.com)或中国知网专利检索页面(https://kns.cnki.net/kns/brief/result.aspx?dbprefix=SCOD)进行查询。

2.3.8 成果推广

优秀的项目成果通过参加展览展示、比赛活动可能获得成果转化的机会。

1. 参加展览展示

学校每年组织"科技创新作品展"。科技作品可以通过展板、实物展示、现场演示等方式参与展览。提前策划展出方案,选择直观的展示方式,尽量使作品醒目,还可以印刷并发放展品宣传页。

2. 参加各类大赛

目前,各类赛事平台也提供了一些大学生科研成果推广的机会。有些项目成果可以用来参加比赛,如"祖光杯"创意创新创业大赛、"挑战杯"大学生课外学术科技作品竞赛、全国大学生物联网设计竞赛等。优秀的项目成果通过参加展览展示、比赛等活动,可能获得成果转化的机会。一般省市科技部门均会定期举办科技成果展示、洽谈会,科技作品可以通过展板、实物展示、现场演示等方式参与展览。参展时,需要根据展台形状及展示空间情况提前策划展出方案,选择直观的展示方式,尽量使作品醒目,还可以印刷并发放展品宣传材料。此外,各类赛事平台也提供了一些大学生科研成果推广的机会。有些项目成果可以用来参加比赛,如"挑战杯"大学生课外科技作品竞赛等。目前,一些大学生成功地将自己的科技成果进行了转化,不仅为社会做出了贡献,也为个人赢得了更好的条件和机会。但是大学生科技创新成果转化率整体看来相对还是比较低的。这种现象的产生,一方面是因为高校的科技创新,尤其是大学生科技创新主要侧重对人才培养,不太强调企业和市场,同时也缺乏一些成熟的推介转化手段;另一方面,大学生普遍缺乏成果转化意识也是一个重要原因。

3. 入驻创业园

哈尔滨工业大学大学生创新创业园发展有限公司坚持"高起点谋划、高技术导向、开放式办园、市场化运行"的建设思路,始终围绕学校培养拔尖创新人才的育人使命,注重技术、资本、市场对接,注重创意、创新、创业联动,组建了专业服务管理团队,构建了总计6 000余平方米创客空间和创业孵化器两大功能区(包括创客空间、创业企业孵化器、创业咖啡和创业导师办公室、风投基金办公室、服务管理办公室、电子机械加工平台、会议室、休闲区等公共服务空间),搭建了汇集五项服务和五项对接的"双五"服务体系,为创业团队提供全过程、全要素、全方位的创业服务。

自2019年开始,哈尔滨工业大学大学生创新创业园不定期开展优秀创新团队、优秀创业团队项目申报工作,相关申报通知参考如下,优秀的学生项目成果可以选择申请。

【补充阅读】 关于选拔第二十六批优秀项目入驻大学生创新创业园工作的通知

为进一步激发全省大学生的创新创业活力,助力科技创新能力转化为现实生产力,现拟选拔优秀大学生创新创业项目入驻哈尔滨工业大学大学生创新创业园,并将有关预计事项通知如下。

一、项目申请

1. 申请对象为哈尔滨工业大学以及省内其他高校在校生或毕业不超过5年的毕业生(不包括EMBA等在职研究生)。

2. 申请对象以个人名义在哈工大大学生创新创业园创办企业,并持有该企业50%以上的股权。

3. 创业项目为创新成果转化类项目,且符合国家相关法律、法规及产业政策。

二、孵化服务内容

大学生创新创业园通过搭建"双五"体系,为创业团队从公司注册到正常运转、从吸引投资到产品生产提供全过程服务。

(一)五项服务

1. 优质免费场地服务。按照创业企业的经营规模和使用需求提供2年的免费创业环境服务,相关费用全部免除。

2. 商、财、法、税一站式服务。园区有专人对工商注册等手续所需资料进行提前培训与审核;通过聘用专人、购买服务等方式为在孵企业提供免费的财会记账服务,聘请知名律师事务所为在孵企业提供合同审核、劳务纠纷等方面法务咨询服务。

3. 导师指导培训服务。园区积极邀请国内成功的企业家、投资人和创业者作为创业团队的创业导师,通过公开讲座指导、一对一辅导等形式,不断提高创业者的创业能力和企业运营水平。

4. 学习、生活保障服务。创业园争取校内多个部门资源,依托哈工大优质的学习、生活服务保障,为创业企业提供强有力保障支撑。

5. 企业交流提升助推服务。创业园不断选送优秀项目参加北上广深等创业活跃、资本发达地区的重大赛事活动,使创业企业获得良好提升。

(二)五项对接

1. 创业投资对接。创业园先后与十余家风投机构开展洽谈合作,先后邀请辰能投资、哈创投、丁香汇等十多支基金来到园区参加路演活动。

2. 生产资源对接。创业园针对不同阶段生产加工的需求提供相应服务,逐步完善了电子加工平台和机械加工平台,购置配套电子加工设备和机械加工设备;同时创业园将充分协调多方资源,努力为创业园企业提供便捷的生产加工配套支持。

3. 政策落地对接。创业园多方了解、深入发掘、抓紧落实相关政策及补助,努力在企业资金补贴和行业支持等方面为企业提供服务。

4. 孵化平台对接。创业园先后与哈工大资产公司、哈尔滨市多个市区产业园、黑龙江省工业技术研究院、深圳湾创业广场等孵化平台进行沟通对接,为学生创业企业的未来发展铺就道路。

5.人才资源对接。创业园深入了解创业企业需求,开展不同维度的人才对接工作,帮助企业选聘英才。

入驻孵化的创业项目可以得到创业园以上工作服务和资源对接,同时还可获得2~10万元项目扶持资金支持,助力实现创业项目成功。

三、其他事项

1.现开始报名,有意愿注册企业的团队或创业企业需向园区提交答辩材料:《哈工大大学生创新创业园创业项目计划书》、5分钟路演PPT。材料提交邮箱为hitchuangye2015@163.com,提交截止时间为3月31日,并申请加入哈工大创业园预答辩群,QQ群号码为825634803。

2.第二十六批项目入驻答辩会将采取现场评审方式进行,答辩会时间:2021年4月上旬。

3.如有不明事宜请联系梁老师,联系电话为0451-86417796。

哈尔滨工业大学大学生创新创业园
2021年3月6日

第 3 章

大一年度项目

3.1 大一年度项目由来

哈尔滨工业大学自 2010 年成立本科生院以来,明确提出培养"研究型、个性化、精英式"具有国际竞争力的高素质人才,推行基于课程学习和基于项目学习并重的教学方式。基于课程的学习侧重培养学生的理论、知识与能力;基于项目的学习侧重培养学生的能力、经验与素质。

基于项目的学习就是让学生围绕具体项目,充分学习、选择和利用各种学习资源,在项目构思设计、实际体验、探索创新、内化吸收的过程中,汲取知识、形成技能并获得发展。

大一年度项目计划是新入学大学生以项目(组)形式自主开展的为期一年的研发与制作项目,对于提高学生自主学习、问题求解、团队协作、项目管理、综合创新等方面的能力和素质具有重要作用。

经过 2011 年和 2012 年的项目实施,全校 2011 级和 2012 级本科生共申请了 1 695 个创新项目,70% 以上的大一学生参与到了科技创新、社会调查等不同形式的项目中。2011 级学生共有 623 个项目通过结题答辩,同时评选出一等奖项目 69 项、二等奖项目 186 项。2012 级学生共有 787 个项目通过结题答辩,同时评选出一等奖项目 84 项、二等奖项目 233 项。

大一年度项目是一个自主学习的过程,彰显学生的自主性贯穿于整个计划:自主组织项目团队、自主选择项目内容、自主寻找指导教师、自主安排研究计划……

实践证明,在大一新生中推行基于项目的学习方式不仅是可行的,而且对学生综合能力和素质的培养有很大的帮助。不怕学生做不到,关键是要为学生创造足够的空间和平台让他们去做。能力来自于"做",知识只有在实践、体验、探究中才会转化成"力量",在解决问题的过程中才能生成为智慧。

3.2 大一年度项目介绍

1. 大一年度创新项目的概念及特性

大一年度创新项目是一种项目学习的形式,是管理学中的项目在教学领域的延伸、发展与应用。大一年度创新项目既具有项目管理的特征,又具有探究性学习的特性。因此,将大一年度创新项目定义为:大一年度创新项目是由大一学生以项目团队的形式,借助各种教学和科研资源,在两学期内为完成一项任务(作品、设计、工艺、模型、装置、软件等),而开展的具有目的性、一次性和创新性的学习活动。这些项目具有以下特性。

(1)目的性。大一年度创新项目有明确的目标,即在规定的时间内完成一项具体的任务,如作品、设计、工艺、模型、装置或软件等,使学生通过自主学习提升创新能力。

(2)一次性。大一年度创新项目是一次性的和有始有终的,每个项目都有自己明确的起点与终点。项目终止既可以是项目目标得以实现而终止,也可以是项目目标无法实现而被迫终止。

(3)过程性。大一年度创新项目是由一系列的项目阶段、项目工作或项目活动所构成的一个完整的过程,包括组队、选题、开题、立项、分析设计、研究与实验、中期检查、作品或系统测试、结题验收、项目总结等环节。

(4)制约性。每个项目都在一定程度上受项目所处的客观条件和资源的制约,而项目资源的制约性是项目成败的关键。这些制约条件包括指导教师、实验场所、实验条件、实验经费等。

(5)创新性。大一年度创新项目鼓励学生自主组队、自主命题、自主规划、自主学习、自主设计、自主实现。因此,每个项目在某种程度上都是独一无二的,与其他任何项目在某些方面都会有所差异、有所创新。

2. 大一年度创新项目计划的作用

大学一年级是大学生从高中到大学阶段过渡的关键时期。在这一时期,学生普遍存在心理适应、学习适应和生活适应的问题。实施大一年度创新项目计划对于转变教学管理机制、促进新生尽快适应大学学习与成长环境、帮助学生树立良好的学习习惯和生活习惯具有重要作用。实施大一年度创新项目计划有助于推进本科生导师制。大一年度创新项目是一个在教师指导下,学生的学习与研究相结合的过程。影响大一年度创新项目成败的关键是指导教师队伍建设。这就要求我们要尽快改变原来的班主任管理模式,建立班级导师、项目指导教师和高年级学长相结合的指导导师队伍,建立导师办公室,加强专兼职导师队伍的服务与管理。通过实行导师制,对大一年度创新项目给予咨询、指导、解惑及帮助。加强学习咨询,提供咨询服务,应对学生遇到的学习困境,促进学生的学习和全面发展。

实施大一年度创新项目计划,有助于提高学生的主动学习与创新能力。大一年度创新项目是一个自主学习的过程。面对既定的项目任务,项目团队的同学要充分利用课余时间,通过进书店、上互联网、下图书馆,请教老师和学长来获取新的知识。学生在实践中运用知识、验证知识、巩固知识,不仅体会到了理论知识的重要性,更体验到了理论联系实际的重要性。在项目学习的过程中,学生的主动学习能力得到了提升。项目学习是一个发现问题和解决问题的过程。面对一次又一次的方案修改,学生通过组内讨论、查阅资料、调研思考、跨学科交流,渐渐学会了如何全面地考虑问题,如何从多角度考虑问题,如何从别人的设计中去提炼精华,使分析问题和解决问题的能力得到质的飞跃,从而提高创新能力。

实施大一年度创新项目计划有助于提升学生的人文素养。大一年度创新项目是一种过程取向的学习活动,过程远比结果更为重要。从立项之初的无从下手,到项目结题时的轻车熟路和成竹在胸,增长的不只是专业知识,还有同学们的信心与韧性。在项目学习过程中,许多同学都会遇到各种困难、沮丧、懊恼和争吵,甚至在一筹莫展时考虑过放弃。但当他们没有被一次次的失败与挫折吓倒,继续保持着高度的热情,共同奋斗,找出错误,一一改正,不断提高,最终一步步解决问题,逐渐完成整个项目时,同学们不仅体会到了成功的快乐,更重要的是增强了信心,提高了韧性,养成了耐心、细致、注意把握细节的科研素质。这种知识面要求广、任务复杂的创新实验项目,单靠个人的能力是很难完成的,需要小组成员相互协作,发挥各自特长,实现优势互补,这对许多独生子女出身的同学来说都是一个挑战。但是,在完成项目任务的过程中,团队同学通过明确分工、密切合作、定期讨论、互提建议,在讨论中相互学习,在失意中相互鼓励,在协作中加深理解、增强友谊,在把创新项目做好、做精、做出水平的共同目标下,形成了团队的凝聚力。遇到难以解决的问题,需要请教老师、拜访学长,有时还需要跨院系合作,寻求跨学科指导,沟通和交流能力在这一过程中得到了锻炼。

【延伸阅读】 哈工大"大一年度项目计划":开启大学生的科技创新人生

(来源:中国科技网 http://www.wokeji.com/qypd/qydt/qydtquxw/201506/t20150605_1252719.shtml 在 2015 年 6 月 5 日的报道)

"我们的年度项目是'光电式蓝牙输液报警器',这个自动报警器是利用光电传感器及蓝牙模块无限传输的原理,可以实现在输液完毕后自动报警并将报警信号无线传输到护士站……"这个在各路媒体"长枪短炮"的包围下依旧镇定自若,滔滔不绝地介绍自己发明项目的同学叫牟永恒。令人惊讶的是,他只是哈尔滨工业大学电信学院的一名 2014 级本科生,为什么他和他的团队能在步入大学不到十个月的时间里就手握一项如此重要的发明呢?这源于哈工大基础学部的"大一年度项目计划"。

"哈工大'大一年度项目计划'是由大一学生以项目团队的形式,借助各种教学和科研资源,在两学期内完成一项任务,并以书面或口头形式总结表达其过程及产出物。推行基于项目的学习方法是培养学生自主学习能力、问题求解能力、综合创新能力,实现'研究性、个性化、精英式'人才培养目标的重要举措。"哈工大基础学部主任赵希文介绍说,实施大一年度项目计划是完成学校基于项目学习主线的首要环节,是"以学生为主体、教师为主导、项目为主线"的学习过程,在这个过程中可以充分调动学生学习的积极性。

"我们的大学生活不应该只包括课程学习、社团活动、休闲生活,更应该包含科研生活和社会实践,我非常庆幸我所就读的大学对于这两项非常重视。"哈尔滨工业大学土木工程学院的孙沣鑫对这个项目计划很是感激。他所在团队的项目名称是"FRP 约束钢筋混凝土矩形柱轴压性能研究",主要是研究新型 FRP 对于建筑寿命和建筑抗震性的影响,从而用其加固现有建筑,使之增强抗震性。谈及自己的收获,他说:"在这个过程中最大的收获不是一些实验数据,而是我们组员之间培养出的友情,是学长和指导教师对我们的谆谆教诲,是我们实践动手能力的培养,是我们科学实验思维的建立。"

据哈工大基础学部党总支书记张鲁进介绍,大一年度项目计划目前已经进行了 4 个年头,约有 13 000 多名大一学生参与进来,学校方面不断加大政策支持和资金投入,各个学院在导师配备和实验条件方面给予支持。"我们能做的最大反馈就是将项目组织管理、运行管理、结题验收、奖励政策等环节严格把关、系统实施,在大一学年营造浓厚的科创氛围,引导学生变被动为主动,争取培养出优秀的哈工大科研后备军。"他对"大一年度项目计划"充满信心。

在6月4日举行的哈工大"大一年度项目计划"项目展示会上,还展示了针对图书馆大部分藏书借阅量小、易滋生细菌的问题而发明的自动翻页图书杀菌机;可以实现在竖直墙面及天花板上完成作业的机器人;可以实现在自行车车轮上显示文字或图案的Spoke LED灯;只需用遥控器即可控制速度、实现滑板自动化和智能化的电动滑板YBoard等。

3.3 项目流程

大一年度项目按照项目执行过程的正常发展,分成立项、中期和结题三个主要阶段。每年10月左右,基础学部发布哈尔滨工业大学"大一年度项目"立项通知,各个学院按照学校的统一安排进行宣讲,并组织学生做好开题准备工作。次年3月初开始准备中期检查,到6月准备结题验收。大一年度项目全流程示意图如图3.1所示,并且以2018级大一年度项目计划的立项、中期和结题通知说明项目各个流程的时间节点。

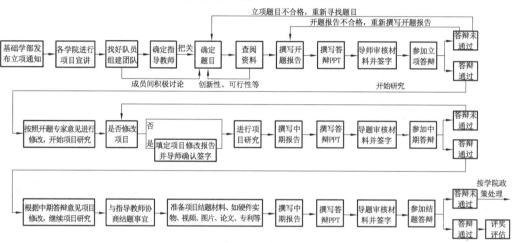

图3.1 大一年度项目全流程示意图

【延伸阅读1】 关于2018级大一年度项目计划立项工作的通知

各院(系)、2018级各小班:

为加强学生综合研究素质与创新能力的训练,现启动2018级大一年度项目计划立项工作,请各院系依据《哈尔滨工业大学大一年度项目计划管理规范》的要求,认真组织立项评审工作。现将有关事宜通知如下。

一、立项原则

大一年度项目计划遵循"兴趣驱动、自主实验、重在过程"的原则,按照"自由申报、公平评审、择优资助、规范管理"的程序,重点资助思路新颖、目标明确、具有创新性和探索性、研究方案及技术路线可行、实施条件可靠的项目。

二、立项范围

1. 凡我校2018级全日制本科学生均可申报大一年度项目计划。每人限参加一个项目,不得在不同项目之间交叉申报。

2. 申请者以项目团队的形式申请项目。团队实行负责人制,人数一般为3~4人。学校鼓励学科交叉融合,鼓励跨院系、跨专业联合申报。

3. 项目申请人必须选择一名相关学科的教师作为指导教师,指导教师应具有中级及以上技术职称。

4. 项目执行时限不超过1年,每学年秋季学期启动,春季学期中期检查,夏季学期结题、评奖。

三、选题要求

研究课题可以由学生自己提出,也可由学生和指导教师共同拟定,或由指导教师提出、学生选择。通常研究课题主要源自于:

1. 学生自主寻找的课题,并有实际应用背景;
2. 学生选择学科竞赛进行创作设计;
3. 教师科研项目,可由学生独立开展研究的部分;
4. 院系规划的研究课题;
5. 社会实践、社会调查及其他有研究与实践价值的项目。

四、立项评审

1. 相关院系负责立项选题规划、指导教师及评审专家选派等条件支持,基础学部负责组织立项申报、评审工作。

2. 立项评审以撰写立项报告及现场答辩形式进行。

五、立项日程安排

1. 2018年10月28日前,各院系公布立项指南,组织完成立项培训。

2. 2018年11月11日前,各学生项目负责人准备立项报告电子版一份、纸质版一式两份,由各小班科技委员统一收取交至辅导员处。

3. 2018年11月18日前,基础学部以院系为单位组织完成立项评审工作。

4. 2018年11月22日前,各院系提交"哈尔滨工业大学2018级大一年度项目计划申报项目汇总表"和"哈尔滨工业大学2018级大一年度项目计划开题答辩专家统计表"电子版及纸质版各一份,"哈尔滨工业大学大一年度项目立项报告"电子版一份、纸质版一式二份。

请各院(系)严格按照《哈尔滨工业大学大一年度项目计划管理规范》,做好宣传、申报、评审组织工作,指定专人负责,确保我校2018级大一年度项目计划立项评审工作顺利完成。

本科生院基础学部
2018年10月10日

【延伸阅读2】 关于2018级大一年度项目计划中期检查工作的通知

各院(系)、2018级各小班:

为加强2018级"大一年度项目计划"实施的过程管理,学校决定对在研的大一年度项目进行中期检查,按照《哈尔滨工业大学大一年度项目计划管理规范》的有关规定和要求,现将有关事宜通知如下。

一、中期检查对象

2018级"大一年度项目计划"立项的项目。

二、中期检查评审

1. 相关院系负责中期检查答辩专家的选派和条件支持,基础学部负责中期检查的组织、评审工作。

2. 中期检查以撰写中期检查报告及现场答辩形式进行。

3. 现场答辩由每个项目组选派一名同学进行现场陈述（使用PPT），评委老师点评。

三、中期检查日程安排

1.2019年3月31日前，由学生项目负责人向辅导员提交纸质版中检报告一式两份、电子版一份。

2. 项目变更或终止应填写并上交项目变更申请表或中止实施申请表纸质版一份。所有提交材料请按照附件中的模版填写。

3.2019年4月14日前，基础学部以院系为单位组织完成中期检查评审工作。

四、项目变更

项目运行过程中因各种原因出现的项目参与人员变动、更换项目题目及内容等情况，项目负责人应在中期检查时填写"哈尔滨工业大学大一年度项目变更申请表"，经指导教师签署意见后与"中期检查报告"一并提交到基础学部。中期检查结束后不允许再进行任何变更。

请各院（系）严格按照《哈尔滨工业大学大一年度项目计划管理规范》，做好宣传及中期检查组织工作，确保我校2018级大一年度项目计划中期检查工作顺利完成。

本科生院基础学部
2019年3月4日

【延伸阅读3】 关于2018级大一年度项目计划结题及评奖工作的通知

各院（系）、2018级各小班：

2018级"大一年度项目计划"实施以来，得到了各院系的广泛关注，投入了大量的师资力量对学生的立项进行指导，大一学生积极参与。为检验项目学习的成果，按照《哈尔滨工业大学大一年度项目计划管理规范》的有关规定和要求，学校决定对2018级"大一年度项目计划"进行结题验收及优秀项目评审，现将有关事宜通知如下：

一、结题验收及优秀项目评审对象

1、结题验收

2018级"大一年度项目计划"通过中期检查的项目。

2、优秀项目评审

2018级"大一年度项目计划"结题验收合格的项目。

二、结题验收及优秀项目评审

1. 相关院系负责结题及优秀项目评审答辩专家的选派和条件支持，基础学部负责结题及优秀项目评审的组织、评审工作。

2. 优秀项目评审与结题答辩一并进行，优秀项目设立一等奖、二等奖两个等级，评选出的优秀项目数量不超过本次结题合格项目数的40%，其中一等奖数量不超过本次结题合格项目数的10%。

3. 结题及优秀项目评审以撰写结题报告及现场答辩形式进行。

4. 现场答辩由每个项目组选派一名同学进行现场陈述（使用PPT），评委老师提问。

5. 评审结果将由基础学部在网上进行公示，公示期为三天。

三、结题验收及优秀项目评审日程安排

1. 2019 年 7 月 16 日前,由各院系根据夏季学期时间安排,组织完成大一年度项目的所有结题验收评审工作。学生项目负责人需向辅导员提交纸质版结题报告一式两份,电子版一份。所有提交材料请按照附件中的模版填写。

2. 2019 年 7 月 18 日前,由各院系辅导员提交结题项目汇总表等材料,获奖项目将在基础学部网站进行公示。

3. 由基础学部安排完成打印证书和项目经费报销等工作。

请各院(系)严格按照《哈尔滨工业大学大一年度项目计划管理规范》,做好宣传及评审组织工作,指定专人负责,确保我校 2018 级大一年度项目计划结题验收及优秀项目评审工作顺利完成。

本科生院基础学部
2019 年 6 月 3 日

3.4 大一年度项目管理规范

哈尔滨工业大学大一年度项目计划管理规范

(试行)

第一章 总 则

第一条 大一年度项目是新入学大学生以项目(组)形式自主开展的为期一年的研发与制作项目,对于提高学生自主学习、问题求解、团队协作、项目管理、综合创新等方面的能力和素质具有重要作用。为保证我校大一年度项目计划的顺利实施,特制定本管理规范。

第二条 实施大一年度项目计划,旨在通过组织大一新生参加年度项目,使其体验项目学习与管理过程,激发学生对科学研究的兴趣,提高大学生的创新能力。

第三条 大一年度项目的主要特点。

(一)自主性:鼓励大学生基于自主性的创新,自主组队、自主命题、自主规划、自主学习、自主设计、自主实现。

(二)系统性:通过项目组织、研制作品或系统等,锻炼学生的系统思维方式和系统设计方法。

(三)综合性:由于项目内容的综合性,因此往往需要学生面向问题求解掌握跨学科、跨学年的知识,并学会和提高运用各种知识求解问题的能力。

(四)协同性:由于项目一般以组队形式开展工作,因此可以锻炼学生的团队协作精神与交流沟通能力。

(五)自信心与成就感:大一年度项目不仅能够培养学生的专业兴趣,还能通过完成项目任务和研制作品或结果,提高学生的自信心和成就感。

(六)领导力:由于项目组是在组长的领导和协调下共同工作的,因此可以培养作为项目负责人等部分精英学生的工程领导力与责任心。

第四条 大一年度项目学习的基本形式。

大一年度项目由大一学生以项目(组)形式,在两学期内,完成一项任务(产品、设计、工艺、模型、装置、软件等),并分别在开题、中期检查、项目结题报告中,以书面或口头的形式总结表达项目计划、执行过程及结果(提交物)。

第五条 大一年度项目计划遵循"兴趣驱动、自主实验、重在过程"的原则,按照"自由申报、公平评审、择优资助、规范管理"的程序,重点资助思路新颖、目标明确、具有创新性和探索性、研究方案及技术路线可行、实施条件可靠的项目。

第六条 大一年度项目计划实行过程管理模式,以过程为导向,建立并逐步完善从实施过程到实施结果均能得到客观评价的综合评价体系,引导学生重视研究过程,主动实践,不断提高创新能力。

第二章 项目组织管理

第七条 哈尔滨工业大学大一年度项目计划实行校、院(部)两级管理。学校本科生院教学研究与质量管理处负责总体规划、相关协调与具体要求,相关学院提供大一年度项目立项指南、指导师资和条件支持,基础学部负责学生组织和过程管理。

第八条 基础学部成立"大一年度项目计划"领导小组,由基础学部主任任组长、基础学部党总支书记和基础学部副主任任副组长,成员由通识教育中心主任、学生管理中心主任、相关辅导员组成,负责大一年度项目计划的规划、组织、领导、控制、协调等工作。

第九条 基础学部"大一年度项目计划"领导小组下设项目管理办公室,其职能如下。

(一)组织与协调各学院责任辅导员和班级导师开展项目申报、评审、运行、验收、总结等日常管理工作。

(二)建立大一年度项目管理信息系统,收集、处理、发布各种项目管理信息,为学生创新研究提供交流研究经验、展示和分享研究成果、共享各类资源的平台。

(三)组织项目管理方面的培训。定期举办辅导员、班级导师、项目指导教师、学长助教等项目管理人员培训班,提升大一年度项目计划的整体管理能力。

(四)制定项目管理规范,不断完善大一年度项目管理工作的流程、方法、模式、标准、方针和政策等。

(五)总结和推广项目经验。监督、检查和开展项目经验的总结,组织成果展示和推广工作,不断提升大一年度项目计划的管理水平。

(六)加强辅导员、班级导师和相关学院的协作,对学院责任辅导员提供资源、方法和技术等方面的指导、协调、帮助和支持。

(七)监督项目资助经费的使用情况。

第十条 各学院责任辅导员具体负责本学院各班级的项目团队日常管理工作。其项目管理职责如下。

(一)负责大一年度项目计划的宣传工作。组织大一年度项目动员说明会,对学生选题给予指导。

(二)指导学生组建项目团队。一般由学生自由组队,但尽量要兼顾学生的能力及水平、兴趣喜好、性别、个人关系等方面,均衡搭配组队,还要注意给尖子学生以精英用武之地。

(三)指导项目团队的建设与发展。帮助项目团队建立信任关系、形成共同愿景、解决矛盾冲突、提高工作绩效。

(四)协调项目团队、项目指导教师、班级导师之间的关系,促进项目研究工作顺利开展。

(五)监控和管理项目实施过程,了解项目进度,评价教师和学生的交流情况,评估项目工作过程质量。

(六)组织项目培训。针对学生存在的共性问题组织讲座,对项目进行过程中所必需的知识和技能进行培训。

(七)深入小班了解项目学习开展的情况,发现典型案例,总结经验教训,整理分析后提出改进意见,形成总结报告。

第十一条 班级导师具体负责本班级的项目团队日常管理工作。其项目管理职责如下。

(一)为学生科技创新项目选题提供咨询、答疑和指导。

(二)帮助项目团队选择项目指导教师。

(三)监控项目进度,参加项目开题、中期检查、结题验收等过程管理工作。

(四)加强与辅导员和项目指导教师的沟通,帮助项目团队解决项目实施过程中遇到的各种问题。

(五)担任项目开题、中期检查、结题验收答辩组专家。

第十二条 大一年度项目教学实行指导教师负责制,指导教师应对整个项目教学活动全面负责。具体要求如下。

(一)负责指导学生调研、收集资料,以及进行必要的实验准备工作。

(二)根据学生的特点制定项目学习进度计划,保证每周一次对每个项目团队进行具体指导,尤其要抓好关键环节的指导。

(三)指导与引领学生做好项目立题、过程管理、理论与实验方法、研究方法与技术工具等方面的工作。

(四)指导学生做好开题报告、中期检查报告和结题验收报告的撰写工作。

(五)指导教师要教书育人,做学生的良师益友。注意培养学生的团结协作精神和求实创新的工作作风。严格要求学生,教育学生遵守各项规章制度,加强对学生的安全教育。

第十三条 对学生的基本要求:

(一)学生应主动接受检查和指导,定期向指导教师汇报工作进度,听取指导教师对工作的意见和指导。

(二)做开题报告。做开题报告时,项目团队应提出文献综述、方案论证和项目进度计划。

(三)每周认真填写大一年度项目工作记录,该记录作为各次检查和评分的依据之一。

(四)参加中期检查答辩和结题验收答辩,并提供所要检查的有关资料。

(五)在大一年度项目工作期间进入实验室等科研场所要严格遵守各项安全制度和操作规范。

(六)学生应遵守学术道德规范,严禁弄虚作假或抄袭他人成果。

第三章 项目计划管理

第十四条 凡我校新入学的本科学生均可申请"哈尔滨工业大学大一年度项目"。项目执行时限不超过1年,每学年秋季学期启动,春季学期中期检查,夏季学期结题、评奖。

第十五条 申请者以项目团队的形式申请项目。团队实行负责人制,人数一般为3~4人。学校鼓励学科交叉融合,鼓励跨院系、跨专业联合申报。每人限主持或参加一个项目,不得在不同项目之间交叉申报。

第十六条 项目负责人要为团队明确方向、目标和任务,为每个成员确定职责和角色,在项目规划、时间管理、内外协调等方面发挥引领作用。项目团队全体成员要努力建设相互信任、互助合作、积极参与、相互激励、自我管理的团队精神。

第十七条 项目申请人必须选择一名相关学科的教师作为指导教师。指导教师应具有中级及以上技术职称,主要负责项目的指导、监督和管理,协助专家组对所指导的项目进行中期检查、结题验收。

第十八条 研究课题可以由学生自己提出,也可由学生和指导教师共同拟定,或由指导教师提出、学生选择。通常研究课题主要源自于:

(一)学生自主寻找的课题,并有实际应用背景;

(二)相关学科竞赛内容;

(三)教师科研项目,可由学生独立开展研究的部分;

(四)院系规划的研究课题;

(五)社会实践、社会调查及其他有研究与实践价值的项目。

第十九条 每学年秋季学期,学生在指导教师的指导下,完成选题、文献调研、实验方案论证等立项工作,填写"哈尔滨工业大学大一年度项目立项报告",经指导教师签字同意后送基础学部。

第二十条 基础学部以院系为单位,组织专家组对学生申报的项目进行答辩评审。

(一)答辩评审分陈述和提问两个环节:由项目负责人进行陈述,主要阐述项目前期准备、项目实施方案、预期成果、经费预算;提问环节由专家提问,项目负责人及项目团队成员回答。

(二)答辩评审主要考查:项目负责人具备的知识和能力情况,前期准备情况;项目方案的条理性,实验设计的合理性,方法的可行性等;选题的科学性、内容的新颖程度,研究价值;研究目标是否明确,是否有可视化的实验过程和数据或可量化的对比结果;成员结构,跨学科、跨专业申报;项目陈述和回答问题情况。

(三)答辩评审小组专家依据考查要点对每个项目给出评价与修改意见,提出资助经费额度建议。每个项目资助经费额度范围为500~2 000元。

第二十一条 项目经立项答辩批准后,项目负责人根据批准经费额度,在指导教师的指导下修改"立项报告",制定详细的年度实施计划和经费预算。"立项报告"由院(系)签署意见并盖章,报基础学部签署意见并盖章。"立项报告"一式二份,基础学部和项目团队各留存一份。

第四章 项目运行管理

第二十二条 项目批准立项后,由项目负责人主持项目的运行。项目团队每月至少应提交一次大一年度项目工作记录。记录内容可包括原始数据、实验现象、发生的问题、实验的收获与思考、教师的指导意见、项目团队讨论的要点、下一步的计划等。

第二十三条 指导教师应及时指导和跟踪项目团队的研究活动,每月至少召开一次项目团队会议,讨论实验进展情况和下一步工作安排、研究思路等,并对前期工作做出评价,提出具体建议,促进项目团队按进度完成研究内容。

第二十四条 项目研究中期,项目负责人应提交中期检查报告。中期检查报告内容包括课题的进展,初步的实验情况,遇到的困难,最终确定的总体方案,下一步的工作计划等。

第二十五条 每学年春季学期,基础学部组织专家组,以院系为单位进行中期检查。

中期检查采取答辩的方式进行,专家通过查阅"中期检查报告"和听取项目负责人关于课题进展情况的汇报,对每个项目提出改进的意见和建议,给出评价成绩。

对中期检查不合格的项目,根据实际情况,酌情给出以下三种处理意见:改进后可继续执行;提出警告,观察后再定继续执行或中止;中止实施。项目所在院系辅导员负责督促改进或进行相应处理,同时上报基础学部备案。

第二十六条 "中期检查报告"由院系辅导员签署意见,汇总后报基础学部签署意见并盖章。"中期检查报告"一式二份,基础学部和项目团队各留存一份。

第二十七条 项目运行过程中因各种原因出现的项目参与人员变动、更换项目题目及内容等情况,项目负责人应在中期检查时将相应变更的书面申请(经指导教师签署意见)与"中期检查报告"一并提交到基础学部。中期检查结束后不允许再进行任何变更。

第二十八条 项目执行期内,项目团队因无法克服原因决定中止项目研究,应由项目负责人在中期检查前向辅导员提交书面申请,经辅导员和指导教师批准后报基础学部。未办理中止手续的按擅自中止研究处理,并进行相应的处罚。

第二十九条 因主观原因致使项目无法执行的,基础学部将根据实际情况追回全部或部分已使用经费。

第三十条 基础学部对项目经费实行监督管理,保证经费使用科学、合理、高效。具体规定如下。

(一)大一年度项目计划由学校每年划拨专项资金支持。项目经费专款专用,学生在预算框架下自主使用。经费使用权归项目负责人,但需经指导教师审核批准。

(二)项目经费报销工作应严格遵守学校财务制度,报销的总金额不得超过资助经费总额。报账时,项目负责人先按要求把票据粘贴好并在"票据粘贴单"经手人一栏内签字,再请指导教师在验收人一栏内签字后到基础学部审核。

(三)项目经费的使用范围包括完成项目所需要的图书费、资料费、打印费、耗材费、药品费、交通费等。

第五章 项目结题验收

第三十一条 对按申请书完成研究工作、取得预期研究成果,并提交"哈尔滨工业大学大一年度项目结题报告"及必要的佐证材料的项目准予结题。

第三十二条 项目"研究报告"是"哈尔滨工业大学大一年度项目结题报告"的重要内容,也是课题研究的主要成果。"研究报告"的字数应在3 000字左右,内容包括选题背景、研究内容与方法、研究结果、创新点、参考文献。其他研究成果还包括调查报告、设计、工艺、软件、模型、产品、作品、装置等。

第三十三条 结题时,指导教师要对项目团队在整个研究过程中的调查论证、方案实施、能力水平、工作态度、创新意识、团队合作等方面给出评价。教师评价主要考查:主动收集文献资料,有处理各种信息、获取新知识的能力;能正确设计实验方案、独立完成实验工作、实验结果正确;能应用所学知识和技能,发现、分析和解决实际问题,能正确处理实验数据,能对课题进行理论分析,并得出有价值的结论;工作量饱满,难度较大,工作努力,工作作风扎实严谨;工作中有创新意识,对前人工作有改进或突破,或有独特见解;主动合作,善于采纳他人建议,独立完成自己的任务;详细、准确、实时地记录实验过程。

第三十四条 结题验收以院系为单位进行。基础学部统一安排各院系结题答辩时间和地点,按院系组织专家组对申请结题的项目进行验收。

第三十五条 "项目结题报告"须经指导教师签署意见,由辅导员汇总后统一交基础学部。结题报告一式二份,基础学部和项目团队各留存一份。

第三十六条 个别因研究项目没有达到预期目标(或没有获得理想的研究结果)而不能提交研究报告的学生,需要提交研究项目的总结报告和指导教师对研究项目的评审意见。指导教师要审核学生的总结报告,帮助学生认真总结研究过程和经验教训。

第六章 项目奖励政策

第三十七条 为鼓励学生积极参加基于项目的学习,在一年级后转专业、奖学金评定、优秀优良学风班评比等工作中,完成大一年度项目学习任务情况将作为重要考核指标之一。

第三十八条 基础学部设立大一年度项目计划优秀项目奖,奖励级别分设一等奖和二等奖。同时设立大一年度项目计划优秀项目指导教师奖。

第三十九条 每学年夏季学期,基础学部组织评选大一年度项目计划优秀项目奖。申报基础学部大一年度项目计划优秀项目奖的项目,必须经过院系结题验收并合格。

第四十条 大一年度项目计划优秀项目奖评选工作以院系为单位组织实施,与结题答辩一并进行。院系评选大学生创新性实验计划优秀项目的数量不超过当年结题项目数的40%,其中一等奖数量不超过当年结题项目数的10%。

第四十一条 获得基础学部大一年度项目计划优秀项目一等奖的项目,推荐参加学校大学生创新性实验计划优秀项目奖评选。

第四十二条 大一年度项目计划优秀项目的成果评价分书面评审和答辩评审两部分,由基础学部组织相关学科专家按院系组成评审委员会进行。

(一)书面评审成绩占成果评审总成绩的30%。主要对"研究报告"进行考查:在知识、技术或研究方法上的创新性和技术难度;研究的意义及学术水平,论述的准确性;实验过程记录,实验数据的确切性,图纸、图表、书写的规范性;研究报告的条理性及书面表达能力。

(二)答辩评审成绩占成果评审总成绩的70%。答辩评审主要考查:在知识、技术或研究方法上的创新和技术难度;可提供研究作品,包括电子产品、化工产品、机械产品、物理仪器、计算机软件等;课题的独立性,是否依托指导教师和博士、硕士研究生的科研课题;数据分析,答辩规范性和讲述情况,回答问题情况。

第四十三条 大一年度项目计划优秀项目奖的评审结果在网上进行公示,公示期为三天。公示期满无异议,由基础学部下发文件予以表彰。

第四十四条 奖励办法。

(一)大一年度项目按创新学分记入学生成绩。参加项目的每名学生在项目通过验收后,可根据所在学院规定获得相应创新学分。

(二)对获得优秀项目奖的学生,学校颁发相应的证书。

(三)对获奖项目的指导教师授予大一年度项目计划优秀项目指导教师奖,颁发证书且给予奖金奖励。

(四)指导教师的工作由所在院(系)根据实际情况核定并计算相应的工作量,每个大一年度项目工作量的参考值为60学时。

第七章 附 则

第四十五条 本规范自发布之日起实行,解释权归基础学部。

哈尔滨工业大学本科生院基础学部
二〇一六年十月九日

3.5 大一年度项目历年情况介绍

为便于电子信息类学生了解历年大一年度项目的开展情况,这里摘录了电子与信息工程学院、计算机科学与技术学院和电气工程及自动化学院自2016级开始的大一年度获奖和结题项目介绍,这些项目信息可以为大一年度项目选题提供参考(表3.1~3.12)。

表3.1 2016级大一年度项目一等奖项目情况

序号	项目名称	负责人	学院	指导教师	学院
1	像素桌面	张童	电信学院	何胜阳	电信学院
2	手势控制小型无人机	魏天成	电信学院	刘春刚	电信学院
3	I-BUS	曲冠桥	电信学院	谷延锋	电信学院
4	E-Voice 弧光之音	张力	电信学院	张云	电信学院
5	盲人眼镜	陈奕霖	电信学院	张云	电信学院
6	迷你生态农场	谢童波	电信学院	王楠楠	电信学院
7	智能通风换气窗	李继卿	电信学院	李伟	电信学院
8	基于单片机的音乐喷泉设计	赵明望	电气学院	杨文英	电气学院
9	汽车自主避障在基于单片机小车上的模拟实践	赵渝浩	电气学院	崔俊宁	电气学院
10	基于51单片机的8×8×8光立方	王浩南	电气学院	翟国富	电气学院
11	视觉暂留POV旋转LED显示屏	张月	电气学院	周学	电气学院
12	基于STM32芯片的扫地机器人设计制作	韩博	电气学院	杨贵杰	电气学院
13	具有演奏储存功能的简易电子琴	张帆	电气学院	王淑娟	电气学院
14	PM2.5的检测	王佳星	电气学院	白金刚	电气学院
15	基于单片机的自动化浇花装置	徐晓炎	电气学院	叶雪荣	电气学院
16	按键式电子密码锁的设计	胡琦渊	电气学院	毕建东	计算机学院
17	三轮避障测温机器人设计	刘凯源	电气学院	杨文英	电气学院

续表3.1

序号	项目名称	负责人	学院	指导教师	学院
18	陆空两用无人机的设计与制作	许旭升	电气学院	苏健勇	电气学院
19	基于 Matlab 的正交相位测量	刘相	电气学院	杨睿韬	电气学院
20	游戏中的人工智能接口设计	杨舜	计算机学院	姜峰	计算机学院
21	学转哈工大	魏于翔	计算机学院	左旺孟	计算机学院
22	基于 Unity 引擎的 3D 游戏设计与开发	王鸿建	计算机学院	韩琦	计算机学院
23	基于 Unity3D 的环保主题综合类游戏:《新生》	刘奕兵	计算机学院	杨大易	计算机学院
24	基于 Unity3D 的游戏开发	马楷博	计算机学院	王甜甜	计算机学院
25	疯狂背单词	周翔	计算机学院	涂志莹	计算机学院
26	Gravity Maze	路天帅	计算机学院	张羽	计算机学院

表 3.2　2016 级大一年度项目二等奖项目情况

序号	项目名称	项目负责人		指导教师	
		姓名	院系	姓名	院系
1	懒人吊瓶	马仲尧	电信学院	于启月	电信学院
2	智慧路灯	郭应鸿	电信学院	刘春刚	电信学院
3	智能窗户	张陈风	电信学院	刘春刚	电信学院
4	基于 51 单片机的防火防盗系统	李丽锦	电信学院	李卓明	电信学院
5	Enjoy Bathing	宋柯浔	电信学院	何胜阳	电信学院
6	POV3D 成像	倪嘉昊	电信学院	李高鹏	电信学院
7	S-Flowerpot	李永健	电信学院	李卓明	电信学院
8	多元环境探测及智能终端控制太阳能小车	吕东杭	电信学院	吴群	电信学院
9	ITS—COVER	于子涵	电信学院	毛兴鹏	电信学院
10	Silencer 主动式环境降噪系统	马荣志	电信学院	张云	电信学院
11	基于 GPS 技术的宠物定位系统	潘天助	电信学院	白旭	电信学院
12	3S 门卫	李浩天	电信学院	于启月	电信学院
13	IMusic	陈梦雅	电信学院	毛兴鹏	电信学院
14	Skate board ollie training——让你的滑板飞一会	薛浩然	电信学院	冀振元	电信学院
15	体感蓝牙耳机	孔德宇	电信学院	郭庆	电信学院
16	电子钱包	栾皓翔	电信学院	毛兴鹏	电信学院
17	智能书包	李明	电信学院	李鸿志	电信学院
18	基于语音指令的象棋操作系统	薛瑞鹏	电信学院	侯成宇	电信学院

续表3.2

序号	项目名称	项目负责人		指导教师	
		姓名	院系	姓名	院系
19	微信管理无线充电双模定位追踪器	张云成	电信学院	陈雨时	电信学院
20	Waitingfree	张永铭	电信学院	杨彩田	电信学院
21	魔力棋盘	魏瑾	电信学院	张云	电信学院
22	温差发电加湿仪	王进伟	电信学院	毛兴鹏	电信学院
23	电小尺寸定向天线仿真与设计	常金成	电信学院	林澍	电信学院
24	疲劳检测助手	孙蕊蕊	电信学院	宗华	电信学院
25	电小天线输入匹配电路的设计	付好强	电信学院	林澍	电信学院
26	基于单片机的剩余车位检测与智能管理系统	陈潇	电气学院	叶雪荣	电气学院
27	简易波形发生器	赵超凡	电气学院	王淑娟	电气学院
28	三轮避障测温机器人设计	刘欣阳	电气学院	杨文英	电气学院
29	实时图像传输智能侦查小车	缪洋	电气学院	王淑娟	电气学院
30	简易电子琴	钟海伦	电气学院	周学	电气学院
31	基于51单片机的智能车设计	刘伟豪	电气学院	邹丽敏	电气学院
32	基于Arduino的红外遥控门禁系统	曹政	电气学院	刘丹	电气学院
33	航天电器用高精度测力计	李在光	电气学院	翟国富	电气学院
34	人体体表红外无线测温及可调速USB风扇设计	芦美垚	电气学院	王启松	电气学院
35	具有弹奏功能的光立方设计	郭琦	电气学院	康磊	电气学院
36	温室大棚远程数据监测与报警系统设计	谢宇轩	电气学院	申立群	电气学院
37	基于Arduion的门禁系统设计	付耀鹏	电气学院	金显吉	电气学院
38	基于指纹识别智能签到系统的设计	李浩翔	电气学院	由佳欣	电气学院
39	无线体域网中血氧和心率传感节点的设计	王博	电气学院	王启松	电气学院
40	基于Arduino的指纹及二维码识别的智能门禁管理系统	马慧敏	电气学院	金显吉	电气学院
41	基于Arduino的红外遥控、刷卡、指纹识别功能的门禁系统	刘懿萱	电气学院	刘丹	电气学院
42	简易波形发生器	李渊博	电气学院	王淑娟	电气学院
43	基于Arduino的门禁系统和遥控灯技术	孙静	电气学院	刘丹	电气学院
44	基于Arduino的门禁系统研究	哈力穆拉提	电气学院	刘丹	电气学院
45	基于STC89C52单片机的简易电子琴设计	李寅华	电气学院	刘丹	电气学院
46	车内防窒息报警系统	孙云峰	电气学院	郑萍	电气学院

续表3.2

序号	项目名称	项目负责人 姓名	项目负责人 院系	指导教师 姓名	指导教师 院系
47	基于红外传感的智能照明系统的设计	谢春峰	电气学院	佟诚德	电气学院
48	基于手机蓝牙的电灯开关控制设计	张威	电气学院	崔俊宁	电气学院
49	基于51单片机的智能加湿器	申雄	电气学院	刘勇	电气学院
50	智能机器人	季鑫宇	电气学院	陈宏钧	电气学院
51	智能机器人项目学习	陈州元	电气学院	陈宏均	电气学院
52	独立式车内防窒息报警系统	陶轶欧	电气学院	隋义	电气学院
53	基于语音控制的智能家居系统	刘浩	电气学院	梁慧敏	电气学院
54	在线音效处理	张雅静	电气学院	马云彤	电气学院
55	基于单片机的 $8\times8\times8$ 光立方设计	李瀚森	电气学院	康磊	电气学院
56	基于Labview的电池状态监测系统设计	马思源	电气学院	吕超	电气学院
57	基于Matlab的正交相位测量技术	宫铭昊	电气学院	杨宏兴	电气学院
58	太阳能手机充电器	周茂强	电气学院	张继红	电气学院
59	基于强度传输方程的成像方法研究	芦迪	电气学院	刘正君	电气学院
60	基于Matlab的图像处理	张宁	电气学院	张世平	电气学院
61	自主寻物智能小车	周兆楠	计算机学院	韩琦	计算机学院
62	自动循迹,避障智能小车	于永江	计算机学院	韩琦	计算机学院
63	学习助手	许观龙	计算机学院	张羽	计算机学院
64	文景之至——一个文景转换工具	冯云龙	计算机学院	郑德权	计算机学院
65	图像加密共享系统	王东升	计算机学院	刘绍辉	计算机学院
66	聊天式助理——小艾	张海军	计算机学院	赵铁军	计算机学院
67	基于基因的个人健康信息获取与预测	聂晨晞	计算机学院	隽立然	计算机学院
68	基于Kinect的人体3D模型重建	姜思琪	计算机学院	袁永峰	计算机学院
69	基于Android平台的哈工大失物招领手机应用	王婧	计算机学院	王甜甜	计算机学院
70	基于Android的题库App紫丁香题库	史子鉴	计算机学院	唐好选	计算机学院
71	电脑遥控精灵	张百强	计算机学院	邹兆年	计算机学院
72	大学生搜题软件	王新宇	计算机学院	涂志莹	计算机学院
73	爱晨练——基于Android的趣味晨练App	范航明	计算机学院	杨大易	计算机学院
74	Word锁	郭天宇	计算机学院	唐好选	计算机学院
75	QQ加密"插件"	张雅舒	计算机学院	袁永峰	计算机学院

第3章 大一年度项目

续表3.2

序号	项目名称	项目负责人 姓名	项目负责人 院系	指导教师 姓名	指导教师 院系
76	Meloball——音乐伴随下的英文输入训练游戏	王子轩	计算机学院	范国祥	计算机学院
77	Howfarcanyougo	石昊	计算机学院	唐好选	计算机学院
78	Growth of Hero(Prologue)——Windows 游戏开发与制作	宋立鹏	计算机学院	唐好选	计算机学院
79	Android 简单聊天机器人	田一间	计算机学院	刘远超	计算机学院
80	学在工大——基于聊天室架构的答疑搜题分享多功能学习软件	白楠	计算机学院	王宏志	计算机学院
81	简易战棋游戏编程《蔚蓝烽火》	张于舒晴	计算机学院	傅忠传	计算机学院

表3.3　2016级大一年度项目结题项目情况

序号	项目名称	项目负责人 姓名	项目负责人 院系	指导教师 姓名	指导教师 院系
1	月球钻土取样中钻头的改进	杨培刚	航天学院	刘洪臣	电气学院
2	便携式等离子体灭菌手电筒	张文志	航天学院	聂秋月	电气学院
3	防闷车系统	李江华	电信学院	贾敏	电信学院
4	基于红外的驾驶提醒器	田奥升	电信学院	杨文超	电信学院
5	预防近视装置	俞雪雷	电信学院	宗华	电信学院
6	学霸手机——哈工大学习交流平台	冯柏珲	电信学院	徐志伟	电信学院
7	图像识别技术	张皓哲	电信学院	贾敏	电信学院
8	疲劳驾驶预警装置	付宁	电信学院	刘春刚	电信学院
9	光控窗帘	吕西钰	电信学院	刘春刚	电信学院
10	基于单片机的过载保护器	孙德华	电信学院	刘春刚	电信学院
11	手率监测手环	张浩然	电信学院	刘春刚	电信学院
12	声控小车	罗淮文	电信学院	刘春刚	电信学院
13	V-LOCK	郑淇峰	电信学院	何胜阳	电信学院
14	HIbath	王怀瑾	电信学院	李卓明	电信学院
15	Face and Emotion	陈志诚	电信学院	石硕	电信学院
16	智能灭蠓灯	刘伟奇	电信学院	张狂	电信学院
17	智顶千斤	李龙	电信学院	于启月	电信学院
18	光立方	隆思阳	电信学院	邱景辉	电信学院
19	Hicarpet	桑锡超	电信学院	吴玮	电信学院

续表3.3

序号	项目名称	项目负责人 姓名	院系	指导教师 姓名	院系
20	光影随行-基于人体红外光感的智能灯控系统	胡涛	电信学院	李卓明	电信学院
21	基于无线传输技术的发烧报警器	武序洲	电信学院	迟永钢	电信学院
22	智能自行车骑行系统	肖斐	电信学院	吴宣利	电信学院
23	Magic Chess Board	何杭	电信学院	张佳岩	电信学院
24	SLAM 导航智能平衡代步车	吴瑾楠	电信学院	张鑫	电信学院
25	阿克索的守护	张熙来	电信学院	张云	电信学院
26	眼动输入追踪设备	张阳	电信学院	周共健	电信学院
27	音乐旋律灯	丁勇迪	电信学院	张佳岩	电信学院
28	Strollng-VehicleDevices	牛牧群	电信学院	张文彬	电信学院
29	暖手鼠标	董志远	电信学院	索莹	电信学院
30	基于蓝牙室内定位技术的寻物胶贴	苏欣	电信学院	杨强	电信学院
31	蜂鸣八音琴	王增玉	电信学院	陈浩	电信学院
32	遥控车的新型遥控系统	陈广智	电信学院	张文彬	电信学院
33	基于 Leapmotion 和 Unity3D 技术的图像手势处理	周辰星	电信学院	吴群	电信学院
34	SmartGlasses	马寅晨	电信学院	贾敏	电信学院
35	电子控温泡茶机	陈天宇	电信学院	位寅生	电信学院
36	不死之翼——UAV	刘元勋	电信学院	何胜阳	电信学院
37	IMCV 神	王迦祺	电信学院	何胜阳	电信学院
38	Bragi	陈薄文	电信学院	刘北佳	电信学院
39	哈工大通信工程实验室信息系统设计	李智超	电信学院	徐志伟	电信学院
40	Real Time Guard	赵煊靖	电信学院	李杨	电信学院
41	Dr. Draw	殷绍帅	电信学院	何胜阳	电信学院
42	手机数据自动备份工具	谢朝阳	电信学院	侯成宇	电信学院
43	绿色智能窗帘	汪昕	电信学院	侯成宇	电信学院
44	基于课程自主学习的信息管理系统	纪鸿宇	电信学院	陈迪	电信学院
45	散热手机壳	梁辉	电信学院	陈迪	电信学院
46	实时联网肌肉电压检测计	宋彦岭	电信学院	杨强	电信学院
47	智能垃圾桶报警系统	陈逸飞	电信学院	李伟	电信学院
48	自动感应小夜灯	毕登辉	电信学院	毛兴鹏	电信学院

续表3.3

序号	项目名称	项目负责人		指导教师	
		姓名	院系	姓名	院系
49	智能拖地机器人	楚博文	电信学院	陈浩	电信学院
50	便携式心电监测仪	李晖	电信学院	陈立甲	电信学院
51	自动开关灯系统	杨姣	电信学院	陈迪	电信学院
52	Smart Crosier	朱盛钰	电信学院	兰盛昌	电信学院
53	眼卫士	温育杜	电信学院	兰盛昌	电信学院
54	蓝牙控制灯	单梓钰	电信学院	兰盛昌	电信学院
55	手带式助视器	赵首祯	电信学院	陈立甲	电信学院
56	手势控制及语音控制小车设计	王一泽	电气学院	王淑娟	电气学院
57	太阳能供电智能小车	王嘉兴	电气学院	徐永向	电气学院
58	基于P89C51单片机的剩余空位监测管理系统	王峙文	电气学院	叶雪荣	电气学院
59	直流电动机稳定平台控制系统	杨赟	电气学院	郭犇	电气学院
60	小型旋翼飞行器设计	杨兰	电气学院	陈凤东	电气学院
61	基于Matlab的电机磁-电-热仿真平台——两种纯电动汽车驱动电机的效率比较及优化	陈奕杉	电气学院	赵博	电气学院
62	基于人体体表红外测量的可调速USB小风扇	郭志浩	电气学院	吴剑威	电气学院
63	基于Arduino单片机的智能门禁系统	纪帅	电气学院	刘丹	电气学院
64	智能家用烟雾报警装置的设计	甘舒予	电气学院	王军	电气学院
65	基于51单片机的智能小车设计	周彦臻	电气学院	王雷	电气学院
66	基于Matlab的高精度正交相位解算方法研究	陈昕柔	电气学院	杨睿韬	电气学院
67	太阳能供电智能小车	李季	电气学院	徐永向	电气学院
68	基于Labview与myDAQ的电子温度计设计	邓楠	电气学院	马云彤	电气学院
69	多路红外防盗报警器的设计	姜政	电气学院	赵猛	电气学院
70	智能小车功能拓展	罗正森	电气学院	陈凤东	电气学院
71	教室灯光模拟控制系统	王畅骅	电气学院	马云彤	电气学院
72	基于89C52RC单片机的自动避障无线充电小车	林文稳	电气学院	杨贵杰	电气学院
73	基于Matlab的正交相位测量	孙云科	电气学院	杨睿韬	电气学院
74	基于Matlab的正交相位测量	张峰	电气学院	陆振刚	电气学院
75	智能机器人	李彦德	电气学院	陈宏钧	电气学院
76	越野机器人的研究与设计	谭焯夫	电气学院	陈宏钧	电气学院
77	基于人体体外红外测量的USB风扇	晁祥璋	电气学院	吴剑威	电气学院

续表3.3

序号	项目名称	项目负责人		指导教师	
		姓名	院系	姓名	院系
78	基于磁耦合谐振的无线充电技术	吴金刚	电气学院	刘洪臣	电气学院
79	智能机器人	吴楠	电气学院	陈宏均	电气学院
80	基于红外传感技术的循迹小车设计	赵云鹏	电气学院	任万滨	电气学院
81	调光台灯电路设计与光强检测	蔡萌萌	电气学院	赵克	电气学院
82	基于Matlab的高精度正交相位解算方法研究	贾鹏程	电气学院	胡鹏程	电气学院
83	智能开窗器	王徐扬	电气学院	霍炬	电气学院
84	基于Matlab的电机磁－电－热仿真平台——采煤机用三项异步电机建模和仿真	裴一锋	电气学院	赵博	电气学院
85	基于51单片机的校园多功能GPS定位器	唐逸轩	电气学院	申立群	电气学院
86	自动避障车的设计与实现	方昊然	电气学院	苏健勇	电气学院
87	基于Matlab的正交相位测量技术与仿真平台	金雨琪	电气学院	付金海	电气学院
88	PM2.5浓度检测仪	赵鑫	电气学院	佟诚德	电气学院
89	基于Matlab的电机磁－电－热仿真平台——对冰箱压缩机几种启动方式的模拟与分析整合	曹越	电气学院	赵博	电气学院
90	洗衣机电机的运行特性仿真	徐浩	电气学院	赵博	电气学院
91	基于视觉的智能门禁设计	张桐	电气学院	陈凤东	电气学院
92	视觉暂留POV旋转LED显示屏	魏智勇	电气学院	翟国富	电气学院
93	机械臂电路与软件开发	廖露军	电气学院	陈凤东	电气学院
94	LED靶标驱动电路设计及其图像定位方法研究	李贵海	电气学院	郭玉波	电气学院
95	智能机器人	何育斌	电气学院	陈宏钧	电气学院
96	基于Matlab的3D打印机内异步电机的仿真研究	马腾	电气学院	赵博	电气学院
97	越野机器人的研究与设计	张明涛	电气学院	陈宏钧	电气学院
98	正交相位测量	路志伟	电气学院	付海金	电气学院
99	基于Matlab的电机磁－电－热仿真平台——对双电机雨刮系统的建模与仿真	张玉琦	电气学院	赵博	电气学院
100	基于Matlab的正交相位测量技术仿真平台	范文骏	电气学院	邹丽敏	电气学院
101	基于Matlab的电机磁－机－电仿真平台洗衣机变速电机:无刷直流电机调速系统的模拟与仿真	吴志泽	电气学院	赵博	电气学院
102	迷你小冰箱的研制	吴晗	电气学院	杨宏兴	电气学院
103	混沌电路的同步实现	李威林	电气学院	郑雪梅	电气学院

续表3.3

序号	项目名称	项目负责人 姓名	项目负责人 院系	指导教师 姓名	指导教师 院系
104	基于单片机的智能定时充电器设计	左令	电气学院	崔淑梅	电气学院
105	智能机器人设计	陈思源	电气学院	陈宏钧	电气学院
106	基于51单片机的IC卡&蓝牙门禁系统	谢伟航	电气学院	刘丹	电气学院
107	智能笔记本散热底座的研究	李鸿飞	电气学院	吴剑威	电气学院
108	基于激光检测的远程窃听器原理及实验	王奇悦	电气学院	胡鹏程	电气学院
109	基于激光监测的远程窃听器原理及实验	滕文毅	电气学院	胡鹏程	电气学院
110	小型电磁轨道炮的设计与制作	杨铭洋	电气学院	崔淑梅 吴绍朋	电气学院
111	基于Matlab的电机磁电热仿真平台——自动跟踪摄像系统的研究	孟飞阳	电气学院	赵博	电气学院
112	迷你小冰箱的研制	张玉	电气学院	杨宏兴	电气学院
113	航空用高精度测力计	刘林通	电气学院	翟国富	电气学院
114	智能机器人设计——越野机器人	李葳宁	电气学院	陈宏钧	电气学院
115	基于Matlab的电机磁－电－热仿真平台——根据天气变化的窗户自动关闭系统	关伟凡	电气学院	赵博	电气学院
116	越野智能机器人	王仕华	电气学院	陈宏均	电气学院
117	基于Matlab的电机磁－电－热仿真平台——对空调压缩机的新型电机——直流无刷电机的研究	刘鹏	电气学院	赵博	电气学院
118	基于Matlab的电机磁－电－热仿真平台——以光强为信号的窗帘的自动开闭	董成语	电气学院	赵博	电气学院
119	智能机器人	杨晨	电气学院	陈宏钧	电气学院
120	基于Matlab的电机磁－电－热仿真平台——三相异步电动机的软起动仿真与特性的研究	孙钦伟	电气学院	赵博	电气学院
121	智能机器人设计	黄天浩	电气学院	陈宏钧	电气学院
122	基于Matlab的电机磁－电－热仿真平台——利用伺服电机对安检设备输送系统的优化	张开继	电气学院	赵博	电气学院
123	基于FPGA的测频逻辑设计与仿真	丁祥帅	电气学院	孙超	电气学院
124	具有亮度自动调节的恒流LED照明灯	腾鑫林	电气学院	杨威	电气学院
125	太阳能供电智能小车	张瑞	电气学院	徐永向	电气学院
126	交流电压的过/欠压保护电路设计	段剑	电气学院	杨旭强 霍炬	电气学院
127	亮度自动调节型智能感光灯	依孜哈尔·哈力扎提	电气学院	崔俊宁	电气学院

续表3.3

序号	项目名称	项目负责人		指导教师	
		姓名	院系	姓名	院系
128	车载疲劳驾驶及心脏病发作监测预警器	林师远	电气学院	杨宏兴	电气学院
129	最严肃的大冒险之荒岛求生	王玫	计算机学院	唐好选	计算机学院
130	智能声控小车	罗炜	计算机学院	苏统华	计算机学院
131	直视你的内心——基于大数据的用户动态分析应用	徐浩博	计算机学院	王宏志	计算机学院
132	运用人工智能解决诗词问答	宋依澄	计算机学院	张宇	计算机学院
133	用户画像——基于移动大数据的用户时空轨迹与浏览偏好的行为挖掘	吴宇轩	计算机学院	王宏志	计算机学院
134	校园导航系统	朱明彦	计算机学院	苏统华	计算机学院
135	文本图像检索技术	陈嘉浩	计算机学院	刘绍辉	计算机学院
136	图灵人工智能	张佳乐	计算机学院	姜峰	计算机学院
137	手机应用:工大行	高可攀	计算机学院	唐好选	计算机学院
138	软件自动修复	杨涵	计算机学院	王甜甜	计算机学院
139	趣味壁纸生成器	钱雨婷	计算机学院	刘绍辉	计算机学院
140	面向移动终端的智能聊天机器人	张裕舟	计算机学院	张伟男	计算机学院
141	梅森&THEFIFTY	钱毅鑫	计算机学院	傅忠传	计算机学院
142	可伸缩图像加密	欧阳俊飞	计算机学院	刘绍辉	计算机学院
143	基于系统的文件下载管理系统	郭富博	计算机学院	田英鑫	计算机学院
144	基于微信App的计划表和HIT大嘴秀平台的开发	李林卓	计算机学院	韩琦	计算机学院
145	基于深度学习的复杂背景下的运动对象的检测与跟踪	丁明泽	计算机学院	刘绍辉	计算机学院
146	基于软件开发和数据处理的表情包自动生成器	王瀚尉	计算机学院	邹兆年	计算机学院
147	基于安卓系统的解锁软件"解锁吧！学霸"	刘磊	计算机学院	田英鑫	计算机学院
148	基于安卓平台的手绘风格游戏开发——neverland	王魁	计算机学院	刘绍辉	计算机学院
149	基于安卓平台的社交App"Uni"	卢鹏程	计算机学院	田英鑫	计算机学院
150	基于Win10系统的账目记录与管理软件	杨军瑗	计算机学院	王甜甜	计算机学院
151	基于Unity开发的动作冒险游戏《The Magic Race》	刘正言	计算机学院	唐好选	计算机学院
152	基于Unity3D设计的塔防类游戏火影之争	李国建	计算机学院	唐好选	计算机学院
153	基于JS的解密游戏开发	杜子健	计算机学院	傅忠传	计算机学院

续表3.3

序号	项目名称	项目负责人		指导教师	
		姓名	院系	姓名	院系
154	基于GPS定位的AVG游戏工大迷云开发	张浚哲	计算机学院	苏统华	计算机学院
155	基于Android的图书馆占座系统	由鸿铭	计算机学院	王宏志	计算机学院
156	关于工大专属软件HI体iOS版本开发	何明睿	计算机学院	王甜甜	计算机学院
157	表情包生成器	陈博	计算机学院	王宏志	计算机学院
158	PC游戏《极地童话》开发	鲁文博	计算机学院	王宏志	计算机学院
159	E－Keyboard	肖松	计算机学院	车万翔	计算机学院
160	Colony——基于HTML5的即时战略游戏的研发	韩朴宇	计算机学院	王甜甜	计算机学院
161	Android手机应用—生活消费信息管理终端	高宇鹏	计算机学院	王甜甜	计算机学院
162	基于Android平台的高校食堂的AR美食攻略	李孝睿	计算机学院	韩琦	计算机学院
163	智慧健康App——心脑血管疾病风险评估系统	石镇瑞	计算机学院	袁永峰	计算机学院
164	用户一天的轨迹记录软件	俞兆丰	计算机学院	王宏志	计算机学院
165	山寨QQ	王家梁	计算机学院	车万翔	计算机学院
166	剧情文字类游戏制作	张紫翼	计算机学院	唐好选	计算机学院
167	简单的坦克大战	安宏宇	计算机学院	王甜甜	计算机学院
168	基于众包的工大最美教师评选平台	程子钊	计算机学院	王宏志	计算机学院
169	基于关系数据库的知识图谱查询处理	姚顺	计算机学院	邹兆年	计算机学院
170	基于Android开发板的智能闹钟	李俊义	计算机学院	罗丹彦	计算机学院
171	Hiter's Smart Cateen	张亚楼	计算机学院	王宏志	计算机学院
172	数字的牌照识别系统	于金鹭	计算机学院	苏统华	计算机学院

表3.4 2017级大一年度项目一等奖项目情况

序号	项目名称	项目负责人		指导教师	
		姓名	院系	姓名	院系
1	全自动智能窗户	郭梓贤	电信学院	任广辉	电信学院
2	基于PLC的精准机械控制	宋阳	电信学院	李德志	电信学院
3	通过卷积神经网络识别敞车车门状态并标注	曹国宁	电信学院	王振永	电信学院
4	Plant Lover智能花盆	黄起基	电信学院	吴玮	电信学院
5	Administrator智能管家电子锁	张嘉桓	电信学院	刘春刚	电信学院

续表3.4

序号	项目名称	项目负责人		指导教师	
		姓名	院系	姓名	院系
6	基于单片机智能花盆的研究与应用	安楠	电信学院	侯煜冠	电信学院
7	基于UWB的室内定位系统	谭梦天	电信学院	梅林	电信学院
8	HIT Controller	王希华	电信学院	贾敏	电信学院
9	精诚锁至	张弓	电信学院	耿钧	电信学院
10	手控无人机	罗晓萌	电信学院	侯成宇	电信学院
11	基于6L0WPAN、Web的水质监控分析系统	刁晟洋	电信学院	侯煜冠	电信学院
12	基Arduino的智能小车的开发	冯晓阳	电气学院	王雷	电气学院
13	基于Kinect的遥控车	段忆冰	电气学院	吴艳	电气学院
14	磁悬浮重力补偿器与制动器设计与实现	邱国华	电气学院	王绍凯	电气学院
15	基于红外遥控技术的消防小车设计	丁鼎	电气学院	任万滨	电气学院
16	基于单片机的音乐喷泉控制系统设计	张翊	电气学院	杨文英	电气学院
17	简易电子琴	李佳钰	电气学院	翟国富	电气学院
18	直流电动机稳定平台控制系统	杨天鑫	电气学院	郭犇	电气学院
19	多功能电子秤	曹咏琪	电气学院	李中伟	电气学院
20	基于51单片机的智能加湿器	李斯文	电气学院	白金刚	电气学院
21	城市战争游戏设计	李德馨	经管学院	刘旭东	计算机学院
22	城市交通信号灯控制若干问题研究	钟蔚弘	计算机学院	邹兆年	计算机学院
23	基于Unity3D的海战类游戏开发	潘珩	计算机学院	袁永峰	计算机学院
24	基于卷积网络的图像增益	毕研恒	计算机学院	刘鹏	计算机学院
25	基于游戏引擎的三维游戏开发	兰鸿兵	计算机学院	张羽	计算机学院
26	基于机器学习的中文诗歌创作	倪旻恒	计算机学院	车万翔	计算机学院
27	揭开"蒙娜丽莎"的面纱	何一夫	计算机学院	韩琦	计算机学院
28	基于VR平台的游戏开发	李耕	计算机学院	孙大烈	计算机学院
29	图像方向的智能识别	侯鹏钰	计算机学院	刘绍辉	计算机学院

表 3.5 2017 级大一年度项目二等奖项目情况

序号	项目名称	项目负责人		指导教师	
		姓名	院系	姓名	院系
1	哈尔滨工业大学失物招领系统设计	王涵巍	航天学院	韩琦	计算机学院
2	火灾指引逃生系统	于天威	电信学院	王振永	电信学院
3	小型音乐喷泉设计与创造	何文杰	电信学院	杨文超	电信学院
4	BOTTLE 回收未来	骆禹光	电信学院	马永奎	电信学院
5	"回首"——可自动跟随手机行走的小车	毕婷婷	电信学院	马永奎	电信学院
6	基于移动互联网的智能公交系统研发	张勋	电信学院	尹振东	电信学院
7	盲人之眼 B—eye	张珂华	电信学院	于启月	电信学院
8	基于单片机的二级电磁加速器的设计与实现	王祥元	电信学院	何晨光	电信学院
9	智能垃圾桶	董天行	电信学院	李卓明	电信学院
10	基于单片机的防盗系统	熊雨轩	电信学院	侯成宇	电信学院
11	基于单片机的钥匙未拔提醒装置	陈晧	电信学院	于雷	电信学院
12	可远程预警的电子锁	王杰	电信学院	刘金龙	电信学院
13	家用声光防盗报警器	纪宇航	电信学院	耿钧	电信学院
14	智能学生卡防丢器	张倩	电信学院	李鸿志	电信学院
15	单片机智能小车	魏孝文	电信学院	田文龙	电信学院
16	智能垃圾桶	路文翔	电信学院	吴少川	电信学院
17	云音乐教学系统	詹荣霖	电信学院	吴芝路	电信学院
18	个性化智能睡眠管理系统	王馨格	电信学院	尹振东	电信学院
19	基于指纹识别的售餐管理云系统	龙宇飞	电信学院	陈雨时	电信学院
20	智能灯功能与控制	鲁竞隆	电信学院	张新潮	电信学院
21	Smart Shell	王译楼	电信学院	侯煜冠	电信学院
22	湿度反馈控制式加湿器	马蕴博	电信学院	祁嘉然	电信学院
23	电声乐器用电子管功率放大与音色加工电路的设计与实现	王绍祺	电信学院	朱敏	电信学院
24	低温冻融-酶解预处理对生物质厌氧发酵产气特性的影响	刘子仪	能源学院	付平	电气学院
25	基于 RFID 的人员身份远程识别系统	赵冀宇	电气学院	魏德宝	电气学院
26	基于激光扫描的 3D 空间形貌测量与重构单元设计与实现	李俊	电气学院	王绍凯	电气学院
27	应用于无线充电系统的人机交互界面设计	杨丰硕	电气学院	宋凯	电气学院
28	基于激光监测的远程窃听器原理及实验	宋一宵	电气学院	杨睿韬	电气学院

续表3.5

序号	项目名称	项目负责人		指导教师	
		姓名	院系	姓名	院系
29	应用于AGV的无线充电技术	刘志胜	电气学院	魏国	电气学院
30	基于Arduino的智能探测小车设计	王连超	电气学院	王雷	电气学院
31	基于激光扫描的3D空间形貌测量与重构单元设计与实现	邱国华	电气学院	王绍凯	电气学院
32	高精度差动共焦微位移传感器设计开发	杨勤海	电气学院	刘俭	电气学院
33	家用电子时钟设计	豆嘉鑫	电气学院	陆振刚	电气学院
34	三轮智能避障测温机器人设计	刘飞	电气学院	杨文英	电气学院
35	基于51单片机的音乐喷泉设计	李琳昊	电气学院	杨文英	电气学院
36	三轮避障测温机器人设计	苏子钰	电气学院	杨文英	电气学院
37	简易电子琴设计	张伟琦	电气学院	任万滨	电气学院
38	基于FPGA的数字时钟设计	高嘉华	电气学院	于艳君	电气学院
39	简易音乐喷泉设计	吕平 太雷	电气学院	申立群	电气学院
40	基于51单片机的温度自动监测与控制系统	梁田宏	电气学院	陈磊	电气学院
41	视觉暂留POV旋转LED显示屏	杨凡	电气学院	周学	电气学院
42	多功能电子秤	许力文	电气学院	金显吉	电气学院
43	基于51单片机的智能加湿器	马宇晗	电气学院	佟诚德	电气学院
44	基于红外传感技术的循迹小车设计	傅天麒	电气学院	徐殿国	电气学院
45	基于AD590温度传感器的室温测定装置	叶光华	电气学院	叶雪荣 梁慧敏	电气学院
46	基于单片机的剩余车位监测与智能管理系统	孙承志	电气学院	叶雪荣 梁慧敏	电气学院
47	基于单片机的自动浇花装置	叶佳兴	电气学院	叶雪荣 梁慧敏	电气学院
48	基于单片机的多通道室温记录与显示装置	许家凡	电气学院	叶雪荣 梁慧敏	电气学院
49	简易音乐喷泉设计	张恒	电气学院	申立群	电气学院
50	四旋翼无人机悬停控制	郑泽楷	电气学院	金显吉	电气学院
51	基于单片机与蓝牙技术的手机可控光立方	吴奕辰	电气学院	康磊	电气学院
52	PM2.5检测仪的设计	孙东航	电气学院	佟诚德	电气学院
53	基于单片机的剩余车位监测与智能管理系统	赵孟佶	电气学院	梁慧敏	电气学院
54	个性化伴侣聊天机器人	王冰洁	计算机学院	张伟男	计算机学院

续表3.5

序号	项目名称	项目负责人 姓名	项目负责人 院系	指导教师 姓名	指导教师 院系
55	体感游戏控制设备的制作及体感游戏开发	韩水木	计算机学院	陈源龙	计算机学院
56	基于安卓系统的教务系统客户端	俞思帆	计算机学院	田英鑫	计算机学院
57	基于Unity 3D与C♯的游戏开发:《危机四伏》	闫浩	计算机学院	田英鑫	计算机学院
58	乐随心动	谢卓芯	计算机学院	孙承杰	计算机学院
59	基于Unity的塔防游戏设计	谢沛昇	计算机学院	张展	计算机学院
60	可避障的无人充电小车	丁泓森	计算机学院	韩琦	计算机学院
61	基于安卓系统的记账软件	张时光	计算机学院	王宏志	计算机学院
62	游戏中的人工智能研究与设计	黄瑞玖	计算机学院	姜峰	计算机学院
63	乐动指间	李大鑫	计算机学院	杨大易	计算机学院
64	回忆复刻——坦克大战	任永鹏	计算机学院	刘绍辉	计算机学院
65	Smart Life	吕悦	计算机学院	刘绍辉	计算机学院
66	太空旅行	王腾	计算机学院	唐好选	计算机学院
67	音乐弹幕游戏的开发与创新	惠一锋	计算机学院	郑贵滨	计算机学院
68	基于Python的论坛数据采集与舆情分析系统	牟虹霖	计算机学院	王宏志	计算机学院
69	C10N1——fatalite	官中旭	计算机学院	唐好选	计算机学院
70	Kami Note基于Android平台的情绪管理日记App	刘晶仟	计算机学院	范国祥	计算机学院
71	以哈工大为背景的游戏开发	赵梓良	计算机学院	刘旭东	计算机学院

表3.6 2017级大一年度项目结题项目情况

序号	项目名称	项目负责人 姓名	项目负责人 院系	指导教师 姓名	指导教师 院系
1	可控温式保鲜加热两用饭盒	丰瑞雪	航天学院	田英鑫	计算机学院
2	爬墙机器人	徐辉	电信学院	刘梅	电信学院
3	信息共享手环	苏博涵	电信学院	王振永	电信学院
4	智能导航手环	张宇鹏	电信学院	郑黎明	电信学院
5	智能蓝牙防丢器的制作与创新	赵紫楠	电信学院	王振永	电信学院
6	停车场车辆查找系统	方佳聪	电信学院	吴少川	电信学院
7	博物馆智能导游车	郭政	电信学院	吴少川	电信学院
8	蓦然物品管家	李冰清	电信学院	何胜阳	电信学院
9	车辆交通信号灯智能识别及控制系统	王潇	电信学院	吴少川	电信学院

续表3.6

序号	项目名称	项目负责人		指导教师	
		姓名	院系	姓名	院系
10	自动断电插排	杨明睿	电信学院	叶亮	电信学院
11	睡梦守护君	蒋坤	电信学院	叶亮	电信学院
12	水中"猎魔者"	袁鸿博	电信学院	于启月	电信学院
13	智能导航避障小车	盛浩南	电信学院	叶亮	电信学院
14	基于图像检索的车辆追踪技术	陈思雨	电信学院	于启月	电信学院
15	基于手势的家居一体化控制	李子轩	电信学院	于启月	电信学院
16	便携式环保高效冷热水器	胡雅诗	电信学院	于启月	电信学院
17	语音识别	侯智伟	电信学院	何晨光	电信学院
18	手势操控无人机	郭海鹏	电信学院	贾敏	电信学院
19	智能衣柜	李江炫	电信学院	吴芝路	电信学院
20	兼容性智能球拍设计	黄声显	电信学院	何晨光	电信学院
21	智能感应节能灯	赵子懿	电信学院	何晨光	电信学院
22	极端环境下温度的采集及传输	柏森	电信学院	赵雅琴	电信学院
23	基于leap motion在PC上做图片管理	刘博	电信学院	贾敏	电信学院
24	便携式心电检测仪	刘津硕	电信学院	何胜阳	电信学院
25	智能小车颜色识别避障技术	苏琦梦	电信学院	贾敏	电信学院
26	iExam	宋加文	电信学院	周共健	电信学院
27	抗测量模糊的纯角度定位方法	张帝君	电信学院	周共健	电信学院
28	汽车喇叭振动测试与分析装置	周杰	电信学院	姜义成	电信学院
29	超声波—红外复合测距小能手	杨昕赫	电信学院	王振永	电信学院
30	无人机测高系统	张传斌	电信学院	何晨光	电信学院
31	手机app控制的智能门禁系统设计	王鹤祥	电信学院	李鸿志	电信学院
32	预防颈椎病的智能穿戴设备	丁宁	电信学院	张佳岩	电信学院
33	基于51单片机的智能垃圾桶	蔡颖琪	电信学院	张新潮	电信学院
34	基于单片机的多气体检测系统	栗昱昊	电信学院	李鸿志	电信学院
35	可粘附式定位器	吴怡	电信学院	陈迪	电信学院
36	疲劳驾驶的检测与提醒装置	杨昌达	电信学院	尹振东	电信学院
37	室内安防	陶盛	电信学院	侯成宇	电信学院
38	盲人阅读器	任杰	电信学院	陈迪	电信学院

续表3.6

序号	项目名称	项目负责人		指导教师	
		姓名	院系	姓名	院系
39	量刑自动化	廖晨辰	电信学院	侯成宇	电信学院
40	基于单片机的光控窗帘控制系统设置	肖禹函	电信学院	侯煜冠	电信学院
41	心率测量仪	张子怡	电信学院	侯煜冠	电信学院
42	多功能雨天收衣装置	洪志斌	电信学院	侯煜冠	电信学院
43	Eye Math Magic	李喆一	电信学院	刘梅	电信学院
44	Guitar Assistant	王新迪	电信学院	张佳岩	电信学院
45	远程控制定时插座	刘畅	电信学院	王楠楠	电信学院
46	Smart Glove	庞诚	电信学院	兰盛昌	电信学院
47	单兵磁轨步枪	黄木戈	电信学院	祁嘉然	电信学院
48	可利用太阳能的无线智能充电系统	何海卓	电信学院	林澍	电信学院
49	毫米波车载雷达	姜翰洋	电信学院	邱景辉	电信学院
50	E－coat 智能外套	周胜	电信学院	何胜阳	电信学院
51	基于单片机的家庭灯光自动控制系统	全厚德	航天学院	彭宇	电气学院
52	基于 NI myDAQ 的 8 音节按键钢琴	杨福鑫	电气学院	魏德宝	电气学院
53	基于 NI myDAQ 的人体心电图检测系统	胥人语	电气学院	魏德宝	电气学院
54	基于 Labview 的科学计算器设计	王好也	电气学院	陆振刚	电气学院
55	亮度自动调节型智能感光灯	邢璟	电气学院	崔俊宁	电气学院
56	基于结构拓扑优化与 3D 打印的 CMM 400 mm 加长杆设计	金博瑞	电气学院	王绍凯	电气学院
57	基于 Matlab 的正交相位测量技术研究	杨言	电气学院	杨睿韬	电气学院
58	模拟驾驶器设计	赵一潼	电气学院	吴艳	电气学院
59	基于短信息的蔬菜大棚远距离测控	马杰	电气学院	申立群	电气学院
60	基于 Matlab 的数字语音及图像处理	武林	电气学院	张世平	电气学院
61	基于 Schlieren 摄影法的气体密度视觉化装置制作	王泽栋	电气学院	刘正君	电气学院
62	Kinect 手势识别	张梁栋	电气学院	吴艳	电气学院
63	无人机智能无线充电系统	李冉	电气学院	朱春波	电气学院
64	水下无人航行器无线充电系统设计	金伟博	电气学院	宋凯	电气学院
65	蔡氏混沌非线性电路仿真及其硬件实现	张砚驰	电气学院	董帅	电气学院
66	手机应急充电设计	褚瑞	电气学院	董帅	电气学院
67	非接触式红外线体温计	王锰	电气学院	刘永猛	电气学院

续表3.6

序号	项目名称	项目负责人		指导教师	
		姓名	院系	姓名	院系
68	酒后驾驶智能检测与车辆自动闭锁装置	吴聪杰	电气学院	崔俊宁	电气学院
69	基于激光监测的远程窃听器原理及实验	张越	电气学院	胡鹏程	电气学院
70	基于激光监测的远程窃听器原理及实验	彭盈睿	电气学院	胡鹏程	电气学院
71	医疗废液检测及报警装置	李博远	电气学院	吴艳	电气学院
72	Smart Light 智能灯	徐铭阳	电气学院	李彬彬	电气学院
73	智能电网大电流测量新技术	姜文	电气学院	张国庆	电气学院
74	多功能电子秤	刘宇鑫	电气学院	金显吉	电气学院
75	基于 Matlab 的电机磁—机—电仿真	曾嘉成	电气学院	赵博	电气学院
76	基于 51 单片机的智能加湿器	王博文	电气学院	佟诚德	电气学院
77	基于 52 单片机的智能加湿器	向飞雪	电气学院	隋义	电气学院
78	基于单片机设计的多功能电子秤	王应海	电气学院	金显吉	电气学院
79	等离子体天线设计研究	张钰业	电气学院	鄂鹏	电气学院
80	四旋翼无人机悬停控制	刘桂轩	电气学院	金显吉	电气学院
81	小型脉冲强磁场磁体研制	樊其轩	电气学院	鄂鹏	电气学院
82	磁悬浮蓝牙音箱无线充电	尹航	电气学院	逯仁贵	电气学院
83	多功能电子秤设计	蔡吴文轲	电气学院	金显吉	电气学院
84	等离子体点火系统原理实验的设计	厉家骏	电气学院	毛傲华	电气学院
85	基于单片机的热电偶测温系统设计	苑天博	电气学院	王淑娟	电气学院
86	Smart Light 智能灯	刘昶	电气学院	李彬彬	电气学院
87	基于单片机的音乐喷泉控制系统设计	闫莳	电气学院	杨文英	电气学院
88	低温环境下电子设备温控系统设计	何昕恬	电气学院	李立毅	电气学院
89	基于磁耦合谐振式无线充电器	毛有为	电气学院	刘洪臣	电气学院
90	基于 PNGV 模型的锂离子电池 SOC 估计	田其心	电气学院	吕超	电气学院
91	无游梁长冲程抽油机 PLC 控制系统设计	张金枫	电气学院	林景波	电气学院
92	基于红外传感技术的循迹小车设计	韩卓燃	电气学院	任万滨	电气学院
93	无线充电技术点亮小灯	张寅楠	电气学院	刘洪臣	电气学院
94	双向太阳能电风扇	郑朴汉	电气学院	裴宇龙	电气学院
95	基于单片机的音乐播放器的设计	李森	电气学院	于艳君	电气学院
96	基于 FPGA 的数字时钟设计	周澳勐	电气学院	于艳君	电气学院

续表3.6

序号	项目名称	项目负责人		指导教师	
		姓名	院系	姓名	院系
97	简易电子琴	张腾月	电气学院	周学	电气学院
98	基于单片机的自动浇花装置	李卓燃	电气学院	叶雪荣 梁慧敏	电气学院
99	孵化环境温湿度监控系统设计	孟祥珅	电气学院	叶雪荣 梁慧敏	电气学院
100	电动车雨刷器设计	刘逸舟	电气学院	于艳君	电气学院
101	光伏储能风扇	金鑫	电气学院	裴宇龙	电气学院
102	电磁武器原理模型的设计和研制	毕思源	电气学院	吴绍朋	电气学院
103	简易波形发生器	秦政	电气学院	康磊	电气学院
104	Smart light 智能灯	郑昊	电气学院	李彬彬	电气学院
105	三轮避障寻迹机器人设计	王佑哲	电气学院	杨文英	电气学院
106	基于红外感应控制的 LED 节能灯设计研究	姜新奕	电气学院	王立国	电气学院
107	基于单片机的音乐喷泉设计	董博宇	电气学院	杨文英	电气学院
108	教室中的照明智能控制装置	徐子千	电气学院	霍炬	电气学院
109	基于单片机的直流电机 PWM 调速系统	余博	电气学院	吴绍朋	电气学院
110	基于单片机的智能水温加热系统的设计	熊鑫	电气学院	吴绍朋	电气学院
111	电磁轨道炮	崔唐	电气学院	吴绍朋	电气学院
112	基于人脸识别以及蓝牙实现的课堂辅助系统	刘泽群	计算机学院	赵玲玲	计算机学院
113	基于 Unity 3D 平台的小型游戏《The Little Unseen》开发	严未圻	计算机学院	王宏志	计算机学院
114	人工智能程序设计	李震宇	计算机学院	姜峰	计算机学院
115	刷工大——基于 Android 平台的拍照搜题软件	黎州扬	计算机学院	郭勇	计算机学院
116	智能对口相声机器人	陈香江	计算机学院	张伟男	计算机学院
117	影评情感分析及应用	陈嵩	计算机学院	赵妍妍	机电学院
118	Android 端 RPG 游戏制作	王睿杰	计算机学院	聂兰顺	计算机学院
119	基于图像识别的图书馆防占位系统	徐珩程	计算机学院	赵玲玲	计算机学院
120	玩转 C 语言	薄添博	计算机学院	唐好选	计算机学院
121	战术象棋	王明武	计算机学院	姜峰	计算机学院
122	消失的美杜莎创新游戏开发	曹舒淇	计算机学院	郭勇	计算机学院
123	基于用户的行为划分区域功能并分析人物关系	孔佑康	计算机学院	王宏志	计算机学院
124	基于重力感应技术的 unity 游戏开发	王达	计算机学院	刘旭东	计算机学院

续表3.6

序号	项目名称	项目负责人 姓名	项目负责人 院系	指导教师 姓名	指导教师 院系
125	公交停靠提醒装置	张帅鹏	计算机学院	曲明成	计算机学院
126	基于 OpenCV 的吉他谱识别	陈铮权	计算机学院	刘绍辉	计算机学院
127	基于 PC 平台的固定数值 RPG 游戏制作	李硕	计算机学院	王甜甜	计算机学院
128	基于 JAVA 的 RPG 游戏编程探索实践	张恩上	计算机学院	王甜甜	计算机学院
129	安卓控制基于蓝牙连接的智能锁	王扬帆	计算机学院	刘扬	计算机学院
130	基于 Unity3D 的游戏开发	张皓昱	计算机学院	涂志莹	计算机学院
131	《冷漠炸弹》——基于虚幻4的游戏设计	牟俊杰	计算机学院	刘旭东	计算机学院
132	模拟游戏 university—life simulation	时志敏	计算机学院	陈源龙	计算机学院
133	智能车目标跟踪和随动系统设计	郭岳林	计算机学院	刘鹏	计算机学院
134	图像风格迁移的 Tensorflow 实现	范天泷	计算机学院	聂兰顺	计算机学院
135	避障小车	曾鹏翀	计算机学院	王宏志	计算机学院
136	T 计划	高天赋	计算机学院	刘鹏	计算机学院
137	《萌萌答》——百科知识答题软件	施屏竹	计算机学院	左旺孟	计算机学院
138	基于 Unity3D 引擎的传统游戏二次开发	马龙	计算机学院	袁永峰	计算机学院
139	三维手机游戏制作	汤添凝	计算机学院	刘旭东	计算机学院
140	时间规划	郭明昊	计算机学院	刘旭东	计算机学院
141	新闻中的数据挖掘与分析	王昱	计算机学院	石胜飞	计算机学院
142	Game AI	曾逸	计算机学院	姜峰	计算机学院
143	城市用户的日常行为活动的识别与分析	尹小艳	计算机学院	王宏志	计算机学院
144	社交网络信息的爬取与分析	蒋泽昊	计算机学院	王宏志	计算机学院
145	工业大数据时间序列清洗与修正	沈琪	计算机学院	王宏志	计算机学院
146	基于软件动态胎记的安卓恶意检测系统	宋嘉禄	计算机学院	张伟哲	计算机学院
147	基于局域网的电子签到系统	于宏图	计算机学院	孙承杰	计算机学院
148	根据视频生成视频摘要	秦正	计算机学院	孙晓帅	计算机学院
149	以道路布局为变量对车流量的系统分析与建模	石宇鹏	计算机学院	王宏志	计算机学院
150	题道 App	武磊	计算机学院	唐好选	计算机学院
151	多社交媒体同一类用户的识别	吴雨航	计算机学院	王宏志	计算机学院
152	基于大数据的黑龙江经济热点发现	王江瑞	计算机学院	王宏志	计算机学院
153	微信小程序版在工大	彭钰驷	计算机学院	韩琦	计算机学院

续表3.6

序号	项目名称	项目负责人 姓名	项目负责人 院系	指导教师 姓名	指导教师 院系
154	基于Tensorflow的keras框架探索	沈子鸣	计算机学院	姜峰	计算机学院
155	基于虚幻4的射击游戏制作	陆超远	计算机学院	张彦航	计算机学院
156	3D点云边缘特征点的检测	李欣洁	计算机学院	范晓鹏	计算机学院
157	wellwall	张龙	计算机学院	张炜	计算机学院
158	基于反向学习的神经网络参数修正	舒畅	计算机学院	王宏志	计算机学院
159	扫雷游戏	白镇北	计算机学院	张彦航	计算机学院
160	生活管家App	徐洪磊	计算机学院	袁永峰	计算机学院
161	时间理线器——基于GTD理论的时间管理App	张淑慧	计算机学院	吴晋	计算机学院
162	Van转课堂	马健	计算机学院	陈源龙	计算机学院
163	基于Unity3D编写一个RPG游戏	马宇	计算机学院	刘旭东	计算机学院
164	基于Unity3D的游戏开发	刘强	计算机学院	刘绍辉	计算机学院
165	证券标签图谱的设计与实现	夏铭远	计算机学院	徐志明	计算机学院
166	基于Android平台的live2d游戏开发	韩紫嫣	计算机学院	涂志莹	计算机学院
167	移动终端上基于人工智能与软件开发的校园智能导航系统	黄维	计算机学院	涂志莹	计算机学院
168	新浪网文本信息的爬取与处理	万佳元	计算机学院	林磊	计算机学院
169	V&GUI（基于语音和图像的用户界面）	雷乐其	计算机学院	张伟男	计算机学院
170	基于单细胞RNA－Seq数据的细胞分类工具开发	肖瑞宇	计算机学院	王亚东	计算机学院

表3.7 2018级大一年度项目一等奖项目情况

序号	项目名称	项目负责人 姓名	项目负责人 院系	指导教师 姓名	指导教师 院系
1	智能感控窗户	姜昕卓	电信学院	尹振东	电信学院
2	迷你AGV	朱才俊	电信学院	吴宣利	电信学院
3	Bloom！智能浇灌花盆	徐子仪	电信学院	尹振东	电信学院
4	图书馆座位智能管理系统	张溶玲	电信学院	迟永钢	电信学院
5	Multi－light	徐光友	电信学院	张云	电信学院
6	多功能防护电子锁	徐浩洋	电信学院	宗华	电信学院
7	逐日系统	李溯瀛	电信学院	杨柱天	电信学院
8	i.Warm	杨辰瑞	电信学院	李鸿志	电信学院

续表3.7

序号	项目名称	项目负责人		指导教师	
		姓名	院系	姓名	院系
9	智趣风扇	林亦宁	电信学院	何胜阳	电信学院
10	磁悬浮地球仪	蔡梓涵	电气学院	翟国富	电气学院
11	智能灭火小车	庞欣颜	电气学院	任万滨	电气学院
12	手持式红外线数字转速表	张效源	电气学院	孙立志	电气学院
13	基于单片机的自动浇花装置	陈志恒	电气学院	叶雪荣	电气学院
14	基于单片机的太阳能鱼塘助理机器人	周洋	电气学院	王盼宝	电气学院
15	基于单片机的自动浇花装置	杨帆	电气学院	刘晓胜	电气学院
16	三轮智能避障测温小车	吴司瑞	电气学院	邱子澜	电气学院
17	障碍物自动报警装置	李鹏博	仪器学院	付宁	电信学院
18	Ypa!俄语学习助手	余羿辰	计算机学院	张伟男	计算机学院
19	基于网络爬虫的粮食安全相关话题发现	魏子淇	计算机学院	刘旭东	计算机学院
20	图像可伸缩加密	方景瑞	计算机学院	刘绍辉	计算机学院
21	基于STM32的智能加湿器	石力	计算机学院	董剑	计算机学院
22	基于深度学习的高质量代码仓库数据挖掘	王翰坤	计算机学院	苏小红	计算机学院
23	丢失手机的敏感信息保护系统	陈佳琦	计算机学院	苏统华	计算机学院

表3.8 2018级大一年度项目二等奖项目情况

序号	项目名称	项目负责人		指导教师	
		姓名	院系	姓名	院系
1	SV-Bookshelf	孙悦涵	电信学院	孟维晓	电信学院
2	微信智能定位上课签到系统	马炳吉	电信学院	杨强	电信学院
3	Aurora(极光——一键报警装置)	刘云飞	电信学院	张狂	电信学院
4	基于物联网的智能外卖自提柜	姚元淇	电信学院	吴宣利	电信学院
5	杠铃狗(Barbell Go)	陆海空	电信学院	杨国辉	电信学院
6	基于语音识别的多功能卧室小助手	程泳淇	电信学院	李鸿志	电信学院
7	智能加湿器	李雅茹	电信学院	张佳岩	电信学院
8	自动扫球机器人	张天泽	电信学院	吴少川	电信学院
9	FAE(Fire Alarm & Evacuation)	李朝飞	电信学院	李鸿志	电信学院
10	懒人茶壶	苗宇航	电信学院	尹振东	电信学院
11	智能车内安全系统	杨华青	电信学院	赵雅琴	电信学院

续表3.8

序号	项目名称	项目负责人		指导教师	
		姓名	院系	姓名	院系
12	双端报警系统	姜雨晴	电信学院	李鸿志	电信学院
13	智能拐杖	王浩生	电信学院	于雷	电信学院
14	手势操控无人机	赵伟	电信学院	吴群	电信学院
15	温差发电及其应用	武学栋	电信学院	李鸿志	电信学院
16	Econtroller	米佳颖	电信学院	位寅生	电信学院
17	智能餐厅	陈金涵	电信学院	张新潮	电信学院
18	I嘉智能SPOON	黄小津	电信学院	张云	电信学院
19	"向日葵"台灯	孟哲	电信学院	何胜阳	电信学院
20	智能桌灯	苏海龙	电信学院	张佳岩	电信学院
21	懒人灌浇	宋湛	电信学院	白旭	电信学院
22	no losing 蓝牙智能防丢器	李文隆	电信学院	吴宣利	电信学院
23	智能亮度调节系统	刘璟烁	电信学院	赵雅琴	电信学院
24	远程机械控制装置	任超宇	电信学院	迟永钢	电信学院
25	语音控制加湿台灯	刘致衡	电信学院	李杨	电信学院
26	盲人智能水杯	许家晨	电信学院	张佳岩	电信学院
27	大棚温湿度及二氧化碳浓度自动控制系统	李国帅	电信学院	苏雁泳	电信学院
28	公共场所的人群识别及调度装置	何俊伟	电信学院	吴少川	电信学院
29	"盆友"智能浇灌系统	伍志能	电信学院	于雷	电信学院
30	基于语音识别的智能家居控制系统设计	王煜	电气学院	梁慧敏	电气学院
31	基于单片机的自动浇花装置	张美琪	电气学院	梁慧敏 叶雪荣	电气学院
32	基于单片机的自动浇花装置	张凌	电气学院	叶雪荣 梁慧敏	电气学院
33	基于超级电容与无线充电的智能小车设计	任睿涵	电气学院	王盼宝	电气学院
34	无线充电转换器	董雨佳	电气学院	刘洪臣	电气学院
35	基于超级电容与无线充电的智能小车设计	程毅夫	电气学院	王盼宝	电气学院
36	智能窗帘	陈永哲	电气学院	张依	电气学院
37	免编程电机运动控制开发实践	黎翔宇	电气学院	李勇	电气学院
38	智能循迹小车	樊天翔	电气学院	裴文龙	电气学院
39	基于语音识别的智能家居控制系统设计	韦炎君	电气学院	梁慧敏	电气学院

续表3.8

序号	项目名称	项目负责人		指导教师	
		姓名	院系	姓名	院系
40	免编程电机运动控制	崔建	电气学院	王宝超	电气学院
41	智能窗帘	杨傲	电气学院	张依	电气学院
42	基于超级电容的无线充电小车	仲桉冉	电气学院	王盼宝	电气学院
43	基于单片机的音乐喷泉控制系统设计	于佳强	电气学院	杨文英 邓杰	电气学院
44	基于单片机的音乐喷泉控制系统设计	张龙	电气学院	杨文英 邓杰	电气学院
45	电磁武器原理模型的设计和研制	杨润泽	电气学院	吴绍朋	电气学院
46	视觉暂留POV旋转LED显示屏	刘洋	电气学院	周学	电气学院
47	免编程电机运动控制开发实践	段广鑫	电气学院	王宝超	电气学院
48	基于语音识别的智能家居控制系统设计	周渝皓	电气学院	梁慧敏	电气学院
49	基于单片机的直流电机PWM调速系统	王楷然	电气学院	崔淑梅	电气学院
50	三轮避障测温机器人	王昀哲	电气学院	杨文英	电气学院
51	直流电机控制及测量装置设计	王晨鉴	仪器学院	付宁	电信学院
52	基于kinect的手势识别系统	谭雨洋	仪器学院	吴艳	电信学院
53	医疗费用监测及报警系统	李璟灵	仪器学院	吴艳	电信学院
54	学生压力大	胡云帆	计算机学院	叶麟	计算机学院
55	悟时时钟软件	赵旭东	计算机学院	赵玲玲	计算机学院
56	基于深度学习的古诗仿写人工智能	周牧云	计算机学院	苏统华	计算机学院
57	电动汽车电池智能管理平台	魏镇	计算机学院	赵玲玲	计算机学院
58	ihit在工大服务平台	张睿	计算机学院	刘旭东	计算机学院
59	基于混沌时间序列的软件可靠性预测	杜昊谦	计算机学院	舒燕君	计算机学院
60	智能垃圾分类回收箱	陆玄宇	计算机学院	全威	交通学院
61	激光雕刻	刘诗强	计算机学院	张宇	计算机学院
62	碰撞式扫地机器人控制程序设计	安泊宁	计算机学院	刘健	计算机学院
63	自我规划路径的智能车	魏福煊	计算机学院	杨春玲	电气学院
64	基于Android系统开发的"你好时光"App	张朝文	计算机学院	程丹松	计算机学院
65	基于双目立体视觉的结构表观缺陷检测技术	王世龙	计算机学院	单宝华	土木学院
66	基于协同过滤的电影推荐系统的探究与实现	王一轩	计算机学院	苏小红	计算机学院
67	网络知识数据云平台	沈汝佳	计算机学院	关毅	计算机学院

续表3.8

序号	项目名称	项目负责人		指导教师	
		姓名	院系	姓名	院系
68	探秘暗网	周易	计算机学院	张伟男	计算机学院
69	仿人机器人动作编程技术	李文潇	计算机学院	洪炳镕	计算机学院
70	基于深度学习的手写数字识别	郭苗宁	计算机学院	姚鸿勋	计算机学院

表3.9 2018级大一年度项目结题项目情况

序号	项目名称	项目负责人		指导教师	
		姓名	院系	姓名	院系
1	Ifollow YwY	王子函	电信学院	陈立甲	电信学院
2	基于蓝牙设备的防丢装置	李嘉霖	电信学院	侯成宇	电信学院
3	Water－UAV/Pioneer	谢翔宇	电信学院	李杨	电信学院
4	电子测角仪	吕昭强	电信学院	兰盛昌	电信学院
5	一种山区弯路会车警示路边装置	梁玄泓	电信学院	贾敏	电信学院
6	冬/夏智能外套	艾孜买提	电信学院	张新潮	电信学院
7	防溺水监护设备	谢君	电信学院	林澍	电信学院
8	光电式脉搏测量仪	胥启鸣	电信学院	迟永钢	电信学院
9	i Check	陈祖挺	电信学院	毛兴鹏	电信学院
10	易装式多功能红外探测装置	陈冠泽	电信学院	杨强	电信学院
11	智能旅行箱控制系统	张雨凡	电信学院	白旭	电信学院
12	天阶	胡相龙	电信学院	李鸿志	电信学院
13	智能婴儿床监控系统	刘世洋	电信学院	李杨	电信学院
14	泳池智能监护系统	方远行	电信学院	丁旭旻	电信学院
15	频率可重构天线	杨正宇	电信学院	刘北佳	电信学院
16	基于谐振耦合的手机无线充电装置	张哲琪	电信学院	丁旭旻	电信学院
17	智能书架	王国强	电信学院	李鸿志	电信学院
18	智能婴儿车	李志伟	电信学院	杨强	电信学院
19	基于SLAM的室内建图小车	宋子一	电信学院	马琳	电信学院
20	Shield Our Security—SOS	张济泽	电信学院	杨强	电信学院
21	Environmental Messenger	姚慧雨	电信学院	张云	电信学院
22	调节亮度智能灯	郭承钰	电信学院	吴芝路	电信学院
23	蓝牙防丢器	张旺	电信学院	傅佳辉	电信学院

续表3.9

序号	项目名称	项目负责人		指导教师	
		姓名	院系	姓名	院系
24	iKnapsack	吴逸风	电信学院	张新潮	电信学院
25	智能旅行箱	唐智全	电信学院	白旭	电信学院
26	Mr. Clean	顾天祺	电信学院	刘金龙	电信学院
27	IO 智能开关助手	陈泽布	电信学院	李卓明	电信学院
28	智能唤醒闹钟	白丰源	电信学院	丁旭旻	电信学院
29	多功能自调节亮度台灯	李松	电信学院	刘金龙	电信学院
30	智能跟随购物车	廖草葵	电信学院	吴宣利	电信学院
31	智能防酒驾系统	樊新禹	电信学院	刘梅	电信学院
32	Shopping Assistant	郑健	电信学院	李鸿志	电信学院
33	方向图可重构天线	王星涵	电信学院	刘北佳	电信学院
34	多功能智能变温箱	齐博勋	电信学院	耿钧	电信学院
35	智能座位管理系统	孟庆贺	电信学院	张新潮	电信学院
36	简易相机稳定平台的制作及原理探究	马宇辰	电信学院	沙学军	电信学院
37	自动黑板擦	李宇博	电信学院	吴宣利	电信学院
38	脑电波控制的手机自动摄像系统	胡云潇	电信学院	刘金龙	电信学院
39	提包防盗系统	谢文轩	电信学院	毛兴鹏	电信学院
40	智能板擦	张存涵	电信学院	吴玮	电信学院
41	智能晾衣架	韩方舟	电信学院	林澍	电信学院
42	智能垃圾桶	范霆锋	电信学院	白旭	电信学院
43	儿童防丢失警报器	黄儒惟	电信学院	马琳	电信学院
44	智能助行器	董海宇	电信学院	任广辉	电信学院
45	itrunk	李泽辰	电信学院	贾敏	电信学院
46	popbag	孔令睿	电信学院	李鸿志	电信学院
47	笔记本散热器——FCI	曹圣伟	电信学院	林澍	电信学院
48	Convenient——智能雨伞	黄润泽	电信学院	张佳岩	电信学院
49	桌面智能无线充电系统	王家浩	电信学院	邱景辉	电信学院
50	智能暖水壶	胡邦彦	电信学院	刘金龙	电信学院
51	智能 e 药盒	徐小昌	电信学院	史军	电信学院
52	门窗监测装置	覃润南	电信学院	马琳	电信学院

续表3.9

序号	项目名称	项目负责人 姓名	项目负责人 院系	指导教师 姓名	指导教师 院系
53	盆栽助手	唐宇航	电信学院	李卓明	电信学院
54	自动收衣杆	潘旋	电信学院	任广辉	电信学院
55	hit 我想说	于欢	电信学院	张鑫	电信学院
56	智能唤醒系统	金传涛	电信学院	苏雁泳	电信学院
57	Baby guardian	贾海杨	电信学院	迟永钢	电信学院
58	iPOT 智趣火锅	李润洋	电信学院	李鸿志	电信学院
59	基于微带天线的 S 波段极化可重构天线	于青可	电信学院	刘北佳	电信学院
60	四旋翼无人机悬停控制	崔博睿	电气学院	金显吉	电气学院
61	基于单片机的自动浇花装置	樊瑞华	电气学院	叶雪荣 梁慧敏	电气学院
62	基于磁耦合谐振式的无线电能传输装置	曲德胜	电气学院	刘洪臣	电气学院
63	四旋翼无人机悬停控制	张煜阳	电气学院	金显吉	电气学院
64	手机充电电源设计	汤豪	电气学院	安群涛	电气学院
65	多功能电子秤	蔡宏	电气学院	金显吉	电气学院
66	基于恩智浦单片机的智能窗帘	王鹏宇	电气学院	张依	电气学院
67	电网频率的测量	王淞	电气学院	胡林献	电气学院
68	基于恩智浦单片机的智能窗帘	李博宇	电气学院	张依	电气学院
69	基于单片机的自动浇花装置	白淼	电气学院	叶雪荣	电气学院
70	基于恩智浦单片机的智能窗帘	黄宇涵	电气学院	张依	电气学院
71	智能循迹小车	张浩天	电气学院	裴宇龙	电气学院
72	太阳能手机充电器	陈秋旭	电气学院	张继红	电气学院
73	智能窗帘	符腾远	电气学院	张依	电气学院
74	基于 Labview 和 NI myDAQ 的电池状态	沈丹妮	电气学院	吕超	电气学院
75	基于微控制器的步进电机智能小车调控	王一丁	电气学院	吴绍朋	电气学院
76	基于 MSP430 单片机的发电玻璃 DC－AC 逆变电源设计	李柄泽	电气学院	王立国	电气学院
77	超声波驱鼠器	陈与锋	电气学院	王淑娟	电气学院
78	便携式太阳能收集充电器研制	沈超洋	电气学院	李浩昱	电气学院
79	谐振永磁体感应发电机的有效电功率输出测量	徐梓鑫	电气学院	徐风雨	电气学院
80	贝迪尼无刷盘式电机及其提高输出功率的研究	张博涵	电气学院	徐风雨	电气学院

续表3.9

序号	项目名称	项目负责人		指导教师	
		姓名	院系	姓名	院系
81	电网频率的测量	陈卓	电气学院	胡林献	电气学院
82	视觉暂留（POV）式旋转LED显示屏	王浩宇	电气学院	周学	电气学院
83	三轮避障测温机器人设计	王雅轩	电气学院	杨文英 翟国富	电气学院
84	基于单片机的多功能电子相框设计	徐嘉隆	电气学院	杨文英	电气学院
85	基于红外传感技术的循迹小车设计	王浩瑞	电气学院	徐殿国	电气学院
86	基于XC164CM的太阳能光伏逆变器设计	王铭远	电气学院	杨贵杰	电气学院
87	基于单片机的水温智能加热系统的设计	孙艺泽	电气学院	吴绍朋	电气学院
88	多功能电子秤	孔德燊	电气学院	金显吉	电气学院
89	智能机器人设计	龙芊帆	电气学院	陈宏钧	电气学院
90	智能机器人设计	王爽	电气学院	陈宏钧	电气学院
91	旋翼无人机电子调速设计	高健	电气学院	安群涛	电气学院
92	免编程电机运动控制开发实践	房偲博	电气学院	王宝超	电气学院
93	旋翼无人机电子调速设计	蒋佳诚	电气学院	安群涛	电气学院
94	智能机器人设计	杨允	电气学院	陈宏钧	电气学院
95	智能机器人设计	王志博	电气学院	陈宏钧	电气学院
96	基于微控制器的步进电机智能小车调控	陈福泽	电气学院	吴绍朋	电气学院
97	简易甲醛检测仪	张雏	电气学院	白金刚	电气学院
98	基于fdm原理3D打印机的运动机构分析及优化设计	祁夕涵	电气学院	王雷	仪器学院
99	太阳能手机充电器	刘未铭	电气学院	张继红	电气学院
100	基于超级电容与无线充电的智能小车设计	李玄武	电气学院	王盼宝	电气学院
101	免编程电机运动控制开发实践	唐嘉玚	电气学院	李勇 王宝超	电气学院
102	室内空气质量监控系统	陈啸天	仪器学院	付海金	仪器学院
103	基于快速傅里叶变换的相位测量	徐志鹏	仪器学院	胡鹏程	仪器学院
104	直流电机控制及测量装置设计	章欣达	仪器学院	付宁	电信学院
105	基于kinect的室内地图重构	刘济鄄	仪器学院	吴剑威	仪器学院
106	基于神经网络的人脸识别算法	郭炼	仪器学院	张依	电气学院
107	视觉系统中畸变矫正技术的发展状况与实验	涂岚昊	仪器学院	叶东	仪器学院
108	stm32单片机学习与应用	张皓为	仪器学院	刘冰	电信学院

续表3.9

序号	项目名称	项目负责人 姓名	项目负责人 院系	指导教师 姓名	指导教师 院系
109	模拟驾驶器设计	张育哲	仪器学院	吴艳	电信学院
110	模拟驾驶器设计	刘非凡	仪器学院	吴艳	电信学院
111	自动避障小车	吕湘玥	仪器学院	申立群	仪器学院
112	基于51单片机的红外遥控灭火小车的设计	宁佳意	仪器学院	申立群	仪器学院
113	自动跟随小车设计	王灿坤	仪器学院	申立群	仪器学院
114	自动跟随小车	杜馨月	仪器学院	申立群	仪器学院
115	激光测量技术学院平台项目	王瑛琪	仪器学院	胡鹏程	仪器学院
116	激光测量技术学院平台项目	张歆蕾	仪器学院	杨睿韬	仪器学院
117	激光测量技术学院平台项目	肖吉峰	仪器学院	杨睿韬	仪器学院
118	基于kinect的手势识别系统	孟祥昕	仪器学院	吴艳	电信学院
119	饮料瓶回收器	付源	仪器学院	陈刚	仪器学院
120	基于STM32系统的小车避障的控制方法	付杰	仪器学院	赵勃	仪器学院
121	单片机统计教室人数	刘文韬	仪器学院	陆振刚	仪器学院
122	亮度自动调节型智能感光灯	杨庭炜	仪器学院	崔俊宁	仪器学院
123	基于线激光传感器航空发动机三维形貌精密测量技术	甄旭林	仪器学院	孙传智	仪器学院
124	虚拟现实光学系统设计	冷昊然	仪器学院	王伟波	仪器学院
125	可利用云端控制的红外寻迹智能车	王子伟	仪器学院	王雷	仪器学院
126	激光测量技术学院平台项目	肖乾坤	仪器学院	杨睿韬	仪器学院
127	非法入侵监控系统的研制	李晔	仪器学院	刘大同	电信学院
128	AGV的分段多线圈动态无线供电技术	方思安	仪器学院	魏国	电气学院
129	基于kinect的手势识别系统	包雨欣	仪器学院	吴艳	电信学院
130	智能消防小车设计	孙鹏宇	仪器学院	申立群	仪器学院
131	应用于AGV的静态无线充电技术	郑圣豪	仪器学院	魏国	电气学院
132	关于区块链算法在开放式评测平台中的应用	刘一达	计算机学院	张宇	计算机学院
133	校园二手交易App	马健翔	计算机学院	赵玲玲	计算机学院
134	基于Python的图形化编程平台	李同欣	计算机学院	田英鑫	计算机学院
135	哈工大学生网络互动平台的设计	韩佳航	计算机学院	仲玮	网络中心

续表3.9

序号	项目名称	项目负责人 姓名	项目负责人 院系	指导教师 姓名	指导教师 院系
136	股票数据批量收集及股票走势预测的量化投资辅助软件	李博睿	计算机学院	刘秉权	计算机学院
137	基于指纹识别技术的加密方式	张义辞	计算机学院	叶麟	计算机学院
138	哈工大地图	乐箫	计算机学院	李杰	计算机学院
139	基于云计算和物联网技术的自动化车辆管理系统	汪泽昊	计算机学院	范晓鹏	计算机学院
140	智慧电梯	李涛	计算机学院	张彦航	计算机学院
141	基于51单片机智能家居控制系统	唐鹏程	计算机学院	王甜甜	计算机学院
142	校园二手物品交易App	曹正	计算机学院	刘健	计算机学院
143	基于移动端的投票平台	王昭	计算机学院	张宇	计算机学院
144	RPG游戏的研发制作	陈侃佳	计算机学院	苏统华	计算机学院
145	基于安卓日程安排以及课表、活动安排App	杨佳东	计算机学院	仲伟	计算机学院
146	自习打卡管理系统	阮成用	计算机学院	程丹松	计算机学院
147	基于FPGA的硬件加速算法及研究	宋舒心	计算机学院	张彦航	计算机学院
148	聚乐云服务器平台开发	尤国淳	计算机学院	杨大易	计算机学院
149	面向食品安全的舆情传播路径分析	崔同发	计算机学院	刘旭东	计算机学院
150	基于计算机视觉的材料识别研究	王旭润	计算机学院	左旺孟	计算机学院
151	社交型学生失物招领网站"富德"	杨宝奎	计算机学院	余翔湛	计算机学院
152	面向旅游景点评论的情感分析与景点推荐	吴柏辰	计算机学院	赵妍妍	机电学院
153	图片风格迁移	徐溶键	计算机学院	苏统华	计算机学院
154	图像超分辨的应用	王勇	计算机学院	左旺孟	计算机学院
155	关于棋类博弈AI的分析研究	刘义诚	计算机学院	张伟男	计算机学院
156	基于UCINET的社会网络分析	朱振滔	计算机学院	张岩	计算机学院
157	棋类游戏在Windows和Android平台上的开发	李文举	计算机学院	程思瑶	计算机学院
158	基于单片机的自动报警系统	吴畏嶙	计算机学院	张宇	计算机学院
159	舞蹈动作识别和评分系	盖文浩	计算机学院	刘绍辉	计算机学院

第 3 章 大一年度项目

表 3.10　2019 级大一年度项目一等奖项目情况

序号	项目名称	项目负责人		指导教师	
		姓名	专业	姓名	院系
1	智能行李箱	郑昊卓	计算机与电子通信	赵雅琴	电信学院
2	基于计算机视觉的智能结算系统	陈鹏宇	计算机与电子通信	刘金龙	电信学院
3	基于光电二极管的辅助开锁系统	严幸	计算机与电子通信	张文彬	电信学院
4	智能健身状态监测服及运动信息可视化	国添星	计算机与电子通信	俞洋	电信学院
5	失物招领系统	黄一帆	计算机与电子通信	张鑫	电信学院
6	智能停车系统	辛宇鑫	计算机与电子通信	高玉龙	电信学院
7	基于操控手柄的模拟驾驶系统设计	牛天昊	计算机与电子通信	吴艳	电信学院
8	虚拟钢琴师——基于 Leapotion 的 VR 钢琴建构	付一丁	计算机与电子通信	李鸿志	电信学院
9	基于多目标人脸识别的自动签到系统	李洲	计算机与电子通信	吴少川	电信学院
10	基于无人机的空气质量监测	郭玉博	计算机与电子通信	刘大同	电信学院
11	基于 openpose 的人体动作识别系统	蔡宇飞	计算机与电子通信	左旺孟	计算机学院
12	智能黑板	宋明阳	计算机与电子通信	刘绍辉	计算机学院
13	个人基因组结构变异可视化系统	任雨露	计算机与电子通信	刘永壮	计算机学院
14	i-bin 智能分类垃圾桶	吴奇凡	计算机与电子通信	刘绍辉	计算机学院
15	基于眼动控制的智能轮椅	马明华	计算机与电子通信	刘劼	计算机学院
16	一个微型操作系统的实现	黄守淞	计算机与电子通信	李治军	计算机学院

表 3.11　2019 级大一年度项目二等奖项目情况

序号	项目名称	项目负责人		指导教师	
		姓名	专业	姓名	院系
1	基于 SPH 流体仿真的酒驾实时告警系统	贾博涵	计算机与电子通信	李鸿志	电信学院
2	智能水杯	李明昊	计算机与电子通信	张腊梅	电信学院
3	基于人体姿态识别的机器人控制系统	石翔宇	计算机与电子通信	张云	电信学院
4	基于 STM32 的智能寝室管理系统	任婷婷	计算机与电子通信	张腊梅	电信学院
5	智慧商超购物车	孙显熠	计算机与电子通信	刘金龙	电信学院
6	基于单片机的智能语音台灯研制	牛瀚尘	计算机与电子通信	魏长安	电信学院
7	基于智慧购物车的自主超市	张雯琦	计算机与电子通信	刘金龙	电信学院
8	基于单片机的家用智能花盆	李鹏	计算机与电子通信	俞洋	电信学院
9	智慧行李箱	李昆泽	计算机与电子通信	赵雅琴	电信学院
10	智能行李箱	罗家乐	计算机与电子通信	赵雅琴	电信学院

续表3.11

序号	项目名称	项目负责人		指导教师	
		姓名	专业	姓名	院系
11	基于STM32的智能浇水系统	郝思佳	计算机与电子通信	倪洁	电信学院
12	室内环境的自动监测与控制	殷一铭	计算机与电子通信	陈立甲	电信学院
13	手势感应无人机	叶珏相	计算机与电子通信	张云	电信学院
14	"校园帮"校内互助及资讯发布平台	李四书	计算机与电子通信	尹振东	电信学院
15	基于物联网技术的智能寝室系统	王红杰	计算机与电子通信	张云	电信学院
16	智能寝室	王利博	计算机与电子通信	张鑫	电信学院
17	可穿戴室内智能导盲系统	吴浩田	计算机与电子通信	尹振东	电信学院
18	基于OpenVC的智能手语翻译系统	赵晨	计算机与电子通信	张鑫	电信学院
19	基于STM32和微信小程序的智能寝室系统	傅辰跃	计算机与电子通信	张佳岩	电信学院
20	图书馆预约管理系统	徐伟	计算机与电子通信	迟永钢	电信学院
21	穿越华夏五千年—基于VR的三维场景设计	赵文博	计算机与电子通信	刘连胜	电信学院
22	智能水杯	谷姗姗	计算机与电子通信	张鑫	电信学院
23	基于肌肉电信号的中国手语识别系统研究	陈麒光	计算机与电子通信	刘金龙	电信学院
24	基于室内人数统计的智能宿舍系统	孙洲浩	计算机与电子通信	迟永钢	电信学院
25	基于Arduino的智能自动跟随行李箱设计	徐川	计算机与电子通信	陈立甲	电信学院
26	医疗垃圾运输监控系统	周辰峰	计算机与电子通信	李鸿志	电信学院
27	基于人脸识别的实验室空位检测系统	陈思莹	计算机与电子通信	张佳岩	电信学院
28	智能购物车	王斌	计算机与电子通信	倪洁	电信学院
29	人脸识别智能门锁	孙钰哲	计算机与电子通信	刘国军	计算机学院
30	智能暖心水杯	琚晓龙	计算机与电子通信	曲明成	计算机学院
31	可移植嵌入式操作系统开发	管健男	计算机与电子通信	刘松波	计算机学院
32	可控智能滑板App的设计与实现	田轩	计算机与电子通信	唐好选	计算机学院
33	基于GameMaker Studio 2的独立游戏开发	袁宇琛	计算机与电子通信	杨沐昀	计算机学院
34	LBS保护技术App开发及应用	徐博	计算机与电子通信	于海宁	计算机学院
35	基于眼部静态图像分析的眼球控制系统	叶扬帆	计算机与电子通信	姚鸿勋	计算机学院
36	基于声源定位技术的智能移动垃圾桶	姚澜	计算机与电子通信	郑铁然	计算机学院
37	"我是什么垃圾"App	高隆	计算机与电子通信	吴锐	计算机学院
38	基于Raspberry Pi和声音信号处理的智能钢琴助手	范昱扬	计算机与电子通信	黄庆成	计算机学院

续表3.11

序号	项目名称	项目负责人		指导教师	
		姓名	专业	姓名	院系
39	基于面部图像的心率测量的研究与开发	林书权	计算机与电子通信	江俊君	计算机学院
40	呵护未来——智慧婴儿车	王瑞平	计算机与电子通信	王宏志	计算机学院
41	AI羽毛球教练——基于人体姿态识别的动作评估系统	陈洋	计算机与电子通信	刘绍辉	计算机学院
42	《工大式学生》游戏制作	李成蹊	计算机与电子通信	刘绍辉	计算机学院
43	佳安·无密码的安全身份验证平台	陈天宇	计算机与电子通信	叶麟	计算机学院
44	基于动作识别的摔倒检测	何富民	计算机与电子通信	刘绍辉	计算机学院
45	以完成现实计划为游戏内资本的游戏的设计开发	傅彦璋	计算机与电子通信	曲明成	计算机学院
46	基于算法随机生成的角色扮演游戏开发	李达	计算机与电子通信	叶麟	计算机学院
47	RFID与区块链结合的智慧溯源	刘明帆	计算机与电子通信	曲明成	计算机学院

表3.12 2019级大一年度项目结题项目情况

序号	项目名称	项目负责人		指导教师	
		姓名	专业	姓名	院系
1	基于物联网的车载酒精监测系统	梁泽慧	计算机与电子通信	李鸿志	电信学院
2	智能窗帘	王子奕	计算机与电子通信	吴少川	电信学院
3	基于深度学习的心律失常判别	夏若豪	计算机与电子通信	史军	电信学院
4	可交互式智能猫眼	刘祥龙	计算机与电子通信	倪洁	电信学院
5	自动调音器	葛子健	计算机与电子通信	何胜阳	电信学院
6	基于深度学习的多尺度高分遥感图像目标检测	蒋来	计算机与电子通信	谷延锋	电信学院
7	面向智能交通的目标跟踪算法应用设计与实现	王殿嘉	计算机与电子通信	李卓明	电信学院
8	智能锁	詹先佑	计算机与电子通信	张腊梅	电信学院
9	基于无人机平台的空气质量测定	袁野	计算机与电子通信	张佳岩	电信学院
10	基于运动传感器的霸凌动作识别	黄海	计算机与电子通信	叶亮	电信学院
11	智能门锁—寝室的安全防护	王梓鸣	计算机与电子通信	张云	电信学院
12	校园无人零售	韦宇轩	计算机与电子通信	张云	电信学院
13	基于机器视觉的铝材表面缺陷检测	陈泓宇	计算机与电子通信	彭宇	电信学院
14	爬取网络信息的爬虫网站的研发	代延正	计算机与电子通信	徐志伟	电信学院
15	基于Web服务的天气预报小程序开发	杨家望	计算机与电子通信	林连雷	电信学院

续表3.12

序号	项目名称	项目负责人		指导教师	
		姓名	专业	姓名	院系
16	出租车计价器的设计	张临泽	计算机与电子通信	俞洋	电信学院
17	基于无人机的PM2.5检测	张湘知	计算机与电子通信	刘大同	电信学院
18	基于机器学习的人脸识别签到系统	林义德	计算机与电子通信	于启月	电信学院
19	智能花盆	李益乾	计算机与电子通信	尹振东	电信学院
20	智能擦黑板机器人	周浦超	计算机与电子通信	李鸿志	电信学院
21	基于STM32的宠物智能项圈	杨如帅	计算机与电子通信	凤雷	电信学院
22	基于红外传感器的Arduino循迹小车	程元	计算机与电子通信	李伟	电信学院
23	计划管理系统	朱永燊	计算机与电子通信	刘金龙	电信学院
24	智能摄像头	何嘉铭	计算机与电子通信	索莹	电信学院
25	网球回收器的设计	聂彤	计算机与电子通信	张鑫	电信学院
26	移动通信基站智能监测系统	徐卓凡	计算机与电子通信	彭宇	电信学院
27	可调温的智能水杯	杨翰林	计算机与电子通信	倪洁	电信学院
28	智慧寝室	魏宇鹏	计算机与电子通信	张腊梅	电信学院
29	无人机视频跟踪	周晨宇	计算机与电子通信	李杨	电信学院
30	基于Web服务的天气预报小程序开发	代宸瑞	计算机与电子通信	林连雷	电信学院
31	Intelligent Ash—bin	韩庸平	计算机与电子通信	张鑫	电信学院
32	基于Matlab的实验数据分析软件设计	李世鹏	计算机与电子通信	尹洪涛	电信学院
33	基于Python的万年历设计	徐为	计算机与电子通信	林连雷	电信学院
34	基于室内定位的智慧房间	李小保	计算机与电子通信	马琳	电信学院
35	汽车鸣笛自动检测	吴迪	计算机与电子通信	侯成宇	电信学院
36	听歌跳舞的西西	张辰溪	计算机与电子通信	白旭	电信学院
37	智能车锁	李喆	计算机与电子通信	张鑫	电信学院
38	基于人工智能的面料识别系统	顾海耀	计算机与电子通信	吴少川	电信学院
39	基于移动终端系统的文件索引标注程序	张梓康	计算机与电子通信	徐志伟	电信学院
40	基于人脸识别的线上考试中异动行为检测系统	朱峰	计算机与电子通信	李杨	电信学院
41	基于切换式内胆的多饮品式智能水杯	韩笑谈	计算机与电子通信	张腊梅	电信学院
42	穿戴式陪护系统	张桐睿	计算机与电子通信	白旭	电信学院
43	节能型智慧风光互补路灯	邹雨	计算机与电子通信	李鸿志	电信学院
44	基于WiFi的人体识别	刘迪航	计算机与电子通信	张云	电信学院

续表3.12

序号	项目名称	项目负责人		指导教师	
		姓名	专业	姓名	院系
45	智能水杯	刘思哲	计算机与电子通信	刘兆庆	电信学院
46	视频序列中的无人机检测方法研究	曲喆平	计算机与电子通信	李杨	电信学院
47	基于EEG的智能学习辅助设备	邹彪	计算机与电子通信	李杨	电信学院
48	无线电人体检测	李艺峰	计算机与电子通信	张云	电信学院
49	无人机智能监控系统	赵加毅	计算机与电子通信	石硕	电信学院
50	语音情感识别软件	韩雄宇	计算机与电子通信	叶亮	电信学院
51	基于深度学习的人流量监控系统	林搏海	计算机与电子通信	史军	电信学院
52	智能寝室	李稷克	计算机与电子通信	刘兆庆	电信学院
53	电磁式盲文点显示装置的控制系统设计研究	庄雨杰	计算机与电子通信	吴艳	电信学院
54	基于IMU的VR眼镜视角控制App	许家辉	计算机与电子通信	马琳	电信学院

第 4 章

大学生创新创业训练计划

4.1 项目介绍

大学生创新创业训练计划(简称"大创计划")的实施,旨在探索并建立以问题和课题为核心的教学模式,倡导以本科学生为主体的创新性实验改革,调动学生的主动性、积极性和创造性,激发学生的创新思维和创新意识,逐渐掌握思考问题、探寻解决问题的方法以及提高创新实践的能力。

通过在高校开展实施大学生创新创业训练计划,可以带动广大的学生在本科阶段得到科学研究与发明创造的训练,改变目前高等教育培养过程中实践教学环节薄弱、动手能力不强的现状,改变灌输式的教学方法,推广研究性学习和个性化培养的教学方式,形成创新教育的氛围,建设创新文化,进一步推动高等教育教学改革,提高教学质量。

4.1.1 大学生创新创业训练计划的实施原则

1. 兴趣驱动

参与计划的学生要对科学研究或创造发明有浓厚兴趣,在兴趣驱动和导师指导下完成实验过程。

2. 自主实验

参与计划的学生要自主设计实验、自主完成实验、自主管理实验。

3. 重在过程

注重创新性实验项目的实施过程,强调项目实施过程中学生在创新思维和创新实践方面的收获。

4.1.2 大学生创新创业训练计划的分类

大学生创新创业训练计划内容包括创新训练项目、创业训练项目和创业实践项目三类,分成国家级、省级和校级,所有项目均面向本科生申报。

1. 创新训练项目

创新训练项目旨在探索以问题和课题为核心的教学模式改革,倡导以项目为载体、以学生为主体的创新性实验,注重研究过程,调动学生的主动性、积极性和创造性,使学生在本科阶段得到创新性科学研究的锻炼。项目以本科生个人或团队的形式展开,在导师指导下,自主完成创新性研究项目设计、研究条件准备和项目实施、研究报告撰写、成果(学术)交流等工作。

2. 创业训练项目

创业训练项目旨在探索以实际或模拟的商业活动为载体,培养本科生的创业精神和创业能力。项目以本科生团队的形式展开,在导师指导下,团队中每个学生在项目实施过程中扮演一个或多个具体角色,完成编制商业计划书、开展可行性研究、模拟企业运行、参加企业实践、撰写创业报告等工作。

3. 创业实践项目

创业实践项目是由本科生团队在学校导师和企业导师共同指导下,采用前期创新训练项目或创业训练项目的成果,提出一项具有市场前景的创新性产品或者服务,以此为基础开展创业实践活动。

4.1.3 项目管理细则

(1)"大创计划"于每年秋季学期立项,下一年春季学期开展中期检查,秋季学期组织结题验收和优秀项目评选。创新、创业训练项目执行时限一般为1年,不超过2年,完成时间不迟于学生毕业时间;创业实践项目执行时限不超过3年。为避免项目因团队成员离校而终止,应在立项时考虑成员的结构,保证可持续性。

(2)全校本科学生均可申请"大创计划"项目。学校鼓励跨院系、跨专业、跨年级联合申报,实现学科交叉融合。实行项目负责人负责制,团队一般不超过5人。

(3)申请者要品学兼优、学有余力,有较强的独立思考能力和创新精神,具备组织管理和领导力,对科学研究、科技活动或社会实践有浓厚的兴趣,具备从事创新创业训练的基本素质和能力。

(4)创新创业训练项目申请者仅限本科生个人或团队,主要面向大二、大三学生。创业实践项目申请者以本科生团队为主,主要面向大三、大四学生,可包括已成为研究生的前期项目的成员。创业实践项目负责人毕业后可更换负责人,在能继续履行相关责任的前提下,允许项目负责人毕业后以大学生自主创业者的身份继续担任该创业实践项目的负责人。

(5)学校设"大创计划"优秀项目奖,由院系组织,每年评选一次,分一等奖和二等奖。优秀项目数量不超过当年结题项目的30%,其中一等奖数量不超过10%。评选结果经学校专家组审核、公示无异议后,发文公布并颁发证书。

(6)学校为"大创计划"项目提供经费支持;根据学校创新创业学分管理办法,结题项目、入选年会项目、年会获奖项目可获得相应学分;入选年会项目还可根据学校推荐免试研究生有关规定获得相应推免加分。

4.1.4 全国大学生创新创业年会

从2008年开始,教育部每年举办一次全国大学生创新创业年会(以下简称"年会"),以加强参与高校和参与学生之间的交流。年会主要内容如下。

1. 大学生创新学术年会

遴选参加国家级"大创计划"项目中创新训练项目学生的学术论文,以学术报告的形式进行学术交流。

2. 大学生创新创业项目展示

遴选国家级"大创计划"项目中创新训练项目、创业训练项目和创业实践项目,以展板和实物作品演示的形式进行项目交流。

3. 大学生创业项目推介会

遴选国家级"大创计划"项目中创业实践项目和创业训练项目,进行项目推介、宣传和交流。

学校推荐优秀的国家级项目参加年会,征集范围为近五年内立项的国家级"大创计划"项目。学术年会主要推荐已在正式出版物上发表且标明获得国家级大学生创新创业训练计划项目资助的学术论文。项目展示主要推荐系统功能完善、创意新、技术水平高、体验效果好、展示度强的项目。创业项目推介会主要推荐已注册企业、项目实践程度和运营良好的国家级"大创计划"创业实践项目。

4.2 项目管理规范

4.2.1 国家级大学生创新创业训练计划管理办法

第一章 总　则

第一条 为贯彻落实全国教育大会和新时代全国高等学校本科教育工作会议精神,根据《国务院办公厅关于深化高等学校创新创业教育改革的实施意见》(国办发〔2015〕36号)要求,深入推进国家级大学生创新创业训练计划(以下简称国创计划)工作,深化高校创新创业教育改革,提高大学生创新创业能力,培养造就创新创业生力军,加强国创计划的实施管理,特制定本办法。

第二条 国创计划是大学生创新创业训练计划中的优秀项目,是培养大学生创新创业能力的重要举措,是高校创新创业教育体系的重要组成部分,是深化创新创业教育改革的重要载体。

第三条 国创计划坚持以学生为中心的理念,遵循"兴趣驱动、自主实践、重在过程"原则,旨在通过资助大学生参加项目式训练,推动高校创新创业教育教学改革,促进高校转变教育思想观念、改革人才培养模式、强化学生创新创业实践,培养大学生独立思考、善于质疑、勇于创新的探索精神和敢闯会创的意志品格,提升大学生创新创业能力,培养适应创新型国家建设需要的高水平创新创业人才。

第四条 国创计划围绕经济社会发展和国家战略需求,重点支持直接面向大学生的内容新颖、目标明确、具有一定创造性和探索性、技术或商业模式有所创新的训练和实践项目。国创计划实行项目式管理,分为创新训练项目、创业训练项目和创业实践项目三类。

(一)创新训练项目是本科生个人或团队,在导师指导下,自主完成创新性研究项目设计、研究条件准备和项目实施、研究报告撰写、成果(学术)交流等工作。

(二)创业训练项目是本科生团队,在导师指导下,团队中每个学生在项目实施过程中扮演一个或多个具体角色,完成商业计划书编制、可行性研究、企业模拟运行、撰写创业报告等工作。

（三）创业实践项目是学生团队，在学校导师和企业导师共同指导下，采用创新训练项目或创新性实验等成果，提出具有市场前景的创新性产品或服务，以此为基础开展创业实践活动。

第二章 管 理 职 责

第五条 教育部是国创计划的宏观管理部门，主要职责如下。

（一）制定国创计划实施的有关政策，编制发展规划，发布相关信息。

（二）制定国创计划管理办法，组织开展项目立项、结题验收等工作，加强项目的规范化管理。

（三）制定国创计划成效评价指标体系，定期组织开展实施情况评价。

（四）组建国创计划专家组织，加强大学生创新创业工作研究，推进高校创新创业教育经验交流。

（五）组织举办全国大学生创新创业年会，推进大学生创新创业学术交流和成果推介。

第六条 省级教育行政部门主要职责如下。

（一）根据本区域经济社会发展特点，指导、规范本区域大学生创新创业训练计划运行和管理，推动本区域高校加强大学生创新创业教育工作。

（二）负责组织区域内高校国创计划立项申报、过程管理、结题验收等工作，按照工作要求向教育部报送相关材料。

（三）负责区域内参与国创计划高校交流合作、评估监管等工作。

第七条 高校是国创计划实施和管理的主体，主要职责如下。

（一）制定本校大学生创新创业教育管理办法，开展创新创业教育教学研究与改革。

（二）负责国创计划项目的组织管理，开展项目遴选推荐、过程管理、结题验收等工作。

（三）制定相关激励措施，引导教师和学生参与国创计划。

（四）为参与项目的学生提供技术、场地、实验设备等条件支持和创业孵化服务。

（五）搭建项目交流平台，定期开展交流活动，支持学生参加相关学术会议，为学生创新创业提供交流经验、展示成果、共享资源的机会。

（六）做好本校国创计划年度总结和上报工作。

第三章 项目发布与立项

第八条 教育部根据国家经济社会发展和国家战略需求，结合创新创业教育发展趋势，确定重点资助领域，制定重点资助领域项目指南，引导国创计划项目申请。

第九条 国创计划项目申报基本条件如下。

（一）项目选题具有一定的学术价值、理论意义或现实意义。鼓励面向国家经济社会发展、具有一定理论和现实意义的选题，鼓励直接来源于产业一线、科技前沿的选题。

（二）选题具有创新性或明显创业教育效果。鼓励开展具有一定创新性的基础理论研究和有针对性的应用研究课题，鼓励新兴边缘学科研究和跨学科的交叉综合研究选题。

（三）选题方向正确，内容充实，论证充分，难度适中，拟突破的重点难点明确，研究思路清晰，研究方法科学、可行。鼓励支持学生大胆创新，包容失败，营造良好创新创业教育文化。

（四）项目团队成员原则上为全日制普通本科在读学生,成员基本稳定,专业、能力结构较为合理。每位学生同一学年原则上只能参与一个项目。鼓励跨学科、跨院系、跨专业的学生组成团队。

（五）项目申请团队应选择具有较高学术造诣、较好创新性成果、热心教书育人、关爱学生成长的教师作为导师,鼓励企业人员参与指导或共同担任导师。

（六）创新训练项目和创业训练项目获得经费支持平均不低于2万元/项,创业实践项目获得经费支持平均不低于10万元/项。高校根据学科专业特点,确定项目资助额度标准。

第十条　根据教育部发布的国创计划申报要求,符合立项申请基本条件的项目向所在高校提出申请,高校评审遴选后报省级教育行政部门和教育部审核备案。

第十一条　教育部组织专家对申报项目进行审核后发布立项通知。

第四章　项目过程管理

第十二条　高校应加强对国创计划的管理,成立由校领导牵头、相关职能部门组成的国创计划管理机构,确定主管部门。管理机构负责协调落实条件保障,主管部门负责国创计划日常管理。

第十三条　项目负责人要负责项目的整体推进,按照计划开展工作,加强团队建设和管理,加强与导师和管理人员的沟通联系,并组织好相关报告撰写工作。项目负责人和项目内容原则上不得变更,特殊情况经学校有关部门审批后执行。

第十四条　国创计划经费应专款专用。学生要在相关教师指导下,严格执行学校相关财务管理规定。

第十五条　国创计划项目所在高校应建立国创计划师生培养培训机制,加强对国创计划项目团队成员和导师的培训和管理。

第十六条　鼓励项目团队积极参加中国"互联网＋"大学生创新创业大赛等创新创业赛事和"青年红色筑梦之旅"等活动。

第十七条　推动国创项目不断提高整体水平和发挥示范带动作用。高校应充分发挥国创计划引领示范作用,及时总结学生在项目中取得的成绩,协调解决存在的问题。支持高校通过举办大学生创新创业年会等方式加强国创计划成员之间的学习交流。

第五章　项目结题与公布

第十八条　国创计划项目完成后,均需进行结题验收,履行必要的结项手续。

（一）国创计划项目结题验收工作由所在学校组织。学校应组织校内外专家对国创计划项目进行结题验收,并将验收结果报省级教育行政部门审核备案。

（二）省级教育行政部门按年度向教育部报送本区域高校国创计划项目验收结果,并组织开展项目抽查。

（三）教育部对省级教育行政部门报送的验收结果进行审核,并将审核结果公布。

第十九条　国创计划项目结题验收结论的申诉。国创计划项目团队成员、导师,如对结题验收结论有异议,可向高校有关部门提出。

第二十条　国创计划项目结题信息公开对外服务。相关网站向公众提供结题信息服务,助推高校创新创业教育深入发展。

第六章 项目后期管理

第二十一条 高校对通过结题验收的项目团队成员可根据实际贡献给予学分认定,对导师给予相应工作量认定。

第二十二条 建立国创计划年度进展报告制度。高校要按年度编制国创计划项目进展报告,内容应包括项目整体概况、教育教学改革探索、项目组织实施与管理、支持措施和实施成效等。年度报告报省级教育行政部门和教育部备案。

第二十三条 国创计划项目执行较好的高校可向教育部申请承办全国大学生创新创业年会。

第七章 附 则

第二十四条 在国创计划实施中,凡是属于国家涉密范围的,均按照相关保密法规执行。

第二十五条 各省级教育行政部门、各高校根据本办法制定实施细则。

第二十六条 本办法自公布之日起施行。

4.2.2 哈尔滨工业大学大学生创新创业训练计划管理办法

根据国家深化创新创业教育改革有关文件精神和教育部关于做好国家级大学生创新创业训练计划工作实施工作的有关要求,为规范我校"大学生创新创业训练计划"(以下简称"大创计划")管理工作,鼓励师生积极投身"大创计划",激发学生对科学研究的兴趣,培养学生提出问题、分析问题和解决问题的能力,创新实践和动手能力,团队组织协调和攻关能力、社会适应能力等,特制定本办法。

第一章 项目内容

第一条 "大创计划"项目按内容分为以下三种。

(一)创新训练项目以项目为载体,由本科生个人或团队,在导师的指导下,自主选题,自主进行实验方法设计,自主进行研究性学习,自主开展研究工作,独立组织实施并进行数据分析处理和撰写总结报告。

(二)创业训练项目是本科生团队,在导师指导下,团队中每个学生在项目实施过程中扮演一个或多个具体的角色,编制商业计划书、开展可行性研究、模拟企业运行、参加企业实践、撰写创业报告等。

(三)创业实践项目是学生团队,在学校导师和企业导师共同指导下,采用前期创新训练项目(或创新性实验)的成果,提出一项具有市场前景的创新性产品或者服务,以此为基础开展创业实践活动。

第二条 "大创计划"项目根据水平分为国家级、省级和校级。

第二章 组织管理

第三条 "大创计划"于每年秋季学期立项,下一年春季学期开展中期检查,秋季学期组织结题验收和优秀项目评选。创新、创业训练项目执行时限一般为1年,不超过2年,完成时间不迟于学生毕业时间;创业实践项目执行时限不超过3年。为避免项目因团队成员离校终止,应在立项时考虑成员的结构,保证可持续性。

第四条 学校鼓励学生积极参加"大创计划"项目,并提供经费和政策支持,制定相关制度,监督检查各院系项目实施和管理情况。

第五条 院系指定专人负责"大创计划"的组织和管理,成立院系"大创计划"专家组,负责本院系项目的立项组织、项目评审、中期检查、结题验收和优秀项目评选的工作,强化过程管理,应根据自身实际情况制定《大学生创新创业训练计划管理办法实施细则》。

第三章 项目申报

第六条 全校本科学生均可申请"大创计划"项目。学校鼓励跨院系、跨专业、跨年级联合申报,实现科交叉融合。实行项目负责人负责制,团队一般不超过5人。

第七条 申请者要品学兼优、学有余力,有较强的独立思考能力和创新精神,具备组织管理和领导力,对科学研究、科技活动或社会实践有浓厚的兴趣,具备从事创新创业训练的基本素质和能力。

第八条 创新、创业训练项目申请者仅限本科生个人或团队,主要面向大二、大三学生。创业实践项目申请者以本科生团队为主,主要面向大三、大四学生,可包括已成为研究生的前期项目的成员。创业实践项目负责人毕业后可更换负责人,在能继续履行相关责任的前提下,允许项目负责人毕业后以大学生自主创业者的身份继续担任该创业实践项目的负责人。

第九条 项目负责人提交"立项申请书"并参加院系组织的立项答辩。每人限主持或参加一个项目,不得在不同项目之间交叉申报。正在承担(含主持和参加)项目的学生不能再申报新项目。

第十条 项目可选择相关学科教师作为指导教师。创业训练、创业实践项目申请者除学校指导教师外,可同时选择一名企业导师共同指导。

第十一条 项目课题可由学生自己提出,也可由学生和指导教师共同拟定,或由指导教师提出、学生选择。课题难易度以学生在教师指导下能独立完成为宜。创业实践项目选题需结合前期创新训练项目的成果。

第四章 中期检查

第十二条 项目负责人提交"中期检查报告"并参加院系组织的中期答辩。院系于中期检查后择优向本科生院推荐国家级和省级立项项目。

第十三条 学校组织"大创计划"专家组对院系推荐的项目进行评审,根据答辩成绩确定国家级和省级立项名单,经公示无异议后,由学校发文公布,报上级教育主管部门。

第十四条 项目实施过程中,如需变动项目参与人员、更换项目题目及内容,项目负责人应在中期检查时将相应变更的书面申请(经指导教师签署意见)与"中期检查报告"一并提交到院系审核,中期检查答辩通过后由所在院系汇总后报本科生院备案。中期检查结束后不应再变更。

第十五条 项目执行期内不允许无故中止项目研究,因无法克服的原因而决定中止项目研究,应由项目负责人在中期检查前向院系提交书面申请,经院系批准后报本科生院备案。项目中止后,项目组成员在项目中止的当学期不允许重新立项。

第十六条 对项目执行过程中存在弄虚作假和不诚信等行为的学生或团队,学校将追回已下拨经费,取消学生或团队今后申请项目的资格,并依校纪校规处理。

第五章 结题验收

第十七条 项目组按计划完成研究工作并取得预期研究成果的,可申请结题。项目负责人提交"项目结题申请书"及基于项目取得的论文、专利、竞赛证书等佐证材料,参加由院系组织的结题答辩。

第十八条 院系组织答辩专家组对项目进行认真评审,给出详细的验收意见。评审结果报本科生院,经学校专家组审核、公示无异议后,由学校发文公布。

第十九条 结题项目材料由院系按教学文档保管,至少保存四年。利用"大创计划"资助经费所购置的仪器设备等资产归属项目负责人或指导教师所在单位,应按规定办理固定资产手续。

第二十条 因客观原因不能在规定期限按计划结题的项目,项目负责人应提交"项目延期结题申请表",并附"项目进展报告",详细阐明延期缘由,经指导教师签署意见,院系审核汇总后报本科生院备案。每个项目只能延期一次,时间不超过一年。

第六章 优秀项目参加全国大学生创新创业年会

第二十一条 从2008年开始,教育部每年举办一次全国大学生创新创业年会(以下简称"年会"),以加强参与高校和参与学生之间的交流。年会主要内容如下。

(一)大学生创新学术年会:遴选参加国家级"大创计划"项目中创新训练项目学生的学术论文,以学术报告的形式进行学术交流。

(二)大学生创新创业项目展示:遴选国家级"大创计划"项目中创新训练项目、创业训练项目和创业实践项目,以展板和实物作品演示的形式进行项目交流。

(三)大学生创业项目推介会:遴选国家级"大创计划"项目中创业实践项目和创业训练项目,进行项目推介、宣传和交流。

第二十二条 学校推荐优秀的国家级项目参加年会,征集范围为近五年内立项的国家级"大创计划"项目。

第二十三条 学术年会主要推荐已在正式出版物上发表且标明获得国家级大学生创新创业训练计划项目资助的学术论文。项目展示主要推荐系统功能完善、创意新、技术水平高、体验效果好、展示度强的项目。创业项目推介会主要推荐已注册企业、项目实践程度和运营良好的国家级"大创计划"创业实践项目。

第七章 经费管理

第二十四条 学校设立"大创计划"项目专项经费,实行项目管理、专款专用。国家级项目由国家资助,学校配套支持,省级和校级项目由学校资助。项目经费主要用于图书资料、论文打印、论文版面、专利申请、材料费等,由指导教师和院系负责监督管理。

第二十五条 中期检查通过后至结题前可使用总经费的60%,结题合格后再报销剩余经费(总经费的40%)。经费使用及执行进度按申请书中的批准预算和学校财务管理规定执行。项目结束后进行决算,并接受审计部门监督。

第八章 政 策 支 持

第二十六条 学校设"大创计划"优秀项目奖,由院系组织,每年评选一次,分一等奖和二等奖。优秀项目数量不超过当年结题项目的30%,其中一等奖数量不超过10%。评选结果经学校专家组审核、公示无异议后,发文公布并颁发证书。

第二十七条 学校为"大创计划"项目提供经费支持,根据学校创新创业学分管理办法,结题项目、入选年会项目、年会获奖项目可获得相应学分,入选年会项目还可根据学校推荐免试研究生有关规定获得相应推免加分。

第二十八条 学校鼓励教师积极组织指导学生"大创计划"项目,相关组织和指导工作计入教学工作量,满足条件的可折合计入课堂教学时数,具体办法见学校有关规定,成绩突出的可申请参评学校创新创业教育活动优秀指导教师,给予表彰奖励。

第九章 附 则

第二十九条 本办法自发布之日起实行。此前发布的《哈工大大学生创新性实验计划管理办法》(校教发〔2010〕89号)同时终止执行。本办法由本科生院负责解释。

4.2.3 国家级大学生创新创业训练计划学生工作指南

一、创新训练项目学生工作指南

1. 通过创新训练项目,大学本科生在读期间可获得科学研究、发明创造、工程实训、社会实践的训练机会,达到"转变学习方式、增强实践能力、发挥个性潜质"的训练目的。

2. 大学生创新训练计划的实施原则是:兴趣驱动、自主实践、重在过程。

兴趣驱动——参加项目的学生需对科学研究或创造发明有浓厚兴趣,发挥主动学习、主动探索、主动实践的积极性,在自身兴趣的驱动和导师的有力指导下完成创新训练项目。

自主实践——参加项目的学生需自主设计方案、自主开展研究、自主管理项目。

重在过程——参加项目的学生需注重项目的实施过程,着重强调学生在项目实施过程中,在创新思维、创新实践、创新方法等方面的收获。

3. 创新训练项目以本科生为主体,旨在探索并实施以问题和课题为核心的研究性教学模式改革。

4. 参加创新训练的学生应充分发挥自身的主动性、积极性和创造性,培养创新思维和创新意识,逐渐掌握发现问题、思考问题、解决问题的方法,提高创新实践能力。

5. 创新训练项目面向本科生个人或创新团队。学生可根据自己感兴趣的研究主题和内容,由个人或创新团队向相关导师提出申请。项目获批后,学生需在导师的指导下,自主进行研究性学习,自主进行实验方案设计,自主进行设备材料购置,自主进行实验数据处理,自主进行研究结果分析,自主进行研究报告撰写等工作。

6. 以本科创新团队参加创新训练项目时,团队成员数量一般不多于5人。鼓励不同专业、不同年级、不同背景的本科生组成创新团队,创新团队需确定1名项目负责人,并明确每名成员在项目中的具体分工。

7. 创新训练项目选题范围要适当,要求研究内容新颖、研究目标明确、具有创新性和探索性。学生需对研究方案及技术路线进行可行性分析,并在实施过程中适时进行调整、优化

第4章 大学生创新创业训练计划

和改进。

8.参加创新训练项目的学生需处理好学习基础知识和技能与创新实验和创造发明的关系,需注重知识学习、能力培养和创新训练三者的密切结合,避免把创新训练变成"工匠式"或"纯经验式"的"小发明、小创造、小调查"。

9.通过创新训练项目的实施,学生应了解并掌握科研的基础知识、创新方法、技术手段等,增强观察、收集、分析、解读数据的能力,增强文献检索、阅读、表达和写作能力。

10.通过创新训练项目的实施,学生应重点训练问题确认与解决能力、批判性思维和有效表达的能力。其中包括:确认并分析所要研究的问题;构建、验证并修改研究假设;分析其他解决问题的方法;选择、设计并完善研究方案;有效控制项目研究进程;拓展解决方案的应用范围。学生应注重培养训练系统性与综合性思维、抽象性与形象性思维、批判性思维、创造性思维、正向与反向性思维、演绎与归纳性思维、收敛与发散性思维等能力。

11.通过创新训练项目的实施,学生应注重个体与团队工作能力的有效提升,明确创新团体中个人角色的定位,组织协调在共同研究目标下的分工、协作与配合的关系,并在团队内部懂得相互理解和尊重。

12.通过创新训练项目的实施,学生应注重沟通交流能力的培养,尤其是培养跨专业交流沟通能力。训练口头交流、书面交流、电子和多媒体交流的能力,强化学生的表达和理解能力。

13.通过创新训练项目的实施,学生需培养项目管理能力,其中包括:项目流程管理、资金管理和控制等,合理规划并使用项目经费,遵守国家和学校的财务管理制度。

14.通过创新训练项目的实施,学生需注重锻炼科学态度和承受能力,具备努力克服困难和积极承担责任的态度,具备评估方案和决策能力,具备处理风险与不确定性的能力,具备心理承受力和抗压力,具有首创精神。

15.通过创新训练项目的实施,学生需注重自主学习和自我发展,培养自我认识能力,确认学习需求能力、时间管理和资源管理能力、未来职业规划能力等,熟悉相关学科领域学术发展和变革进展情况。

16.参加创新训练项目的学生,在立题、开题、检查、考核、结题、延期等过程环节,应遵守相关管理规程,管理规程的内容包括"大学生创新训练项目申请书""大学生创新训练项目合同书""大学生创新训练项目中期检查书""大学生创新训练项目结题报告书""大学生创新训练项目延期结题申请书"等。

17.国家级大学生创新训练项目的过程管理本着"目标须明确、要素应全面、过程可审核"的原则,参照此范式进行。

18.创新训练项目学生工作未尽事项,由教育部高等教育司理工处、教育部大学生创新创业训练计划专家工作组负责说明和解释。

二、创业训练项目学生工作指南

创业训练项目是本科生团队,在导师指导下,团队中每个学生在项目实施过程中扮演一个或多个具体的角色,编制商业计划书、开展可行性研究、模拟企业运行、参加企业实践、撰写创业报告等工作。

1.通过创业训练项目,大学本科生在读期间可掌握创业的基础知识和基本理论,熟悉创业的基本流程和基本方法,了解创业的法律法规和相关政策,达到"激发创业意识、增强社会责任、提高创业能力"的训练目的。

2. 大学生创业训练计划项目的实施原则是:兴趣驱动、自主实践、重在过程。

兴趣驱动——参加项目的学生需对与创业训练有关的项目管理、企业管理、风险投资有浓厚兴趣,对大学生创新创业有强烈的欲望,在自身兴趣的驱动下完成创业训练项目。

自主实践——参加项目的学生需自主进行项目研究,自主管理项目进度,自主进行创业训练。

重在过程——参加项目的学生需注重项目的实施过程,着重强调学生在项目实施过程中理解并掌握创业基础和理论、创业流程和方法、创业法规和政策,培养创业精神、提高创业能力。

3. 创业训练项目面向全体本科生,原则上要求项目负责人在毕业前完成。

4. 参加创业训练的学生应正确理解创业与国家经济社会发展的关系,正确理解创业与职业生涯发展的关系。在创业训练项目实施过程中,勤于创新、善于发现、勇于实践。

5. 创业训练团队充分发挥自身的主动性、积极性和创造性,激发创业意识,提高社会责任感、创新精神和创业能力,促进创业就业水平提升和全面素质发展。

6. 创业训练项目面向本科生团队。学生团队可根据所从事的创新训练项目进行拓展和延伸,也可在所学专业基础上进行技术研发,或对学校某些技术项目进行市场调研和开发,由创新团队向相关导师提出申请。项目获批后,团队学生需在导师的指导下,自主进行创业训练,完成编制商业计划书、开展可行性研究、模拟企业运行等工作。

7. 创业训练团队成员数量一般为5人左右。鼓励不同专业、不同年级、不同背景的学生组成创业训练团队,创新训练团队应确定1名项目负责人。创业训练团队视其规模的发展情况,可以有计划地吸纳不同层次、不同背景的学生参加创业训练项目,但需明确每名成员在项目中的具体分工。

8. 创业训练项目选题范围要适当,目标内容要清晰明确,技术或商业模式要有所创新,保证团队每一位成员均能从中获得不同方面的创业训练。

9. 参加创业训练项目的学生在不影响本专业学习的前提下,充分规划和管理项目的执行时间,需注重理论学习、能力培养和创业训练三者的密切结合,避免把创业训练项目变成"摆地摊""小批发"或"倒买倒卖"式的纯粹以营利为目的的商业活动。

10. 参加创业训练项目的学生应通过创业实训课程的学习,全面模拟真实企业的创业运营管理过程,在虚拟商业社会中完成企业注册、创建、运营、管理等所有决策,提升综合素质,增强就业与创业能力。

11. 通过创业训练项目的实施,学生应重点训练创业所必需的领导力、全球化的眼光、敏锐的市场意识、务实踏实的作风、锲而不舍的精神、组织运作能力和为人处事的技巧,以及商业谈判技巧、市场评估与预测、启动资金募集方式等,了解金融、财务、人事、市场、法规等方面的基本知识。

12. 通过创业训练项目的实施,学生应注重个体与团队工作能力的有效提升,明确创业团体中个人角色的定位,组织协调在共同创业目标下的分工、协作与配合的关系,并在团队内部懂得相互理解和尊重。

第4章 大学生创新创业训练计划

13.通过创新训练项目的实施,学生应注重自主、自信、勤奋、坚毅、果敢、诚信等品格与创业精神的培养和锻炼,了解未来创业者与领导者的成就动机,掌握科技开发及市场开拓的方法和手段,提高分析问题与解决问题的能力。

14.通过创业训练项目的实施,学生需注重锻炼务实作风和承受能力,具备努力克服困难和积极承担责任的态度,具备市场预测和决策的能力,具备处理风险与不确定性的能力,具备心理承受力和抗压力。

15.参加创业训练项目的学生,在立题、开题、检查、考核、结题、延期等过程环节,应遵守相关管理规程。管理规程的内容可包括:"大学生创业训练项目申请书""大学生创业训练项目合同书""大学生创业训练项目中期检查书""大学生创业训练项目结题报告书""大学生创业训练项目延期结题申请书"等。

16.国家级大学生创业训练项目的过程管理本着"目标须明确、要素应全面、过程可审核"的原则,参照此范式进行。

17.创业训练项目学生工作未尽事项,由教育部高等教育司理工处、教育部大学生创新创业训练计划专家工作组负责说明和解释。

三、创业实践项目学生工作指南

创业实践项目是学生团队,在学校导师和企业导师共同指导下,采用前期创新训练项目(或创新性实验)的成果,提出一项具有市场前景的创新性产品或者服务,以此为基础开展创业实践活动。

1.通过创业实践项目,大学本科生在读期间可就一项具有市场前景的创新性产品或者服务进行创业实践,真实创办企业并实现有效运行。

2.大学生创业实践计划项目的实施原则是:兴趣驱动、自主实践、重在过程。

兴趣驱动——参加项目的学生需对项目管理、企业管理、风险投资有浓厚兴趣,对大学生创办企业有强烈的欲望,在自身兴趣的驱动下完成创业实践项目。

自主实践——参加项目的学生需自主寻求并把握机会,自主整合并利用资源,自主决策、自主创办企业,自主组建团队,自主管理企业。

重在过程——参加项目的学生需注重项目的实施过程,着重强调学生在项目实施过程中真实体会创业从注册、创建、融资、运营、风险、管理等所有过程,掌握创业理论、创业方法、创业法规等。

3.创业实践项目面向全体本科生,项目负责人毕业后可根据情况更换负责人,或是在能继续履行项目负责人职责的情况下(如项目负责人继续攻读本校研究生),以大学生自主创业者的身份继续担任项目负责人。

4.参加创业实践的学生应正确理解创业与国家经济社会发展的关系,正确理解创业与职业生涯发展的关系。在创业实践项目实施过程中要勤于创新、善于发现、勇于实践。

5.创业实践团队充分发挥自身的主动性、积极性和创造性,激发创业意识,提高社会责任感、创新精神和创业能力,促进创业就业水平提升和全面素质发展。

6.创业实践项目面向本科生团队。学生团队可采用所从事的创新训练项目的成果,也可利用所学专业的技术研发成果,或采用学校某些具有市场前景的创新性产品或服务,由创新团队向相关导师提出申请。

7. 项目获批后，团队学生需在导师的指导下，实践真实企业的创业运营管理过程，在社会、学校的大学科技园或类似的创业机构中完成注册、创建、运营、管理等，自主进行创业实践，完成创业过程分析、创业机会与商业模式分析、创业计划撰写、创业团队组建、创业融资、创业企业管理、创业企业成长等任务，学习创业相关的金融、财务、人事、市场、法规等方面的知识和实际运用。

8. 创业实践团队成员数量不限。鼓励不同专业、不同年级、不同背景的学生组成创业实践团队，创新实践团队应确定1名项目负责人。创业实践按团队视其规模的发展情况，可以有计划地吸纳不同层次、不同背景的学生参加创业实践项目，但需明确每名成员在项目中的具体分工。

9. 创业实践项目立项要适当，目标内容要清晰明确，技术或商业模式要有所创新，团队中每一位成员均能在其中充当重要角色并发挥作用。

10. 参加创业实践项目的学生在不影响本专业学习的前提下，充分规划和管理项目的执行时间，确因创业需要而与学业时间冲突时，学生可申请办理休学手续全力投入创业实践中。

11. 不鼓励"摆地摊""小批发"或"倒买倒卖"式的纯粹以营利为唯一目的，在技术或商业模式上没有任何创新的创业实践项目。

12. 通过创业实践项目的实施，学生应初步具备创业所必需的领导力、全球化的眼光、敏锐的市场意识、务实踏实的作风、锲而不舍的精神、组织运作能力和为人处事的技巧，以及商业谈判技巧、市场评估与预测、启动资金募集方式等。

13. 通过创业实践项目的实施，学生应注重个体与团队工作能力的有效提升，明确创业团体中个人角色的定位，组织协调在共同创业目标下的分工、协作与配合的关系，并在团队内部懂得相互理解和尊重。

14. 通过创新实践项目的实施，学生应注重自主、自信、勤奋、坚毅、果敢、诚信等品格与创业精神的培养和锻炼，掌握科技开发及市场开拓的方法和手段，提高分析问题与解决问题的能力。

15. 通过创业实践项目的实施，学生需注重锻炼务实作风和承受能力，具备努力克服困难和积极承担责任的态度，具备市场预测和决策的能力，具备处理风险与不确定性的能力，具备心理承受力和抗压力。

16. 参加创业实践项目的学生，在立题、开题、检查、考核、结题、延期等过程环节，应遵守相关管理规程，管理规程的内容可包括"大学生创业实践项目申请书""大学生创业实践项目合同书""大学生创业实践项目中期检查书""大学生创业实践项目结题报告书""大学生创业实践项目延期结题申请书"等。

17. 国家级大学生创业实践项目的过程管理，本着"目标须明确、要素应全面、过程可审核"的原则，参照此范式进行。

18. 创业实践项目学生工作未尽事项，由教育部高等教育司理工处、教育部大学生创新创业训练计划专家工作组负责说明和解释。

4.2.4 全国大学生创新创业年会规程

一、目的及召开时间

第一条 全国大学生创新创业年会(以下简称年会)旨在给参与国家级大学生创新创业训练计划(含国家级大学生创新实验计划,下同)的学生搭建学术交流和成果展示平台,促进参与计划高校和地方教育行政部门交流创新创业教育指导和教育管理经验。

第二条 年会每年召开一次,原则上选择在秋季的某个周末举行,星期五报到,会期为星期六全天、星期天上午,共1.5天。

二、参会人员及承办单位

第三条 年会的参会人员如下。

(一)学生代表。学术论文或展示项目入选年会交流者,每份作品选派1名学生代表参会。

(二)高校教师代表。有学术论文或项目入选年会交流的高校,每校可选派不超过2名教师代表参会,教师代表可以是学校创新创业训练计划行政管理人员或项目指导教师;既没有学术论文也没有项目入选年会的高校经向会议承办单位申请并经同意,可选派不超过1名的教师代表参会。

(三)地方教育行政部门代表。各省、自治区、直辖市教育厅(教委)、新疆生产建设兵团教育局可选派负责创新创业训练计划管理工作的1名代表参会。

(四)地方科技行政部门代表。对年会相关项目感兴趣的省、自治区、直辖市科技厅(委)可选派1名代表参会。

(五)创投机构代表。各省、自治区、直辖市科技厅(委)可根据本地需求,经向会议承办单位申请并经同意,可组织创投机构代表参加相关活动,洽谈合作事宜。

(六)其他人员。国家级大学生创新创业训练计划专家工作组成员、秘书单位人员、特邀专家、知名企业家等。

第四条 年会由参与国家级大学生创新创业训练计划的高校或地方教育行政部门承办。

有意承办年会的高校或地方教育行政部门应在每年6月30号前向秘书单位提出下一年承办年会的申请,经"本科教学工程"国家级大学生创新创业训练计划专家工作组讨论决定,于当年年会期间公布下届年会的承办单位。

承办单位负责办理年会各项具体事务,为年会举行提供各项必要条件。

三、议程与内容

第五条 年会的主要议程包括开幕式、大学生创新学术论坛、大学生创新创业项目展示、高校创新创业训练计划工作研讨会、地方教育主管部门创新创业计划工作研讨会、大学生创业类项目推介会、大学生联欢晚会、闭幕式等。

第六条 大学生创新学术论坛的主要内容为:遴选参加国家级大学生创新创业训练计划中创新训练项目的学生论文进行学术交流。

第七条 大学生创新创业项目展示的主要内容为:遴选大学生创新创业训练计划中创新训练项目、创业训练项目和创业实践项目的成果,以展板和实物作品演示的形式进行项目交流。

第八条　高校创新创业训练计划工作研讨会的主要内容为：各相关高校研讨和交流创新创业训练计划项目的指导和管理经验。

第九条　地方教育主管部门创新创业计划工作研讨会的主要内容为：参会的地方教育主管部门代表研讨和交流各省、区、直辖市推进地方高校实施创新创业训练计划的工作经验。

第十条　大学生创业类项目推介会的主要内容为：遴选国家级大学生创新创业训练计划中的创业训练项目和创业实践项目进行展示，由年会组织机构邀请有关专家和知名企业家点评并向社会推介。

第十一条　大学生联欢晚会的主要内容为：以承办学校为主，参会高校推荐节目穿插其中，举办文艺晚会。

第十二条　年会开幕式的主要内容为：宣布大会开始并介绍会议内容；致欢迎词；宣布年会活动正式启动，等等。

闭幕式的主要内容为：在分组学术论坛的基础上，选择5名学生代表发言，每篇论文报告时间不超过5分钟；各组专家代表进行总结，每组发言时间不超过5分钟；特邀专家、企业家代表发言；揭晓"我最喜爱的十佳项目"和"十佳优秀论文"评选结果，并颁发证书；本届年会承办单位与下届年会承办单位负责人交接会旗；年会闭幕。

四、学术论坛与论文遴选

第十三条　在年会期间组织学术论坛，由被遴选的学生代表宣读学术论文，进行创新创业学术交流。学术论坛按学科分为五组，在五个分会场同时进行。分会场由学生主持，主持人从年会学生代表中产生。

每篇论文报告交流时间为15分钟，其中论文作者报告10分钟，参会代表讨论3分钟，专家讲评2分钟。

每个分会场安排三位或五位专家对报告进行点评，并负责在其参加的讨论组中选出2篇优秀论文推荐给年会组织机构，由年会组织机构在闭幕式上颁发优秀论文证书，在2篇优秀论文中推选1篇参加闭幕式大会报告。

第十四条　高校向年会推荐的论文应按学术论文的格式规范写作，内容应体现国家级大学生创新创业训练计划"兴趣驱动、自主实践、重在过程"的原则，主要反映项目学术研究情况（包括研究目的、方法、主要观点及结论等），可以是已经在正式出版物上发表过且标明了获得国家级大学生创新创业训练计划项目资助的论文。

学术论文应包括标题、中英文摘要及关键词、正文、参考文献等部分。每篇学术论文不超过3 000字（含图表）、不超过3个A4页面。

中央部委所属高校（含部队院校和新疆生产建设兵团所属院校），每校推荐学术论文不超过3篇，各省级教育管理部门推荐地方高校学术论文平均每校不超过1篇，论文文件名为："学校校名－lw编号（论文的序号，1，2或3）－名称"。

推荐单位应对论文严格把关，做好推荐论文的查重查新工作，确保推荐论文无抄袭、作假现象，作者文责自负。各校推荐的学术论文应分别来源于不同的项目组。

年会组织机构将组织专家对各校推荐的学术论文进行审阅，遴选出约90篇学术论文，编辑出版论文集。

每篇入选论文必须选派一名该论文的作者参加年会并参加大学生学术年会分组报告。

五、项目展示与项目遴选

第十五条 在年会期间被遴选项目进行展示。项目展示以展板展示为主,可同步进行实物展示。

第十六条 每块展板展示1个项目,内容应体现国家级大学生创新创业训练计划"兴趣驱动、自主实践、重在过程"的原则,包括国家级大学生创新创业训练计划项目简介、创新点及项目阶段性成果。

展板应包含如下信息:

(一)项目名称及项目编号;

(二)项目简介(不超过200字);

(三)图片(含图表)2~3张(须有图注);

(四)创新点描述(不超过100字);

(五)项目成员信息,包括姓名、年级、专业、学院等;

(六)项目指导教师信息,包括姓名、职称、研究方向等;

(七)立项时间;

(八)其他信息,包括学校的校徽和校名专用字体(JPG格式)等。

第十七条 中央部委所属高校(含部队院校和新疆生产建设兵团所属院校),每校推荐展示项目不超过3个,各省级教育管理部门推荐地方高校展示项目平均每校不超过1个。被推荐的高校应按要求将展板文件发送给年会组织机构,展板文件名为:"学校校名－zb编号(展板的序号,1、2或3)－名称"。

欢迎省级教育行政部门提供1~2块展板内容参展。

年会组织机构组织专家对各校推荐的参展项目进行审阅,遴选出约120个项目,年会组织机构通知有项目获选的高校另行提交符合规范的展板信息,由承办单位统一制作展板。

入选展示的项目,在年会期间集中展出。由全体参会学生代表每人1票,投票评选出"我最喜爱的10个项目",由年会组织机构在闭幕式上颁发证书。

六、杂则

第十八条 经向教育部高等教育司、"本科教学工程"国家级大学生创新创业训练计划专家工作组征询意见并获同意,年会承办单位可根据实际情况适当调整本规程规定的年会议程。

第十九条 本规程由教育部高等教育司、"本科教学工程"国家级大学生创新创业训练计划专家工作组负责解释,自2012年年会开始实施。

全国大学生创新创业年会作品评审标准

一、评价指标

1.学术论文

评审项目		权重	评审内容
1.选题		15%	选题有理论意义和实际应用价值。
2.规范性	结构	15%	条理清晰,层次分明;结构严谨,逻辑性强;文字通顺,图文规范
	内容	25%	思路清晰,论点明确,论据充分;方法新颖、恰当;实验方案合理,数据科学完整;对问题有独到的分析和见解;查阅了一定数量文献资料,对有关问题的研究状况有很好的了解
3.创新性		30%	是否在某一学科领域有新发现、新观点,或对解决实际问题有新方法、新途径
4.研究价值		15%	对专业技术问题和社会发展问题有重大改进和政策建议;有较明显的学术价值、技术价值、经济价值

2.展板项目

评审项目	权重	评审内容
1.选题	10%	选题有理论意义和实际应用价值;紧扣学科理论热点,具有前瞻性
2.自主性	10%	团队成员分工合理,自主设计研究方案,研究思路,完成实验、解决实际问题
3.创新性	30%	学生创新性思维,自主学习能力,实践能力,团队合作能力和科研方法等素质的培养成效显著
4.过程完整性	20%	研究立题、报告、数据及资料完整;研究设计、实施过程完整
5.成果	20%	有明显的成果形式:论文、实物、软件、服务平台等;有其他参赛获奖等;对专业技术问题和社会发展问题有重大改进和政策建议;有较强实用价值
6.展示效果	10%	展板主题突出,内容简洁,图文规范效果好

二、评分标准

评分标准:优秀85~100分;良好70~85分;一般55~70分;差0~55分。

4.3 历年情况介绍

为便于电子信息类学生了解历年大学生创新创业训练计划项目的开展情况,这里给出了电子与信息工程学院、计算机科学与技术学院和电气工程及自动化学院自2016年开始的大学生创新创业训练计划获奖项目介绍,这些项目信息可以为项目选题提供参考(表4.1~4.5)。

表 4.1　2016 年大学生创新创业训练计划获奖项目摘录

序号	项目名称	项目负责人		指导教师	
		姓名	院系	姓名	院系
一等奖					
1	基于图像避障的自主飞行四旋翼飞行器	崔健	电信学院	杨强	电信学院
2	基于 ZigBee 和 WiFi 模块的多功能机器人	潘光华	电信学院	何胜阳	电信学院
3	基于 ZigBee 的智能小车网络控制管理系统	徐旺	电信学院	何胜阳	电信学院
4	旋转时钟的设计与实现	赵京元	电信学院	尹振东	电信学院
5	一种多终端,多媒体,多功能的四旋翼设计	刘建伟	电气学院	王明彦	电气学院
6	智能循迹平衡小车设计	高京哲	电气学院	齐明	电气学院
7	基于视觉的智能跟随避障小车	马珩博	电气学院	王猛	电气学院
二等奖					
8	基于 ARM 平台的视频采集系统设计	金怡韬	电信学院	李卓明	电信学院
9	基于 LBS 的便携式定位系统	蒋子宇	电信学院	高玉龙	电信学院
10	基于 GPS 的自行车防盗系统	宋维斌	电信学院	梅林	电信学院
11	简单立体声和基于 HRTF 的人头录音模拟	黄金伟	电信学院	杨文超	电信学院
12	基于蓝牙 4.0 的智能电子寻物器	陈幸	电信学院	何胜阳	电信学院
13	用于隐身目标的频率选择表面分析与设计	陈建中	电信学院	索莹	电信学院
14	无人驾驶智能小车	黎衡	电信学院	李杨	电信学院
15	大学生励志演讲项目实践	刘锦颖	电信学院	郭丹	电信学院
16	哈尔滨停车服务资讯网的开发与推广	石际	电信学院	高玉龙	电信学院
17	便携式数字旋转显示器	鲜鹏飞	电气学院	许永辉	电气学院
18	手持式电磁超声探伤仪	赵辉	电气学院	翟国富	电气学院
19	3D 巧克力打印机	段承旸	电气学院	郭犇	电气学院
20	基于 BASYS3 的智能监控机器人设计	单祖植	电气学院	廉玉欣	电气学院
21	太阳能路灯的设计	李环宇	电气学院	王猛	电气学院
22	锂电池组管理系统	高彦	电气学院	吴建强	电气学院
23	交互式智能停车场	刘君宇	电气学院	王猛	电气学院
24	基于 O2O 的移动家教平台	周奕飞	计算机科学与技术学院	吴晋	计算机学院

表 4.2 2017 年大学生创新创业训练计划获奖项目摘录

序号	项目名称	项目负责人		指导教师	
		姓名	院系	姓名	院系
一等奖					
1	飞网	崔业璞	电信学院	邱景辉	电信学院
2	多功能手势识别手套	李少聪	电信学院	杨柱天	电信学院
3	Smart Glove	许振华	电信学院	何胜阳	电信学院
4	基于物联网的智能农业系统一体化模拟平台	马爱丽	电信学院	郑黎明	电信学院
5	多功能智能车	郭友良	电信学院	张钧萍	电信学院
6	双轮互动控制小车	张世泽	电信学院	杨柱天	电信学院
7	磁致伸缩扭转导波管道缺陷检测仪	李展鹏	电气学院	王淑娟	电气学院
8	基于 BASYS3 FPGA 的智能家居机器人的设计	常学鹏	电气学院	廉玉欣	电气学院
9	太阳能路灯设计	李俊驰	电气学院	王猛	电气学院
10	大图社区发现	王春楠	计算机学院	王宏志	计算机学院
二等奖					
11	小黄人大眼萌——实时单目轨迹还原系统	程迪	电信学院	何胜阳	电信学院
12	Magic Light	朱洪涛	电信学院	何胜阳	电信学院
13	基于虚拟现实及双目视觉技术的第一人称沉浸式新型无人机驾驶方案	潘光华	电信学院	何胜阳	电信学院
14	智能百叶窗	阎菩提	电信学院	张腊梅	电信学院
15	Voice－controlled Clock	冯振远	电信学院	何胜阳	电信学院
16	基于 ARM 的智能车位查询预定系统	由俊威	电信学院	杨强	电信学院
17	Smart Window	苏醒	电信学院	何胜阳	电信学院
18	智能窗帘	卢子睿	电信学院	叶亮	电信学院
19	WiFi 视频传输小车	刘家坤	电信学院	何胜阳	电信学院
20	滚动闹钟	刘瀚尹	电信学院	高建军	电信学院
21	Ipltter	岳迁益	电信学院	何胜阳	电信学院
22	家庭型智能用电管理系统设计	李立东	电气学院	李中伟	电气学院
23	智能环境探测小车	丁敬宇	电气学院	廉玉欣	电气学院
24	循迹小车设计与研究	杨月莹	电气学院	刘东梅	电气学院
25	基于信号自动识别的智能跟随小车设计	陈巍	电气学院	王猛	电气学院

第4章 大学生创新创业训练计划

表4.3 2018年大学生创新创业训练计划获奖项目摘录

序号	项目名称	项目负责人		指导教师	
		姓名	院系	姓名	院系
一等奖					
1	Cube智慧机器人	王涛	电信学院	何晨光	电信学院
2	My Map	林迪斯	电信学院	何胜阳	电信学院
3	基于单片机控制的音频分析记录器	王孟	电信学院	吴少川	电信学院
4	基于Unity的游戏开发	向润梓	电信学院	卢鑫	电信学院
5	脑电波协控的勘察车	王禹辰	电信学院	吴宣利	电信学院
6	懒人鱼缸	马毅博	电信学院	何胜阳	电信学院
7	Spider－car	李鹏	电信学院	何胜阳	电信学院
8	无人船控制与开发	杨圣雄	电信学院	谷延锋	电信学院
9	面向VR应用及游戏的开发分享平台搭建	刘昊宇	计算机学院	涂志莹	计算机学院
10	多功能智能小车	徐浩然	电气学院	王猛	电气学院
11	基于UWB定位的图书分拣系统	李萱	电信学院	何胜阳	电信学院
12	手势翻页"笔"	朱盛钰	电信学院	兰盛昌	电信学院
13	智能博弈精灵	张康	电信学院	兰盛昌	电信学院
14	QUIK图书馆征信系统	李继卿	电信学院	郑黎明	电信学院
15	小白——生活助手	倪嘉昊	电信学院	李卓明	电信学院
16	夜晚守护灯	张永铭	电信学院	高玉龙	电信学院
17	Mgrow智能花盆	苏锐	电信学院	李鸿志	电信学院
18	手势识别智能交互系统	张力	电信学院	迟永钢	电信学院
19	虚拟键盘	王浚昆	电信学院	张文彬	电信学院
20	智能太阳能小车的设计	田昊宇	电工电子	王猛	电工电子
21	面向社交网络的扩展影响最大化模型后的算法设计	张宁	计算机学院	王宏志	计算机学院
二等奖					
22	基于中国传统博弈游戏的人机互动设备	逄博	电信学院	何胜阳	电信学院
23	E－Ants"蚁"式集群智能小车	卜杰	电信学院	何胜阳	电信学院
24	智能宠物养殖系统	张翔	电信学院	梅林	电信学院
25	人机象棋对战系统	袁帅	电信学院	郑黎明	电信学院
26	智能室内清洁器	李天帅	电信学院	何胜阳	电信学院

续表4.3

序号	项目名称	项目负责人		指导教师	
		姓名	院系	姓名	院系
27	激光等离子影像投射发生器	李永庆	电信学院	宫德维	电信学院
28	遥控锁	张大庆	电信学院	韩帅	电信学院
29	工大 Guide	陈军	电信学院	高玉龙	电信学院
30	基于 CC2530 单片机的智能家居	王屹	电信学院	白旭	电信学院
31	智能密码箱	王凯	电信学院	吴宣利	电信学院
32	智能换风系统	张君秋	电信学院	毛兴鹏	电信学院
33	具有误差校正功能的摄像机目标截获装置	郭兴宇	电信学院	周共健	电信学院
34	G—touch	高天立	电信学院	谷延锋	电信学院
35	秸秆餐具	袁靖昊	电信学院	赵雅琴	电信学院
36	Bee—Car	付彦源	电信学院	何胜阳	电信学院
37	基于单片机的智能衣柜	郎修璞	电信学院	吴宣利	电信学院
38	基于无人机平台的输电线路巡检系统	李楚翘	电气学院	李彬彬	电气学院
39	基于互联网的多网络接口的虚拟仪器	王跃	电气学院	李琰	电气学院
40	现代智能农业系统	郎杰文	电气学院	王猛	电气学院
41	基于视觉的智能循迹汽车的实现	王琪	电气学院	屈桢深	电气学院
42	"卷帘"大将	萧键航	电信学院	张云	电信学院
43	雾霾地图	张庭碧	电信学院	郭庆	电信学院
44	手语精灵	孙德华	电信学院	刘春刚	电信学院
45	基于 STM32 的智能书桌	孙仕礼	电信学院	张佳岩	电信学院
46	使者手杖—基于超声波的导盲手杖	冯柏珲	电信学院	徐志伟	电信学院
47	魔镜	蒋一凡	电信学院	林澍	电信学院
48	多功能加湿器	廖奕泽	电信学院	李鸿志	电信学院
49	"掌控"	楚博文	电信学院	高玉龙	电信学院
50	课堂盒子	郭应鸿	电信学院	刘春刚	电信学院
51	智能行李箱	孔德宇	电信学院	郭庆	电信学院
52	Smart Parking 智能车牌识别停车系统	袁国程	电信学院	李鸿志	电信学院
53	基于物联网的远程葫芦丝教学	孙蕊蕊	电信学院	尹振东	电信学院
54	智能垃圾分类系统	岳书臣	电信学院	何胜阳	电信学院

续表4.3

序号	项目名称	项目负责人		指导教师	
		姓名	院系	姓名	院系
55	Kit Helper基于物联网技术的智能药箱关护系统	陈博文	电信学院	吴芝路	电信学院
56	Ilight	赵烜靖	电信学院	赵彬	电信学院
57	智能灌溉系统	陈天宇	电信学院	白旭	电信学院
58	集中式防遗失贴片	金泽	电信学院	孟繁义	电信学院
59	基于机器视觉的航空电连接器插针检测装置的设计	王丙泉	电气学院	王军	电气学院
60	四旋翼无人机稻田成熟度识别系统	陶轶欧	电气学院	叶东	电气学院
61	基于空气波治疗方法的便携式按摩器	洪源铎	电气学院	高会军	电气学院
62	输液自动监护系统的设计	何育斌	电气学院	原桂彬	电气学院
63	基于STM32单片机的智能家居安防系统设计	孙广雷	电气学院	王猛	电气学院
64	邻书（区域化书籍交易平台）	余米	计算机学院	王忠杰	计算机学院

表4.4 2019年大学生创新创业训练计划获奖项目摘录

序号	项目名称	项目负责人		指导教师	
		姓名	院系	姓名	院系
	一等奖				
1	Noveltor-智慧农产培养系统	陈功	电信学院	张佳岩	电信学院
2	教室管家	吴文华	电信学院	李高鹏	电信学院
3	光立方全息影像技术创新	魏天成	电信学院	马永奎	电信学院
4	呼神护卫-智能驾驶守护系统	李冰清	电信学院	吴少川	电信学院
5	NovelCart智能物联购物车	谭笑	电信学院	刘金龙	电信学院
6	脑电波的采集及分析	李喆一	电信学院	李杨	电信学院
7	i-Class System	王怡格	电信学院	李鸿志	电信学院
8	紧凑型毫米波成像人体安检仪的准光路设计与探测实验	王碧芬	电信学院	王楠楠	电信学院
9	多功能光立方	张宇聪	电信学院	吴小川	电信学院
10	共享储物柜	任杰	电信学院	尹振东	电信学院
11	基于kinect的智能接物机器人	王宏涛	电信学院	李伟	电信学院
12	智能翻书器	黄声显	电信学院	朱兵	电信学院
13	基于4G网络的太阳能遥控快递柜	朱吉宏	电气学院	王猛	电气学院

续表4.4

序号	项目名称	项目负责人		指导教师	
		姓名	院系	姓名	院系
14	基于深度学习的无人机视觉定位技术	习新乐	电气学院	朱敏	电气学院
15	基于K66单片机的多旋翼抓取控制系统及视觉识别辅助系统设计	冯杰	电气学院	王宝超	电气学院
16	星球探索者	张春博	计算机学院	聂兰顺	计算机学院
17	基于深度学习的智能会议解决方案	董彦辰	计算机学院	刘绍辉	计算机学院
18	VR多人对抗游戏研发	潘珩	计算机学院	袁永峰	计算机学院
二等奖					
19	"第三只眼"辅助实时考勤系统	张弓	电信学院	耿钧	电信学院
20	IFind—智慧菜篮	张立遥	电信学院	何胜阳	电信学院
21	Light Dancer	张一博	电信学院	李红梅	电信学院
22	light?life水族箱	亢嘉斌	电信学院	兰盛昌	电信学院
23	简易数据识别手套	卢俊宏	电信学院	马永奎	电信学院
24	鹰眼——自动识别活动目标身份	曹国宁	电信学院	王振永	电信学院
25	iBright—智能灯	张博	电信学院	石硕	电信学院
26	菜鸟台球	赵炜	电信学院	张佳岩	电信学院
27	深水精灵	付鹏	电信学院	吴玮	电信学院
28	智能安防系统	任敬之	电信学院	李鸿志	电信学院
29	"Air—Mouse"	杨明睿	电信学院	于启月	电信学院
30	音乐光立方	董天行	电信学院	董英凝	电信学院
31	多功能门禁系统	尚辰	电信学院	吴小川	电信学院
32	面面俱到	王旭峰	电信学院	姜义成	电信学院
33	台灯管家	张佳音	电信学院	高建军	电信学院
34	基于51单片机的防火防盗系统	王译楼	电信学院	刘金龙	电信学院
35	寻迹精灵(基于单片机的智能追踪系统)	马超	电信学院	孟繁义	电信学院
36	基于单片机的智能家居环境监测控制系统	张晶迪	电信学院	梅林	电信学院
37	基于EEG脑电图仪器的浏览器	杨泽宇	电信学院	史军	电信学院
38	Barbot智能调酒机器人	马子豪	电信学院	李鸿志	电信学院
39	便携"手写机"	孙玮辰	电信学院	李卓明	电信学院

续表4.4

序号	项目名称	项目负责人		指导教师	
		姓名	院系	姓名	院系
40	基于重力传感器的路面平整度测量系统	陈霁月	电信学院	杨强	电信学院
41	USB Shield	董昊	电信学院	毛兴鹏	电信学院
42	基于电磁超声的管道厚度机器人检测系统	钱孜洋	电气学院	王淑娟	电气学院
43	基于Arduino的智能鱼缸系统的设计与实现	施震宇	电气学院	李琰	电气学院
44	无线充电小车的设计与制作	白炀	电气学院	王猛	电气学院
45	基于无人机的高层建筑智能定位检测	康凯	电气学院	朱敏	电气学院
46	微型原位拉伸实验系统	陈奎宇	电气学院	任万滨	电气学院
47	基于电磁感应的自动驾驶小车的设计	甘霖	电气学院	杨明	电气学院
48	点滴报警器的研制	张伟琦	电气学院	原桂彬	电气学院
49	基于自然语言处理的教育大数据智能检索	张百强	计算机学院	王宏志	计算机学院
50	能批改作业的多功能虚拟助教	文恬静	计算机学院	刘绍辉	计算机学院
51	Will—Chair	吕悦	计算机学院	李玉庆	计算机学院
52	川贝母智能栽培方法研究	郑南燕	计算机学院	吴锐	计算机学院
53	基于深度强化学习的多知识库智能问答系统	刘士荣	计算机学院	王宏志	计算机学院

表4.5 2020年大学生创新创业训练计划获奖项目摘录

序号	项目名称	项目负责人		指导教师	
		姓名	院系	姓名	院系
	一等奖				
1	ISCS——智慧超级分类系统	赵伟	电信学院	李鸿志	电信学院
2	室内智能运输系统	朱才俊	电信学院	吴宣利	电信学院
3	乒乓"陪"训机	刘禹锋	电信学院	李鸿志	电信学院
4	非接触式智能操控系统	赵倩玟	电信学院	尹振东	电信学院
5	基于手势识别的投影交互系统	姜昕卓	电信学院	白旭	电信学院
6	自动跟随承重车	孟哲	电信学院	吴玮	电信学院
7	基于物联网的无人物流仓储自助服务机器人	韩彦泽	电信学院	李鸿志	电信学院

续表4.8

序号	项目名称	项目负责人		指导教师	
		姓名	院系	姓名	院系
二等奖					
8	基于人脸识别技术的储物系统	宋雨晴	电信学院	高玉龙	电信学院
9	云·点滴	周威	电信学院	李鸿志	电信学院
10	交互式自主存放箱	谢君	电信学院	白旭	电信学院
11	基于可见光的身份认证系统	马宇辰	电信学院	沙学军	电信学院
12	智能温控抄表及其数据处理体系	杨辰瑞	电信学院	李鸿志	电信学院
13	C语言学习软件平台的开发	白昌晋	电信学院	苏雁泳	电信学院
14	智能预警灭火系统	薛乐	电信学院	李鸿志	电信学院
15	呼吸寝室	李溯瀛	电信学院	李鸿志	电信学院
16	智慧育婴助手	郑佟姣	电信学院	李鸿志	电信学院
17	基于STM32单片机智能盲杖的设计	黄儒惟	电信学院	刘冰	电信学院
18	寝室安全实时监控与云端管理系统	武学栋	电信学院	高玉龙	电信学院
19	多功能智能猫砂盆	伍志能	电信学院	何胜阳	电信学院
20	手势控制智能车	李文隆	电信学院	吴宣利	电信学院
21	黑鹤急救助手	郭承钰	电信学院	张云	电信学院
22	生鲜自提柜	卢冠莹	电信学院	倪洁	电信学院
23	模块化多轴无人机	艾孜买提·艾尔肯	电信学院	刘大同	电信学院

第 5 章 组建大学生科技创新团队

学生科技创新活动是以培养学生的科技创新精神和提高创新能力为目标,以创新型项目为载体,以学生自主学习和教师指导相结合的科研实践活动。随着我国高等教育教学改革的深入发展,借助参与科技创新活动培养学生创新实践能力已成为大学教育的重要目标。

显而易见,大学生科技创新活动所涉及的不仅只有个人,还需要同学的协助和专业教师的指导,是团队合作的结果。因此,参与大学生科技创新活动需要注重学生团队的建设,寻找合适的队友和负责任的指导教师。大学生科技创新活动的成效如何,取决于所有团队成员合力的大小。因此,打造好相关学生团队就成为做好该项工作的重要基础性内容,更是不容忽视的内容。本章将在阐明培养大学生团队精神意义的基础上,重点探讨大学生在组建科技创新团队过程中的方法、途径及应注意的问题。

5.1 学生团队

构建大学生科技创新团队,让大学生参与科技创新活动,团队成员通过共同完成学习任务,共同研究解决科学问题,共同形成学习和科研成果,为实现团队目标而相互负责、彼此依赖已经成为大学生"发现"知识、解决问题和高效学习的一个重要途径,对大学生创新意识、创新思维和创新精神以及团队协作精神进行系统的培养,拓宽他们对不同学科领域的了解,训练创新思维和实践能力,有重要的意义。

世界上有三种团队,分别为大雁团队、野牛团队和螃蟹团队。大雁团队是指大雁在飞行时都本能地呈"人"字型飞行,前面的大雁在飞行过程中为后面的大雁创造有利的上升气流,结果整个团队的飞行效率提升了70%。野牛团队是指野牛个个身强力壮,但没有集体意识,各自为政,所以不是身体弱小几十倍的狼的对手。螃蟹团队是指当一群螃蟹被抓到竹篓里后,其中有一只奋力往上爬,其他几只就拼命拉后腿,结果是谁也上不去。

大雁团队的特点是靠着团结协作精神,才使得候鸟凌空翱翔,完成长途迁徙。野牛团队的特点是突出个人能力带动团队发展,王强则强,王弱则弱。野牛团队的弱点在于限制了团队成员间的协同配合,忽略了整个队伍的力量,当王者战败时,团队也就失败,这是不可取的。螃蟹团队的特点是我没得好,你也别想好,结果是整个团队的绩效下降。另外,螃蟹团队毫无感恩可言,相互拖后腿,相互提防甚至相互憎恶,于是冤冤相报,最终一事无成。没有经过改良和提升的团队大多属于野牛团队、螃蟹团队这两种,只是表现的程度有所不同。野牛团队和螃蟹团队对团队整体的发展危害最大,一旦出现此种团队,队长应该考虑团队的重构。

目前,这三种团队在大学生科技创新团队中都存在,大雁团队通过团结协作获得了最大化成果,是最理想的大学生科技创新团队。但是,在大学科技创新团队中野牛团队和螃蟹团队也不在少数,这其中主要的原因就是团队成员之间是否可以通力合作,一起为达成团队目标努力。

5.1.1 大学生科技创新团队的分类

首先,大学生科技创新能力团队培养的主要包括以下四种组建模式。

(1)科技创新项目团队。这种组建模式是由几名志同道合、兴趣一样的大学生组成的,共同点就是对进行的科研项目都有相同的兴趣,组成小组一起完成某个具体的科技创新项目。科技创新项目团队一般会通过参与创新创业立项、科技知识讲座、竞赛等,提升团队成员的科技创新精神。

(2)科技创新社团团队。这种模式是很多大学常见的组织形式,社团成员没有任何限制,只要按照规则自愿参加就行,这种科技创新社团模式主要通过开展各种社团活动,来提升大学生的创新意识,提高综合素质能力。

(3)科技创新竞赛团队。这种模式是由于要参加某个竞赛活动而组建的团队形式,如数学建模、机器人大赛、电子设计竞赛等,通过让学生积极参与竞赛的形式来激发学生的挑战意识,从而提升创新意识,激发他们对科技的热情。

(4)大学生创业团队。这种模式的成员除了在校大学生以外还有很多是毕业生,为解决大学生毕业后找工作难的情况而产生的模式。通过创业团队模式,让大学生了解到创业的情况,帮助他们累计创业经验,让大学生在今后能够将知识创新运用,为社会做贡献。

5.1.2 学生团队的构成要素

学生团队是由队员和队长组成的共同体,它合理利用团队中每一个成员的知识和技能协同工作,解决问题,达到基于项目学习的共同目标。学生团队有以下五个重要的构成要素(5P)。

1. 目标(Purpose)

学生团队应该有一个既定的目标,为团队成员导航,知道要向何处去,没有目标这个团队就没有存在的价值。一般来说,团队目标可以是完成一个项目,参加一个竞赛等。

2. 人(People)

人是构成团队最核心的力量。3个或3个以上的学生就可以构成学生团队。目标是通过人员具体实现的,所以人员的选择是团队中非常重要的一个部分。在一个团队中可能需要有人出主意,有人定计划,有人实施,有人协调不同的人一起去工作,还有人去监督团队工作的进展,评价团队最终的贡献。不同的人通过分工来共同完成团队的目标,在人员选择方面要考虑人员的能力如何,技能是否互补,人员的经验如何。

3. 团队的定位(Place)

团队的定位包含两层意思:团队的整体定位,团队所处的位置,由谁选择和决定团队的成员,团队最终应对谁负责,团队采取什么方式激励下属;团队的个体定位,作为团队的成员在团队中扮演什么角色。

4. 权限(Power)

学生团队当中队长的权利大小跟团队的发展阶段相关,一般来说,团队越成熟领导者所拥有的权利相应越小,在团队发展的初期阶段领导权是相对比较集中。

5. 计划(Plan)

计划的两层面含义如下。

(1)目标最终的实现,需要一系列具体的行动方案,可以把计划理解成目标的具体工作的程序。

(2)提前按计划进行可以保证团队的顺利进度。只有在有计划的操作下,团队才会一步一步地贴近目标,从而最终实现目标。

5.1.3 一个优秀的学生团队应具备哪些基本要素

在专业化分工越来越细的今天,每个人都会有自己的专长,同时也会有自己的局限和盲区,这更要求集合团队的智慧和力量。单枪匹马打天下的个人英雄主义时代一去不复返了,一个人的战争,终将是无法取胜的。

有效的工作团队如同一支成功的足球队,全体队员要各就其位,各司其职,同时更要密切配合,才能发挥出整体效能。

具体来说,优秀的团队表现出什么样的特质?相关机构在兰德、麦肯锡公司等优秀研究成果的基础上,总结出优秀团队所具备的五个基本要素。

第一要素:团队成员有共同的目标,即团队成员有一致的目的,大家认同组织的目标,并且建立强烈的使命感,同时能将长远的目标转化为短期的业绩目标。

第二要素:团队成员之间要有互补的技能,即团队成员中的每一种技能都是为完成团队的目标所必需的能互济余缺的技能,它可分为技术性或职能性的专家意见、解决问题的技能和决策技能、人际关系的技能等三类。

第三要素:团队成员要能相互承担责任,所谓的相互承担责任是团队成员对自己和他人作出的严肃承诺,包括责任和信任。

第四要素:团队要有共同工作方法,其核心在于,在工作的各个具体方面如何能把个人的技能与提高团队业绩联系起来,拧成一股劲,推动工作问题解决,包括通过互相的合作达成彼此的了解和包容,建立统一的工作原则以及流程、制度等。

第五要素:团队的成员为数不多,也就是说,团队的构成不是一个大杂烩,而是精干的少数人,如公司的经营管理班子可能不到10个人。

5.1.4 组建学生科技创新团队

基于项目学习以"团队"为基本组织形式,强调师生、生生以及该项目活动的所有人员相互合作,形成"学习共同体"。在"学习共同体"中,成员之间密切合作,每位成员共享自己的思维成果,充分交流互动。大一年度项目计划要求项目申请者以项目团队的形式申请项目。团队采用负责人制,人数一般为3~4人。学校鼓励学科交叉融合,鼓励跨院系、跨专业联合申报。每人限主持或参加一个项目,不得在不同项目之间交叉申报。

1. 团结是创新团队之灵魂

一支优秀的创新团队应以团结为核心灵魂,必须能够凝聚思想的和谐氛围和善于形成合力的团队精神,这样不仅能够提高工作效率、增强工作效果,而且能有效缩短磨合时间,便于尽快形成团队合力,不断开拓进取。团结的学术科技创新队员要不计名利、不计分内分外、不计个人得失。任何时候,尤其是攻坚克难的关键时期,都要有凝聚力、向心力和战斗力。相反,一支精神涣散、各自为政的团队不可能在科技创新的探索中披荆斩棘,更不可能取得辉煌耀目的突破性成绩。因此,科技创新团队的组队应以团结为前提。

2. 队长和队员的选拔

队长是组织设计、制作创新作品的核心人物之一,负责谋划全局、细化任务、开展工作、沟通交流等关键环节。因此,队长应具备全局意识、协作意识和领导才能。队长要明确自身任务,在团队指导老师的指导下深刻领会创新作品的核心精神和任务,根据队员特长和创新规律把握进程和要求,确保科技作品质量水平和队员的学习效果。做到队内职责明确、合作融洽,组织全面、工作协调,发现、解决问题及时,沟通交流顺畅。优秀的队长是科技作品取得竞赛良好成绩的重要前提,能促进学术科技创新团队成员的整体水平提高,帮助大家更迅速地适应今后的工作实际。

队员队员的选拔应本着特长均衡、想象力丰富、善于学习的原则。学术科技创新团队特长分配合理是顺利开展科技制作活动的基础。无论是方案确定、作品设计、模型制作、书写材料,还是制作视频、宣传展示、讲解答辩等,每个环节都有队员能起到关键作用,促进了整体水平的提升和作品层次的突破。

项目负责人要为团队明确方向、目标和任务,为每个成员确定职责和角色,在项目规划、时间管理、内外协调等方面发挥引领作用。项目团队全体成员要努力建设相互信任、互助合作、积极参与、相互激励、自我管理的团队精神。

团队协作是项目学习的重要特征,当然协作可以有不同的形式。学生可以自己组建团队,也可以在辅导员、班级导师的指导下组建团队。而且随着项目的进展,学生的分组状况也可以发生改变。选择合适的分组方式也是项目计划和管理的一部分内容。

在具体的项目活动中,如何分组要考虑组内成员的数量、谁和谁一组、每个小组成员的分工等。不同的项目活动需要不同的分组策略,有的活动最好是由学生单独承担,有的活动则需要学生两个人或分小组。如何分组应该符合具体项目活动的性质和期望达到的学习目标。

在团队建设中,要学会合作,注意"选好"队员,更要选"好队员"。在选队员时,要注重强强联手,不要怕别人抢了自己的风头。"牛"人搭"牛"车,才会更"牛"。

团队学习的一个重要优势在于,可以促使每个人充分发挥自己的潜能,达到创造整体大于部分之和的学习绩效。而培养团队及其每一个成员的反思性学习能力,则更有利于激发学习者深入思考自己的学习历程,提高学习绩效。实事求是地审视团队学习和个体学习过程中成败得失,并系统、客观地作出评价,然后在团队中交流并展开思想碰撞,共享反思成果,是迅速提升团队和个人学习能力的关键所在。

5.1.5 团队运行机制

1. 团队负责人的职责

(1)合理规划工作。科技作品的制作规划应该包括长期规划和近期计划,长期规划要阶段性地把握时间节点和进展程度,确定某一阶段应该完成的具体任务,长期规划是整个团队的努力方向。近期规划要基于长期规划,精确到每天甚至每小时,任务细化到人。合理分配,将任务落实到人,能有效提高效率,避免推诿扯皮和"打酱油"的现象。

(2)做好验收小结。一天或一个阶段的工作结束后,队长须掌握每部分的进展程度,并做好验收工作。同时,必须及时发现过程中出现或存在的各类问题,善于以各种讨论会的形式帮助团队成员掌握整体进展情况,不断明确新任务、分析新问题,使大家在了解全局的情况下有针对性地开展自身工作。尤其是针对各环节的难点问题,及时展开讨论,集思广益,提出有效的解决方案,避免出现长时间的停滞。

(3)坚持请示、汇报。讨论会结束,队长应向指导老师做好汇报及请示工作。首先汇报小组一天的工作进展,尤其说明存在的问题,拿出解决方案与指导老师讨论,确定有针对性地实施方案;然后汇报阶段性成果,即某段时间内小组取得的成果,以及与长期规划间的差距,共同明确下一阶段的工作任务、要求和措施。

(4)沟通协调。在与指导老师做好沟通的同时,队长还必须做好与队员的沟通。每个队员都分工负责具体的专项任务,与其他成员交流有限,队长应成为其间沟通的纽带。队员每天只忙于自己负责的专项任务,久而久之,视野难免会变得狭窄,遇到棘手问题容易出现"卡壳"现象,影响效率。队长要及时发现问题,帮助协调解决。一个合格的队长不仅要让队员精于自己的一小块,还要让他们了解剩下的一大块,这样才能保证每个具体的局部服务于整体,最终形成合力。

2. 团队成员的职责

(1)高效完成任务。团队成员的首要任务就是充分理解作品的核心内容,认清自身工作的地位和作用,在充分的全局观指导下完成自身任务。在科技创新过程中,要多角度、创新性地寻找解决方案。要善于补充所缺知识,努力从各种信息来源中选择最优方案。要虚心与其他队员交流,以便迅速形成合力。

(2)工作积极主动。制作的起步阶段,团队成员普遍缺乏对彼此和作品全局的了解,很难把握作品和竞赛要求,这时要服从指导老师和团队负责人的安排。随着课题研究的不断深入,团队成员在完成自身任务的过程中,还要多思考如何更好地完成任务、任务完成后,自己下一步应做什么,其他队员应该做什么。每名成员都把自己视为队长,站在全局角度思考问题,这样才能更好地明确自己的职责。团队合作的最高境界就是不需要队长,大家依然分工明确,积极主动地服务全局。

(3)彼此善于协作。团队各成员在完成好自身任务的同时,还应该正确处理彼此间的人际关系,保证在任何时候队伍都要保持一种团结向上、和谐共进的态势。不能因为工作不顺向队友发火,也不要因为多做了工作而牢骚满腹。要能够善意地沟通交流和表达思想,能够在各种情况下及时补位,以良好的协作保证科技作品的顺利完成和质量水平。

团队精神体现在团队成员对团队有强烈的归属感与一体感,团队成员之间的关系表现为成员间的相互协作、共为一体,团队成员彼此视对方为"一家人",互敬互重、相互宽容,容纳各自的差异性、独特性。团队成员对团队事务的态度表现为尽心尽力全方位地投入。如果团队成员之间能够进行有效的配合与协作,团队便能够产生整体功能大于各成员相加之和的效果。反之,若团队成员之间相互磨擦掣肘,能量相互抵消,团队则会一事无成。在社会竞争日趋激烈的今天,能否培养出既有渊博知识,又有超强的动手能力,既有独立工作能力,又善于与人合作,具有团队精神、合作精神的新世纪创新型人才,已经成为衡量教育教学工作成绩的标准之一。

构建大学生科技创新团队,大学生参与到团队中,各团队成员为一个共同的目标相互协作,面对困难和挫折时共同进退,在无形中培养了他们的团队合作能力。现代社会需要的各类人才,不仅要具备较高的专业知识和技能,同时还要求必须具备良好的沟通协调能力和良好的团队合作精神,只有在团队合作中才能更好地发挥个人的才智和技能。因此,在校大学生科技创新团队的构建,是培养大学生团队合作能力和迅速适应社会工作的必要手段。

【补充阅读】 哈工大紫丁香学生微纳卫星团队

2019年6月6日,《人民日报》以"哈工大有个九〇后学生微纳卫星研发团队 星空中绽放'紫丁香'"为题,通过文图影音全媒体报道了我校丁香学生微纳卫星团队追逐航天强国梦的奋斗故事。报道全文如下。

夜已深,哈尔滨工业大学的校园内万籁俱寂。几名学生一边走出卫星技术研究所实验室,一边热火朝天地交流着实验结果,笑声划破了宁静的夜。

宿舍楼早已关门上锁。"又是你们几个'小航天',天天熬夜哪儿来的劲头?赶紧睡觉去。"宿管大爷打着哈欠,将他们"放"了进去。

这几名学生,都是紫丁香学生微纳卫星团队成员。他们在做什么?今年2月,一张摄于月球背面、被外媒评价为"最美地月合影"的照片在全球亮相。照片的摄影师叫"龙江二号",它是伴随着嫦娥四号中继星任务发射到月球的一颗微型卫星。卫星的研制者就是这群平均年龄不到24岁的90后大学生,他们在追逐同一个梦——航天强国梦。

团队如一块巨大的吸铁石

紫丁香团队成立于2010年,已累计吸纳了哈工大100多名本硕博学子,来自航空宇航、力学、计算机、通信工程等9个学科。

学生团队在哈工大双星项目中发挥了重要作用。哈工大航天学院党委书记李明江回忆道:"当时,嫦娥四号中继星任务的运载能力有100公斤的余量,国防科工局公开征集,哈工大提交的双星方案最终脱颖而出,两颗卫星在2018年'中国航天日'主场活动中被命名为'龙江一号'和'龙江二号'。"

科研之路从来不是一帆风顺。"龙江二号"星务管理分系统主任设计师邱实同学说:"发射关键期,成员们每天只睡两小时,结果'龙江一号'却失联了。"来不及伤悲,成员们立刻投入"龙江二号"的轨控策略讨论。去年5月25日22时,"龙江二号"顺利进入环月轨道,成为全球首个独立完成地月转移、近月制动、环月飞行的微卫星,哈工大成为世界首个将微小型航天器送入月球轨道的高校。"高强度的实验、不足的睡眠,大家却毫无怨言,这就是梦想的力量。"邱实说。

"龙江二号"上携带的微型相机的设计师,是团队成员、电子与信息工程学院通信工程专业大四学生泰米尔:"相当于把相机放到只有橡皮擦大小的空间里,虽然外界评价不错,但照片颜色、校正等方面还有提升空间。"

1999年出生的黄家和,是目前团队中年龄最小的成员,在"龙江二号"项目中负责卫星数据处理与软件设计。家在广州的他从小就是"航天迷",读高中时偶然得知紫丁香团队,便踏上了几千公里的求学之路。"团队不会论资排辈,尽管我只是一名大二学生,其他成员从不小瞧我。目前团队正在招新,00后即将加入。"黄家和说。

团队对成员个人的规划发展也产生了很大影响。成员张冀鹞是个典型,硕士毕业后先到一家上市公司工作,可1年后又回到团队,继续攻读博士学位。"这里容易上瘾。"张冀鹞说,"团队如同一块巨大的吸铁石,吸引着每一个航天爱好者扑过来,实现自己的梦。"

科研灵感在这里生根发芽

大学生自己动手研制小卫星,还能上天?"当时很多人都觉得是天方夜谭,直到'紫丁香二号'的成功。"航空宇航科学与技术学科博士生韦明川娓娓道来,"紫丁香团队研制卫星始于欧盟发起的QB50项目,该项目于2010年提出,邀请全球高校参与,采用50颗立方体卫星组网。"

2012年5月,团队设计的"紫丁香一号"立方体卫星方案入选QB50项目,卫星质量仅为2 kg,轨道高度约350 km,用于探索人类尚未深入研究的90~300 km低层空间,于2017年从国际空间站释放入轨。2015年,"紫丁香二号"在太原卫星发射中心升空,成为我国首颗由高校学生自主设计、研制与管控的微纳卫星。

今年3月29日,运行两年的"紫丁香一号"圆满完成了使命,而"紫丁香二号"目前仍在轨道上正常工作。"两颗微纳卫星的设计寿命原本只有3~6个月,但它们都非常'能干',超额完成任务。"韦明川笑道。

科研永不止步。最近,少年们正在忙着新的任务——阿斯图微纳卫星的设计与研制。"我们对部件进行了升级,载荷相机的分辨率也更高了,希望它能在明年发射升空。"谈起新项目,韦明川语带兴奋。"创新上没有束缚,还有经费支持。灵光一现的科研点子,在这里得以生根发芽。"张冀鹞也有同感。

"这是一个全校学生都可以参与的广阔平台,已成为我校复合型航天创新人才培养的一张亮丽名片。在这里,师生之间科研资源共享,进行平等的思维碰撞。"哈工大副校长曹喜滨说,"未来还将吸纳留学生、文科生加入,体现学科的交叉与多元。"

强大的祖国做后盾

"我们一直致力于航天领域的国际交流合作,学生自主研发的紫丁香系列微纳卫星受到广泛关注,全世界的无线电爱好者都可以获取和分享卫星的遥测数据。"曹喜滨介绍,"此次《科学》杂志刊登的'最美地月合影',图像数据下载就是由学生团队联合荷兰、德国的无线电爱好者共同完成的。"

"我们也主动敞开大门,向全球开放星上资源,现在有超过200个国家和地区的航天爱好者能够接收到我们的数据。除了南极洲以外,其他大洲全覆盖了。"黄家和很兴奋,"不止一个国家的航天爱好者在视频通话中竖起了大拇指,称赞我们的微纳卫星项目是国际合作的典范。""我们的背后,有一个强大的祖国做后盾。综合国力的提升才让学生们有了参与航天实践的可能。"曹喜滨说。

"我们一直教育学生要不忘初心,自觉把个人的理想追求融入国家和民族的事业中,这种价值观的培育是潜移默化的。以一流党建带动一流科研,我们计划依托紫丁香团队建立党支部,更加充分地发挥党员在科研攻关中的骨干作用。"李明江说。

校园内,紫丁香引来不少人拍照留念。此刻,以哈工大校花命名的紫丁香团队成员们,心早已和一颗颗卫星"捆绑"在一起,徜徉神秘浩瀚星空中,探索更多未知的可能。

5.2 指导教师

5.2.1 指导教师在学生科技创新活动中发挥的作用

按照大一年度项目、大学生创新创业训练计划等基于项目学习的模式规范,学生项目团队必须选择一名相关学科中级及以上技术职称的教师作为项目指导教师,负责项目的指导、监督和管理,协助专家组对所指导的项目进行中期检查、结题验收等工作。指导教师对学生科研能力的培养具有巨大的影响。总结来说,指导教师在学生科技创新活动中主要发挥三大作用。

1. 指导学生团队进行项目选题

如何为大学生科技创新活动选题,使得项目既有益于学生的专业学习,又能够培养他们的创新意识?答案是选择符合本专业背景的科学问题作为研究内容,与专业实践结合,使学生在在项目实践中加深对专业知识的理解,充分调动学生潜在的创新意识。学生可以自主地提出创新课题的目标对于创新能力的培养有着很大意义,但这需要学生具备丰富的知识量。对于一些专业知识不够强的学生而言,这是比较困难的。尤其是进行大一年度项目立项时,学生几乎没有专业基础,更需要指导教师在项目选题时进行把关。如果学生选择的题目不具备可行性,或者与所学专业相差太远,尽管可能推动学生对所需知识的主动学习,但会浪费学生很多的时间,而且往往学无所用,最后导致学生荒废学业。因此,要求指导教师对学生进行引导,给出专业的选题建议,引导学生走向专业选题方向。

同时,指导教师还应该处理好学生"索要题目"的情况,学生找导师时直截了当,"老师,我要跟你做项目,你给定一个题,我们跟你做就是了"。此时指导教师应该先了解学生的知识掌握水平、实践能力和兴趣所在,充分挖掘学生的兴趣和特长,并通过在专业上的一步步引导,最大限度地让学生"自主选题",这样不仅能培养学生的能力,同时也能保障题目质量。

2. 指导学生团队正常有序地开展科技创新活动

为有序地开展大学生科技创新活动,指导教师承担了多重角色。

首先是学生科创活动的管理教师角色,即对学生项目进行管理。从学生的项目选题、开题、中期到项目结题,每一步都要指导教师在其中发挥管理作用,自始至终地引导学生聚焦在项目的目标上。不仅在项目一开始,而且随着项目的进展,指导教师也要定期地对学生强化项目目标,保持学生的目标导向和参与积极性。要定期检查学生的项目进展,及时与学生交流下一步的工作,帮助学生专注在项目上。

其次是学生团队的技术辅导角色,在基于项目学习的模式中,学生从学习理论知识到实践操作的转型,是基于项目学习的核心。在这个过程中,指导教师的技术性辅导尤为重要。

· 120 ·

指导教师要指导学生调研、收集资料，以及进行必要的前期准备工作。根据学生的特点制订项目学习进度计划，尤其要抓好关键环节的指导。指导与引领学生做好项目立题、过程管理、理论与实验方法、研究方法与技术工具等方面的工作。指导学生做好开题报告、中期检查报告和结题验收报告的撰写工作。总而言之，将自身丰富的实践经验传授给学生，让学生在基于项目学习的模式中将理论知识应用到实际操作。

最后是承担学生团队的心理辅导角色。在基于项目学习的科技创新活动中，学生的角色更贴近于工作。而从学生到技术人员的转变是一个非常艰难的阶段，需要指导教师对学生心理辅导，让学生能更快更好的适应自己新的角色。其一，指导教师要培养学生对科研创新活动的自信心，激发学生的创新欲望。如果学生在科研创新活动中遇到了困难或遭到失败，教师应增强学生的韧性以及自我调整能力。其二，处理好学生个人由于项目进展过程中产生的焦虑、紧张、倦怠、恐慌等等不利心理因素的影响。其三，注重学生团队精神的培养，让队友互相尊重和宽容，容纳彼此的缺陷和个性，利用相互合作，让他们感受到团队所带来的力量是个人力量所不能比拟的，团队合作力量所产生的整体效果大于各部分之和。

3. 引导学生做好项目总结与成果推广

学生团队顺利完成项目内容和研究目标并不等于项目完成了。项目指导教师应提醒学生及时总结实验结果，撰写结题报告，以及进行相关研究论文的发表、专利的申报工作。在此基础上，指导教师可将学生项目和学科竞赛相结合，积极鼓励并组织学生参加全国大学生"挑战杯"课外科技作品大赛等具有导向性、示范性的竞赛活动。通过参加社会科技实践活动和学科竞赛来实施检验创新实验成果，进一步促进学生创新能力的提升。

5.2.2 如何选择适合的指导教师

1. 指导教师的分类

参与学生科技创新活动的指导教师中，各种头衔、各个年龄的导师中都不乏优秀者。根据指导技巧、指导经验以及对大学所承担的责任等方面的不同，大致可以分成以下四类。

(1)学术型教授。

学术型教授一般指院士、杰出青年、优秀青年、长江学者等，头衔非常多，但是这些教授一般都非常忙，有时一学期都见不上几面。选择这样学术型教授，有可能遇到以下几种情形：一是由教授直接指导，由于时间有限，因此学生团队一般属于散养形式，由学生自己确定课题方向，教授在大方向上进行把握，细节靠学生团队自己捣鼓；二是由教授团队中的某个小老师代替指导，相对于大教授来说，小老师在学术水平和经验方面不可否认都会有差距。

(2)处于事业上升阶段的讲师、副教授。

处于事业上升阶段的讲师、副教授是指刚入职不久、资历相对较浅的老师，他们活力十足，有充足精力来指导学生的科技创新活动。这种类型的指导教师可以全程参与基于项目学习的过程，并且结合自己的研究领域，给出较专业的建议。

(3)工程项目背景的教授、副教授。

工科背景的高等院校有不少工程项目背景的教授、副教授。这类教师做基于项目学习的指导教师，对于想锻炼实践动手能力的学生团队来说，的确非常有吸引力。需要注意一点：这类教师也与学术型教授一样，可能比较忙，需要经常出差，也可能面对无法指导或者由小教师指导的局面。尽管是这样,仍可以和这类教师多接触,可以接触到实际工程项目经验,提早与专业工作接轨,对自己的专业实践技能是有帮助的。

(4) 管理随意的老师。

管理随意的老师是对学生管理很随意的老师,自己没有过多精力管理或让学生自由发展。这类老师的好处是学生可以"为所欲为",只要能够完成项目,无来自指导教师的压力。但是,由于没有了指导教师的管理与指导,因此如果要想通过项目学习新知识、锻炼新能力,则需要慎重地选择此类老师。

2. 选择指导教师的出发点

对于以上四类指导教师如何选择?可以从以下几个方面加以考虑。

(1) 研究方向合不合。

进入大学以后,必须考虑以后的职业规划。大学毕业以后是直接工作还是继续读研深造?是喜欢进入企业做工程还是进入研究所做理论?如果自己想锻炼工作能力,直接大学毕业找个好工作,不做理论研究,则需要找一个偏工程应用、实践项目多、经验丰富的指导教师,这样在项目选题、项目指导,甚至是找工作过程中,都能有帮助;相反,如果喜欢做理论研究,或者是以后要升学,则可以选择偏理论研究的指导教师,这些老师学术渊源深厚、学术人脉广,有利于自身学术能力的发展。如果让偏工程应用的老师去指导一个理论研究课题,或者偏理论研究的老师去指导硬件项目,都无法得到很好的指导,甚至可能在选题时就被否定掉,所以要根据研究方向合理选择偏理论研究型或工程应用型指导教师。

(2) 指导经验足不足。

学生团队与指导教师因为基于项目学习而走到一起,相互联系的纽带就是项目,而项目的成果很大程度上依赖于项目选题是否优秀。如果一个指导教师在选题上就存在指导不当,那么对于限时完成的基于项目学习计划来说将是灾难。一个从来没有指导过一流学生项目的指导教师很难带领出做一流项目的学生。因此,在选择指导教师时,应该注重指导教师在大学生创新创业活动中的指导经验。

(3) 时间有没有。

基于项目学习的目的就是让学生可以通过参与项目,学习创新能力和实践动手能力。这个过程需要指导教师的全程参与,如果指导教师因工作等关系而没有时间指导,就无法达到指导学生项目的初衷。因此,学生团队在选择指导教师时,应该考虑指导教师时间是否充足,是否有精力来指导科技创新活动。

(4) 热情不热情,耐心不耐心。

在指导教师参与项目指导的过程中,学生团队需要与其进行不断的交流和沟通,如果指导教师对指导项目不热情、没有耐心,对项目和团队的伤害是致命的,在选择指导教师时也应该加以考虑。

3. 选择指导教师的步骤

(1) 确认指导教师之前,首先深入了解目标指导教师的指导风格。

在基于项目学习模式中,一个项目至少持续一年时间,在这一年里需要与指导教师密切合作完成项目,所以指导教师的指导风格是否"对味",对项目的如期完成至关重要。指导教师是否认真负责、是否耐心指导、是否严格要求、是否有求必应,都将影响整个团队最终的成

第 5 章 组建大学生科技创新团队

果。总的说来,能够积极与学生团队沟通交流的指导教师,其项目进展肯定顺利,加上学生的努力,项目更容易出成果。相反,如果指导教师与学生沟通少,学生遇到问题无法得到及时解决,最终将会影响项目的按时结题。那么如何了解目标指导教师的指导风格呢?可从以下几点加以调研。

一是调研该教师之前所指导的科技创新活动的成绩,在"大一年度项目""创新创业训练"和"学科竞赛"等方面是否取得了一定的成绩。老师带领学生取得了一定的成绩,说明该老师在指导学生科技创新活动中已经有丰富的经验,完全可以胜任项目指导工作。当然,也不是说没有取得成绩的指导教师就不好,毕竟得奖数量有限,只是从学生团队整体利益出发,由经验丰富的指导教师带领更容易出成绩。

二是通过高年级的师兄师姐了解目标指导教师的指导风格,尤其是该老师实际指导的学生。由于亲身经历了该教师的指导,对老师的技术水平、指导方式等都有切身体会,因此参考他们的建议对团队指导教师的选择很有帮助。特别要了解指导教师和学生的日常交流是否充分、是否有效、是否可以保证时间。有的指导教师比较自大,只能指导学生,学生不能提反对意见,这样的导师应该可以通过向高年级的师兄师姐了解而避免掉。

三是看目标指导教师在各类创新创业工作中所取得的荣誉。学校每一年都会对创新创业工作突出的个人进行表彰,可以查看相关新闻报道了解获奖教师名单,这样也是提前了解目标指导教师创新创业活动指导能力的途径。

四是去听目标指导教师的授课。有条件的可以去听该老师的讲课,对于专业知识渊博、学术水平高的老师,其课堂把控能力、知识感染力等都能让人印象深刻,这样的老师会好过授课能力一般的老师。

(2)通过邮件等途径与目标指导教师提前沟通。

在大致了解了目标指导教师的情况后,下一步就是通过邮件等途径直接与目标指导教师进行沟通。将自己学生团队的整体情况向老师做一个简单介绍,并且就想做的题目与老师做一个说明,等待老师安排会面时间。在会面之前,建议同学们应该与老师做一次邮件的交流,让指导教师做到心中有数,如果老师不方便进行指导,也可以直接邮件回复,避免不必要的时间耽误,也方便换指导教师。

(3)与指导教师面谈,最终确认。

通过了邮件沟通后,下一步就是按照约定时间与指导教师见面沟通,可以在见面的前一天短信和老师确认一下见面时间和地点,以免老师临时有事无法出席。与指导教师面谈时应该是整个团队的全体学生一起,就选题、下一步的工作计划等问题与老师作深入探讨,并征求老师的相关意见。

4. 与指导教师日常沟通时的几点注意事项

选择好导师以后,还需要做好以下几点。

(1)合理把握学生团队和指导教师的沟通频率。

指导教师全程参与学生团队基于项目学习的整个过程,所以在团队遇到问题时,应该及时的与指导教师沟通。一些同学喜欢与指导教师进行频繁的沟通,也有一些同学几乎不找指导教师。如何正确地把握与指导教师的沟通频率,对于团队课题研究的顺利进行至关重要。首先,应该深刻意识到与指导教师的及时沟通可以促进项目难题的解决,同时为下一步项目计划指导合理的目标。指导教师在基于项目学习过程中关键的作用就是做好项目的技术指导工作,如果学生团队在遇到问题或者瓶颈时不寻求指导教师的帮助,导致问题无法及时解决,最终受影响的是整个团队。其次,应该与指导教师协商固定的会面时间,至少保证一个月一次的频率,定期的见面和交流有利于指导教师及时了解团队项目的进展情况。最后,如果可能,应该多参与指导教师实验室的例会,尽可能多地与指导教师见面,多与实验室的师兄师姐沟通,耳濡目染将有利于学生专业技能的提高。

(2)选择多途径沟通方式。

与指导教师的沟通,传统的方式就是直接去指导教师办公室面对面地交流。但是随着技术的发展,有其他的方式可以选择,如果不是特别重大的问题需要面对面沟通,完全可以使用邮件、QQ、微信、短信等方式进行交流。例如,在确认了指导教师以后,学生团队可以组建 QQ 群、讨论组等,并且加入指导教师,团队遇到问题可以直接在上面讨论,当遇到难题时,指导教师也可以做出较及时的解答。

(3)注意与指导教师沟通的礼仪。

大学教师平时工作多,一般都比较忙,所以在需要与老师见面沟通时,应该提前与老师联系,确认见面时间和地点,不要盲目地去指导教师办公室直接找,可能老师不在或者没时间,给老师造成不方便。同时,使用邮件、QQ、微信和短信这些沟通方式时,指导教师不可能随时关注信息,有可能回复实时性没有那么强,此时需要同学理解老师,耐心等待。当然,如果老师太久没有回信,也可以再次联系下老师是否收到问题。最后,注意联系老师的时间,除非是非常非常严重的事件,其余则尽量在上班时间联系老师,有些同学无论是什么时间,只要有问题就随时问,甚至在凌晨发 QQ 信息问问题。这样做不好,不仅无法锻炼自己解决问题的能力,也给指导教师的生活带来了很多不便。指导教师对学生团队的技术指导,很多都是职责以外的工作,所以学生应该理解指导老师,体谅老师的辛勤劳动,发自内心地尊敬自己的团队指导教师。

(4)正确处理与指导教师出现的分歧。

在基于项目学习过程中,学生团队在指导教师的指导下完成项目,双方在交流过程中不可避免会出现一些分歧。需要正确处理这种分歧,以免造成更大的误会,耽误项目的正常进展。首先,学生团队与指导教师的关系是基于信任组建的,双方为做好一个项目而共同努力。学生团队只要正视指导教师的这种角色,心怀诚意,积极与老师沟通,即使出现些许分歧也不会发展成更严重的冲突。另外,即使与指导教师没有任何具体的分歧,也可能存在有其他令指导老师不满意之处,如学生团队不经常汇报项目进展、学生团队积极性不足等。在这种情况下,应该立即采取补救措施。学生团队集体通过与指导教师进行坦诚交流,改正团队自身问题,争取得到指导教师的理解支持。当然,如果是指导教师的工作做得不到位,也应该通过交流告知指导教师问题所在,让老师增加指导力度。

【延伸阅读】 大学生创新创业训练计划项目教师工作指南

一、创新训练项目教师工作指南

1.大学生创新训练项目由本科生个人或创新团队,在导师的指导下进行自主选题、自主学习、自主实践、自主研究。强调以"研究过程"为主,强化创新实践能力和个性潜质培养。创新训练项目的实施主体是本科生,教师起指导和辅助作用,在创新训练项目中为学生提供必要的指导、引导和帮助。

2. 每个项目至少需配备一名相关学科的指导教师，指导教师应具有研究经历和研究能力。指导教师主要负责项目的指导、监督和管理，指导学生进行研究性学习、明确研究选题和研究内容、确立研究重点和分析方法、设计实验方案和技术路线、安全进行实验操作、有效分析处理数据、撰写研究总结报告等。

3. 指导教师在所研究领域有创新性的研究成果，学术造诣高，应有相对稳定、独立的研究方向，并有一定的项目来源。

4. 指导教师应具有较强的工作责任心，认真负责的工作态度，教风严谨，为人师表，对学生要求严格，始终坚持把对学生创新能力的培养放在第一位，保证投入足够的精力指导学生完成创新训练项目。

5. 指导教师应注重培养学生严谨的科学态度、求实的科学精神和务实的科学作风。

6. 指导教师要为学生创造宽松的学术环境，充分调动学生的主动性、积极性和创造性，启发学生的创新思维和创新意识，有效掌握思考问题、解决问题的方法。

7. 指导教师应注重培养学生的综合能力，尤其是发现、分析和解决问题能力，独立思考和学习能力，获取知识和运用知识能力，信息加工和聚焦思维能力，动手实践和科学研究能力。

8. 指导教师应根据学生的个性特点，引导学生学习与项目相关的基础理论，指导学生制订周密细致的研究计划，帮助学生做好具体的研究工作。指导教师应根据每个学生的具体情况，循序渐进地安排学生的学习和工作，使学生在创新训练项目的实践中，根据项目的进度安排，在项目的不同阶段均能实现与之相应的能力培养和创新训练，全面系统地提高学生的创新能力。

9. 指导教师应注重培养学生的独立人格和团队合作精神，善于发现具有创新潜质的优秀学生，从日常的项目指导中发掘学生的个性特长，从而进行有针对性的个性培养。

10. 指导教师应关心爱护学生，引导学生转变被动接受知识的学习方式，培养学生批判性思维意识，帮助学生克服心理压抑和自卑，让学生充分感觉到"心理安全"和"学术自由"。助燃学生的创新欲望，提升认知水平，增强参与意识，指导学生顺利完成项目的研究内容。

11. 在选题阶段，指导教师能够结合学生的兴趣，指导学生选择具有重要理论和应用价值，或富有创新性和市场前景的题目。指导教师应对学生提出的选题进行审查和指导，也可与学生共同拟定研究课题和研究内容，或提出适合本科生进行研究的课题供学生选择。选题范围可包括：结合学校有关重大研究项目或与行业结合紧密的项目；开放实验室或创新教育基地中的综合性、设计性、创新性实验项目；学生自主设计和开发的相关项目；从课程学习和学科竞赛中引申出的研究项目；社会科学研究课题；其他研究价值较高项目，或具有挑战性的实践项目。

12. 在申报阶段，指导教师应指导学生规范地填写申报表格，帮助制定实施计划和经费预算。

13. 项目批准立项后，由项目负责人和指导教师一起提交"大学生创新训练项目承诺书"，保证在项目实施过程中，实施项目的学生和指导教师各司其责，履行承诺，保证学生和指导教师一道按计划完成项目规定的各项内容。

14. 在实施阶段,指导教师应指导学生按批准的经费制定项目执行计划书,并根据学生特点制定分工计划,及时掌握学生的项目进展情况,帮助学生解决项目执行中所遇到的各种难题,重视对学生独立工作能力、分析和解决问题能力、创新能力的培养。

15. 项目执行过程中,指导老师应定期与学生进行交流和研讨,定期审阅"大学生创新训练项目研究过程记录册"。

16. 指导教师负责监管学生合理使用项目经费,项目经费主要用于与项目有关的资料费、调研费、实验耗材等必要开支,由承担项目的学生负责使用,指导教师负责审核。指导教师不得以任何方式挪用学生的项目经费。

17. 发生项目负责人变更、研究内容有重大调整、申请延期、终止项目运行等情形时,须经指导教师同意。

18. 在中期考核时,指导教师负责指导并督促项目负责人按时提交中期进度报告,帮助学生总结经验,修正错误,为下一步工作提出建设性意见。

19. 在结题阶段,指导教师应指导学生总结、整理和撰写项目结题报告书,对"大学生创新训练项目研究过程记录册"及相关材料进行检查,对该项目的实施情况写出评语,并给出具体的意见或建议。

20. 在项目评价时,指导教师应注重过程性评价和诊断性评价相结合,避免总结性和水平性评价。具体评价内容包括:科学态度、精神与作风;创新心理素质、创新思维、创新意识和创新实践的能力提升;综合研究能力和创新能力;处理基础知识学习、基本技能训练、创新实践和创造发明之间关系的有效程度;独立人格与团队合作精神。

21. 在项目验收时,指导教师应协助学生认真准备答辩材料,指导学生答辩时做到重点突出、针对性强、内容连贯、条理清楚、逻辑性强。

22. 指导教师应鼓励并指导学生作为第一作者发表学术论文或申请专利,鼓励学生参加高水平的科技竞赛。

23. 指导教师应定期总结指导工作的特色、方法和成效,形成好的经验和做法,便于进行推广和交流。

二、创业训练项目教师工作指南

1. 大学生创业训练项目由本科生创业训练团队,在导师的指导下进行自主选题、自主学习、自主实践。强调以"创业训练"为主,强化就业与创业能力的培养。创业训练项目的实施主体是本科生,教师起指导和辅助作用,在创业训练项目中为学生提供必要的指导、引导和帮助。

2. 每个项目至少需配备2名指导教师,其中,1名为具有科技开发实力、创业教育经历、或创业实践阅历的校内导师,1名为具有创业实战经历的企业指导教师。

3. 指导教师主要负责项目的指导、监督和管理等工作。指导教师应指导学生选修创业课程,传授创业知识,培训创业能力,教会学生像企业家一样去思考问题,培养学生具备未来创业者的素质,具有战略眼光,良好的沟通协调能力、营销能力和决策能力,并具备较好的情商。

4. 校内指导教师在相关专业技术领域应具有相对稳定、独立的研究方向,拥有科技开发创新成果,并有结合企业需求的项目来源。

第5章 组建大学生科技创新团队

5. 指导教师应具有较强的工作责任心,认真负责的工作态度,教风严谨,为人师表,对学生要求严格,保证投入足够的精力指导学生完成创业训练项目。

6. 指导教师应注重培养学生的创业技能与开拓精神,以应对全球化和知识经济时代的挑战,引导学生转变就业观念,将创业作为未来职业的一种选择。

7. 指导教师要注重培养学生作为未来创业者与领导者的成就动机、开拓精神、分析问题与解决问题的能力。

8. 指导教师应帮助学生分析创业训练项目的难度,把握所选项目在学生能力和风险范围之内可控。

9. 指导教师需对学生创业训练项目所需的基本理论和方法、创业训练计划方案以及创业成功的原则和技巧进行指导,保证学生能够结合严密而精心设计的商业模拟管理模型和企业决策博弈理论,全面模拟真实企业的创业运营管理过程,使学生在虚拟商业社会中完成企业注册、创建、运营、管理等所有决策的训练过程。

10. 指导教师应注重指导学生了解创业团队的内涵和重要性,把握高效团队的基本要素,帮助创业训练团队建立基本的组织架构,善于发现创业潜质优秀的学生,从日常的项目指导中挖掘学生的创业特长,从而进行有针对性的个性培养。

11. 指导教师应关心爱护学生,引导学生主动识别并把握创业机会,培养学生作为未来创业者的决断能力、识人用人能力、积极应变能力、敢于创新能力、社会交往能力,指导学生全面了解创业计划、创业管理、企业申办、创业融资、创业风险等过程要素。

12. 指导教师应指导学生合理规划和管理项目的执行时间,合理制定项目经费的使用计划,确保项目经费预算和开支与项目进度和进程相匹配。

13. 在选题阶段,指导教师能够结合创业训练团队把握的创业机会,结合团队的实际情况,指导学生选择具有一定技术含量、具有一定商业价值、具有一定市场前景的题目。指导教师应对学生提出的项目进行审查和指导,也可与学生共同拟定创业训练项目,或结合自己的科技开发项目和企业合作课题提出适合本科生进行创业训练的项目供学生选择。

14. 在申报阶段,指导教师应指导学生规范地填写申报表格,帮助制定实施计划和经费预算。

15. 项目批准立项后,由项目负责人和指导教师一起提交"大学生创业训练项目承诺书",保证在项目实施过程中实施项目的学生和指导教师各司其责,履行承诺,保证学生和指导教师一道按计划完成项目规定的各项内容。

16. 在实施阶段,指导教师应指导学生按批准的经费制定项目执行计划书,并根据学生特点制定分工计划,及时掌握学生的项目进展情况,帮助学生解决项目执行中所遇到的各种难题。

17. 项目执行过程中,指导老师应定期与学生进行交流和研讨,定期审阅"大学生创业训练项目过程记录册"。

18. 指导教师负责监管学生合理使用项目经费,项目经费主要用于与项目有关的资料费、调研费、耗材等必要开支,由承担项目的学生负责使用,指导教师负责审核。指导教师不得以任何方式挪用学生的项目经费。

19. 发生项目负责人变更、成员调整、研究内容有重大调整、申请延期、终止项目运行等情形时,须经指导教师同意。

20. 在中期考核时,指导教师负责指导并督促项目负责人按时提交中期进度报告,帮助学生总结经验,为下一步工作提出建设性意见。

21. 在结题阶段,指导教师应指导学生总结、整理和撰写项目结题报告书,对"大学生创业训练项目过程记录册"及相关材料进行检查,对该项目的实施情况写出评语,并给出具体的意见或建议。

22. 在项目评价时,指导教师应注重过程评价与诊断评价相结合,具体评价内容包括:工作态度;自主、自信、勤奋、坚毅、果敢、诚信等品格与开拓精神的评价;学术训练和知识准备评价;在混乱无序、变化和不确定的环境中寻求与把握机会的能力;整合与利用资源能力;沟通协调能力;营销能力;决策能力;创造性地解决问题能力;创造价值的能力;创业心理素质;独立人格与团队合作精神。

23. 在项目验收时,指导教师应协助学生认真准备答辩材料,指导学生答辩时做到重点突出、针对性强、内容连贯、条理清楚、逻辑性强。

24. 指导教师应鼓励并指导学生参加各种创业经验交流、创业类竞赛或模拟创业沙盘学习和对抗竞赛活动,挖掘并推荐优秀的创业项目进驻学校的创业中心、大学科技园或类似的创业机构,为参与创业训练项目的学生提供技术、场地、政策、管理等支持和创业孵化服务。

25. 指导教师应定期总结指导工作的特色、方法和成效,形成好的经验和做法,便于进行推广和交流。

三、创业实践项目教师工作指南

1. 大学生创业实践项目由本科生创业实践团队,在导师的指导下进行自主立项、真实创办企业的实践过程,强化就业与创业能力的培养。创业实践项目的实施主体是本科生,教师在创业实践项目中为学生提供必要的指导、引导和帮助。

2. 每个项目至少需配备2名指导教师,其中,1名为具有科技开发实力、创业教育经历、或创业实践阅历的校内导师,1名为具有创业实战经历的企业指导教师。

3. 指导教师主要负责项目的指导、监督和管理等工作。指导教师应指导学生选修创业课程,引导学生像企业家一样去思考问题,培养学生具备创业者的素质,具有战略眼光,良好的沟通协调能力、营销能力和决策能力,并具备较好的情商。

4. 校内指导教师在相关专业技术领域应具有相对稳定、独立的研究方向,拥有科技开发创新成果,并有结合企业需求的项目来源,同时懂得创业的基本概念、基本原理、基本方法和相关理论,涉及创业者、创业团队、创业机会、创业资源、创业计划、政策法规、新企业开办与管理,以及社会创业的理论和方法。

5. 指导教师应具有较强的工作责任心,认真负责的工作态度,保证投入足够的精力指导学生完成创业实践项目,能够帮助学生分析创业实践项目的难度,把握所选项目在学生能力和风险范围之内可控。

6. 指导教师应注重培养学生的创业技能与开拓精神,以应对全球化和知识经济时代的挑战,引导学生转变就业观念,将创业作为未来职业的一种选择。

7. 指导教师需对学生创业实践项目所需的基本理论和方法、创业实践计划方案以及创业成功的原则和技巧进行指导,保证学生严密而精心设计商业管理模型和企业决策博弈理论,有效实践真实企业的创业运营管理过程。

第5章 组建大学生科技创新团队

8. 指导教师应注重指导学生了解创业团队的内涵和重要性,把握高效团队的基本要素,帮助创业实践团队建立基本的组织架构。

9. 指导教师应关心爱护学生,培养学生作为创业者的决断能力、识人用人能力、积极应变能力、敢于创新能力、社会交往能力,指导学生全面了解创业计划、创业管理、企业申办、创业融资、创业风险等过程要素。

10. 指导教师应帮助学生分析并规划项目的执行时间,合理制定经费使用计划,帮助学生进行资金风险分析,指导学生建立企业投融资渠道。

11. 在选题阶段,指导教师应结合团队的实际情况,指导学生选择具有一定技术含量、具有一定商业价值、具有一定市场前景的题目。指导教师应对学生提出的项目进行审查和指导,也可与学生共同拟定创业实践项目,或结合自己的科技开发项目和企业合作课题提出适合本科生进行创业实践的项目供学生选择。

12. 在申报阶段,指导教师应指导学生规范地填写申报表格,帮助制定实施计划和经费预算。

13. 项目批准立项后,由项目负责人和指导教师一起提交"大学生创业实践项目承诺书",保证在项目实施过程中,实施项目的学生和指导教师各司其责,履行承诺,保证学生按计划完成项目规定的各项内容。

14. 在实施阶段,指导教师应及时掌握学生的项目进展情况,帮助学生解决项目执行中所遇到的各种难题。

15. 项目执行过程中,指导老师应定期与学生进行交流和研讨,定期审阅"大学生创业实践项目过程记录册"。

16. 指导教师负责监管学生合理使用项目经费,项目经费主要用于学生真实创业所需的各项支出,由承担项目的学生负责使用,指导教师负责审核。指导教师不得以任何方式挪用学生的项目经费。

17. 发生项目负责人变更、成员调整、研究内容有重大调整、申请延期、终止项目运行等情形时,须经指导教师同意。

18. 在中期考核时,指导教师负责指导并督促项目负责人按时提交中期进度报告,帮助学生总结经验,为下一步工作提出建设性意见。

19. 在结题阶段,指导教师应指导学生总结、整理和撰写项目结题报告书,对"大学生创业实践项目过程记录册"及相关材料进行检查,对该项目的实施情况写出评语,并给出具体的意见或建议。

20. 在项目评价时,指导教师应注重过程评价与诊断评价相结合,具体评价内容包括:学生了解和掌握创业基础知识、方法与手段的程度;创业精神;创业领导能力;创业知识储备;创业品质;创业环境掌控力;整合与利用资源能力;沟通协调能力;营销能力;决策能力;创造性地解决问题能力;创造价值的能力;创业心理素质;独立人格与团队合作精神等。

21. 在项目验收时,指导教师应协助学生认真准备答辩材料,指导学生答辩时做到重点突出、针对性强、内容连贯、条理清楚、逻辑性强。

22. 指导教师应鼓励并指导学生参加各种创业经验交流、创业类竞赛等活动。

23. 指导教师应定期总结指导工作的特色、方法和成效,形成好的经验和做法,便于进行推广和交流。

第 6 章
基于项目学习科技创新活动的选题

大学生参与基于项目学习科技创新活动的目标是创新精神和实践能力。因此,一个优秀的科技创新项目不仅应该遵循大学生科技爱好者的认知规律,还应该能够鼓励学生首创和奇思妙想。选题是开展科研工作的第一步,正确的选题是"科学的真正进步"的起点,"选好了问题也就解决了一半",选题决定着后续研究工作的方向,也是研究者思考课题工作的意义和价值的过程。因此,研究和选择课题便成了科学研究的战略起点。

6.1 选题的意义与原则

6.1.1 选题的意义

爱因斯坦曾经说过:"提出一个问题往往比解决一个问题更重要,因为解决问题也许仅仅是一个数学上或实验上的技能而已,而提出新的问题、新的可能性,从新的角度去看旧的问题,却需要创造性的想象力,而且标志着科学的进步。"正确而又合适的选题对基于项目学习的科技创新项目来说具有重要意义,是影响整个科技创新科研工作成败的关键。

1. 选题决定科创项目的价值和效用

选题不仅是给科创项目确定一个题目和简单地规定一个范围。选题的过程是初步进行科学研究的过程。一个好的选题,需要经过多方思索、互相比较、反复推敲、精心策划。题目一经选定,也就表明项目团队成员头脑里已经大致形成了项目的轮廓。这是因为,在确定题目之前,作者总是先大量地接触、收集、整理和研究资料,从对资料的分析、选择中确定自己的研究方向,直到定下题目。

2. 选题可以规划项目的研究方向

选题阶段一定会进行大量资料的阅读和理解。在研究客观资料的过程中,随着资料的积累、思维的渐进深入,会有各种各样的想法纷至沓来。这期间所产生的思想火花和各种看法对科技创新项目的研究方向是十分宝贵的。对于刚入大学的大一新生来说,在知识不够齐备的情况下,对准研究目标,直接进入研究过程,就可以根据研究的需要来补充、收集有关的资料,有针对性地弥补知识储备的不足。这样一来,选题的过程也成了学习新知识、拓宽知识面、加深对问题理解的好时机。

3. 选题有利于提高大学新生的研究能力

通过选题,基于项目学习的科技创新团队能对所研究的课题由感性认识上升到理性认识,加以条理使其初步系统化。对这一课题的现状进行研究,找出项目关键技术所在,不仅可以对课题的认识比较清楚,而且对研究工作也更有信心。科学研究要以专业知识为基础,但专业知识的丰富并不一定表明该人研究能力很强。有的人书读得不少,可是忽视研究能力的培养,结果仍然写不出一篇像样的文章来。可见,知识并不等于能力,研究能力不会自发产生,必须在使用知识的实践中,即科学研究的实践中,自觉地加以培养和锻炼才能获得和提高。

4. 正确的选题可以保证项目的顺利进行

项目选题是开展基于项目学习的第一步,科创项目的题目选得如何往往直接决定这个科创项目的成败。项目团队在选题之前,通过阅读大量参考文献,对计划选题项目的研究现状和技术需求均有了一定的了解,再结合项目团队自身的技术能力,初步制定出项目方案。通过项目团队讨论,如果说项目方案可行,并且所选题目具有一定的创新性,则可以作为正式的选题坚持做下去,而前期的调研成果和初步方案可以保证项目的顺利进行。如果项目团队认为项目方案不可行,技术需要超出团队能力,或者选题不具备创新性,则应该早放弃,以免项目执行到中途才发现不可行,浪费了宝贵的项目执行时间。

5. 通过选题培养学生参与科研的兴趣

学生在进行选题时,必须阅读大量的专业参考文献。文献阅读过程实际上就是一个了解专业科研方向的学习过程,在了解了专业科研方向后,学生可以对自己以后要从事的科研方向有一定的了解,有利于培养学生参与科研的兴趣,尽早投入到专业的科研中去。

6.1.2 选题的原则

选题决定着基于项目学习科技创新活动的方向,在一定程度上决定着整个项目学习过程的内容、方法、途径和价值,影响到项目团队成员的组成和才能的发挥。因此,正确选题,选好题目,需要遵循一定的原则。明确基于项目学习的选题的原则,就能比较容易地选定一个既有一定学术价值,又符合自己志趣,适合个人研究能力,较有成功把握的题目。

1. 选项的原则

一般来说,基于项目学习的选题要遵循以下几条原则。

(1)自主性原则。

基于项目学习的科技创新活动选题最好是由学生团队自主提出、选择或发现的。选题就要体现自己的兴趣、自己具备的知识水平、自己所处的环境条件、自己对别人或前人提供的选题意见,总之要突出这个就是我做更好、更适合。如果题目是依据自己的兴趣和经历、背景选择的,具有个性化特点,符合研究规律,也易于团队坚持这个项目。在选题过程中,可能会面对指导教师根据自身科研项目提供选题的情况,此时学生团队应该斟酌老师提供的题目是否是自己所感兴趣所在,如果老师提供的题目非自己兴趣所在,则还是应该遵循团队自身的意见,自主选题。

(2)科学性原则。

科学研究是探索真理的活动。任何课题的确立都应以已知的科学理论或技术事实为基础,必须以先进的科学理论和科学事实作依据。一般地,那些明显相悖于已确证理论的题目不应作为选择对象,除非已经掌握或确信将来能够找到有力的反驳证据。对诸如永动机的研究只能是徒劳,而且在答辩过程中往往会被评委质疑。大学生参与基于项目学习的科技创新活动目的在于锻炼实践动手能力,而不是去追求特立独行,只有经得起推敲、通过了评委质疑、论证无误后的项目才能够立项。因此,对于基于项目学习的科技创新项目,选题时务必遵循科学性原则,除非掌握确凿证据、有把握与答辩组评委辩论成功,否则尽量选择符合客观世界发展规律的研究课题,有利于把有限的研究时间集中在具体的研究内容上,而不是花费大量时间研究行不行、能不能的问题。

(3)创新性原则。

大学生参与基于项目学习的科技创新活动具有探索性质,通过不断创新、不断开拓,完成前人未做或未完成的而预期能作出新成果的研究工作。在选题中充分贯彻创新性原则至关重要。所谓创新性,指的是前人没有解决或没有完全解决的问题,是有别于他人的方法和路线,或是否定或发展了前人的工作。创新性要求团队不能完全重复别人已经进行过的研究,项目将缺乏新意,研究的价值也不高。同时,科学研究又是在前人研究和实践的基础上进行的,总要有所继承,有所借鉴。创新并不是要求一切都是独创的,更不能要求同学们去开辟一个全新的研究领域。

课题的创新性可以把握以下两个方面。

① 以知识、技术和方法创新为主,项目方向以实验新技术、新材料、新工艺、新方法等内容为主。针对无人涉及的项目,可以提出一个别人还没有研究过的课题;对于已经有人研究的课题,采用与别人不同的研究方法进行研究;将一种理论、一个观点首次应用到实际中去、或者将已经在某一领域得到应用的理论、观点、方法和手段,应用到新的领域中去,都是创新。

② 项目立意新颖、目标明确、立论根据充足、研究方案合理、技术可行、实施条件具备、具有创新性和探索性。

对于电子信息类大学生来说,能够将新技术、新方法应用到一个新的领域就是一种创新,而这样的创新在各类创新竞赛中往往是最受评委青睐的。2017年全国大学生物联网设计竞赛中,电子与信息工程学院学生所设计的Mr. Piano项目,将物联网技术应用到传统的乐器教学中,开拓了物联网的应用领域,在竞赛现场评比中得到专家的一致好评,最终获得了最高荣誉TI杯。2018年,全国大学生物联网设计竞赛的最高奖TI杯授予福建农林大学的养蜂人团队,该团队将物联网技术与养蜂这样的传统养殖业密切结合,最终也得到了科技创新竞赛的大奖。虽然大一年度项目、大学生创新创业训练计划等基于项目学习的科技创新活动不一定要求所有人都要创新,所有项目都要与众不同,但是可以预见的是,只要有创新,只要项目与众不同,在项目评比过程中,在项目完成度相差无几的情况下,创新性多的竞争力更强、更容易脱颖而出。

(4)实用性原则。

所谓实用性,指该选题可预见的社会效益、经济效益或效果以及课题研究的影响范围、应用意义与推广前景。学生的选题应该是与社会生活密切相关、为广大人民群众所关心的问题,特别是对经济社会发展服务有益的问题。学生运用自己所学的理论知识对其进行研究,提出自己的见解,探讨解决问题的方法,不仅能使自己所学的书本知识得到一次实际的运用,而且能提高自己分析问题和解决问题的能力。例如,近几年的雾霾问题、老年人问题、儿童防丢手环、计步器等就是突出体现实用性的案例。

(5) 可行性原则。

在选题时,还应注重可行性原则,否则就是空谈,不能体现脚踏实地。可行性原则是决定选题能否成功的关键,选题要有利于项目团队成员实际知识能力水平的发展,选题的可操作性要强,选题既要有难度,又不能超越团队成员的实践工作能力。选题必须具备可以完成的主客观条件,否则,再好的选题也只能是一种美好的愿望。从主观方面看,需要考虑自己是否具备课题研究必须的知识水平和研究能力。从客观方面看,需要考虑可能会遇到的困难,如人力(研究兴趣、理解程度、合作伙伴、指导老师等)、财力(资料复印、实验经费等)、物力(研究地点、实验仪器设备等)、时间(实验时间、收集资料时间、撰写报告时间等)方面的各种可能性,并应当具备解决这些问题的可能性。

可行性原则需要把握好两个方面,处理好两个关系。把握好两个方面:主观上需要把握从已具备的专业知识水平、积累的经验、兴趣爱好等方面需要符合学生团队现有特点;客观上需要把握实施条件许可、时间和精力及与其他人的配合的条件、研究的设施设备条件、材料获得、经费条件等。哈尔滨工业大学设立本科生创新基金对大一年度项目、大学生创新创业训练计划项目进行支持,并推荐优秀大创项目申报为国家级、省级项目。大一年度项目的经费资助 300~800 元,大学生创新创业训练计划国家级资助 10 000 元,省级 4 000 元,校级 2 000 元,经费主要用于购买必要的实验材料、耗材、图书资料等,经费使用按项目申报书中的预算和学校财务管理规定执行。因经费有限,应做好规划。例如,虚拟现实眼镜,售价在 4 000 元以上,对于单个团队来说,经费负担较重,此时可以选择换一个题目。另外,需要注意项目设备条件,以脑电波传感器为例,现阶段基于神念公司的脑电波传感器非常流行,但是有同学不了解其参数指标,立项时计划用脑电波去控制拥有多种功能。实际上,售价千元左右的脑电波传感器能用的只有眨眼功能,如要控制一个小车的走和停,是可以通过眨眼实现的。但是如果要控制小车的前后左右转弯,使用这样的脑电波传感器则比较费劲,因为无法区别出这么多状态。再者,时间上的限制,学生参与科技创新活动的前提是不耽误学习,这就造成了时间上的冲突。

处理好两个关系:"大"和"小"的关系,大课题的研究价值往往较高,成果的社会影响大,小课题涉及范围小,任务单纯,目标集中,容易开展,容易出成果,但大课题内容多,要求时间长,复杂度高,条件要求高,不易出成果,而有的小课题的研究往往也会有很重要的理论和实践意义,它的价值并不比有些大课题低;"难"和"易"的关系,难的课题往往比较有价值,难度大的课题对研究者主观和客观条件的要求高,需要花更长的时间和精力。"大"和"小"与"难"和"易"往往相关,大学生科技创新项目鼓励学生广泛参与,为此项目不求复杂,操作难度最好不要太大,否则就算通过开题评审,也有可能导致无法实施、按时完成而使项目终止。

(6) 可持续性原则。

可持续性原则是指基于项目选题需要有长远规划,非简单完成即可。以大一年度项目为例,如果在选题时考虑了可持续性原则,选题可以参考专业性学科竞赛的选题要求,这样在完成作品的同时,也可以去参加适合的学科竞赛,开发出大一年度项目的更多潜能。同时,也可以考虑项目的深度发展。大一年度项目属于入门级别的研究,在大二大学生创新创业训练过程中,可以深入地研究之前的项目,这样由浅入深的研究,对科技创新能力的提高有很大帮助。当然,可持续性原则的要求较高:一是要求选题的适应性要好,或者说需要选择可持续性的选题,如选择"基于单片机的温度测量电路",该题目实现功能简单,技术难度也不高,去参加竞赛无新意可言,进一步研究也无意义,所以不适合一个可持续的研究;二是要求学生团队相对稳定,之所以要可持续性,就是可以在总结之前经验的基础上,进一步深入研究,如果学生团队无法保证稳定,核心成员变更,项目可持续性无从谈起。

2. 选题的要点

除考虑以上的几个选题原则外,对于科技创新竞赛方面的选题,还应该注重以下几个要点。

(1)作品展示性要强。

大学生参与科技创新竞赛,需要通过现场演示获得评委和观众认可才能取得优异成绩,所以现场演示过程至关重要。展示性是指科技创新竞赛作品最终呈现给评委和观众的外观、功能、软件、界面等。首先,要求作品包装整洁美观,的确像一个产品。例如,对于电子信息类硬件作品,要求走线规范整齐,无凌乱裸露的线头等。其次,要求作品功能完整,作品不能有致命性的缺陷。例如,设计一款"老人防走丢系统",由于使用定位模块,系统耗电量较大,因此参赛作品必须有完善的供电系统,不能使用纽扣电池供电。同时,由于随身携带,因此必须考虑到体积问题,体积太大也将影响展示性。最后,与硬件系统配合的软件要求功能完善,界面美观,操作性好。例如,涉及定位、导航、防丢功能的系统,可以结合地图显示功能来做。

(2)作品互动性要好。

作品互动性是指可以让评委或者观众亲身体验参赛作品的功能。互动性好包含两层含义。一是选题时就考虑是否有互动性功能。例如,一个"智能家居系统"中的"温湿度监测功能",可以通过"哈气"改变传感器周围的温湿度,从而通过显示直观的感觉到系统的功能。二是互动性的效果演示需要直观。同样以"智能家居系统"为例,其中的"新风子系统"功能为只要检测到环境中的粉尘含量超标,则自动打开排风扇进行通风。在互动时,可以点燃一根香烟,让评委靠近粉尘传感器,当粉尘传感器检测到成分超标时,排风扇开始转动,当烟雾消散时,排风扇停止转动,这样就非常直观地演示了"新风子系统"的功能。总而言之,科技竞赛的参赛作品尽可能地按照产品的要求来做,让评委和观众体会到参赛者的"诚意"。

(3)要考虑项目远期成果。

项目的远期成果与可持续性原则类似,就是做完大一年度项目、大学生创新创业训练项目后,能够从该项目中得到什么、收获什么。大部分同学选择一个比较通用的研究课题,按部就班或者随随便便对付,项目结题了也就完事了,不仅没有学到什么,还搭上了很多时间,而且冒着结题不通过的风险。换一种角度来看,选题选好了,具备一定的创新性,在相同的时间投入下,项目做好了可以去参加各类科技创新竞赛获奖,得到的荣誉可以在评奖评优、保研加分中使用,还可以申请发明专利、撰写学术论文在专业期刊上发表,甚至还可以基于项目成果去创业,从此人生改写,走上一条与众不同的发展道路。因此,在最开始的项目选题阶段,就应该考虑项目的远期成果,以基于项目获得远期成果为原则指导选题,是否能去竞赛获奖?是否能申请发明专利?是否能撰写专业论文?对选好的题目也应该发问,考核项目选题的创新性。

6.2 选题的来源与策略及方法

科技创新活动的选题不是凭空想象,也不是雅兴所致,是建立在团队成员的勤奋实践、刻苦钻研和筛选提炼的前提下的。基于项目学习的科技创新活动选题来源,可以总结为以下几点。

1. 亟待解决的课题,尤其是与校园生活、国计民生有关的重要问题

如国家重视的农业问题、能源问题,社会关注的老龄化、环境保护、动物保护、交通问题、酗酒、吸毒、突发事件等。针对老龄社会的到来,电子信息类的选题可以为"老人防丢系统""老人家居监控系统""老人防丢拐杖""自动轮椅"等,机械类的选题可以为"爬楼梯轮椅""自动炒菜锅"等,管理类选题可以为"养老公寓"等。

2. 当前本领域科学研究的热点("赶科学的时髦")

当前本领域科学研究的热点也是科技创新活动的重要选题来源。2016 年,谷歌研制的"AlphaGo"领衔的人工智能催生了一系列科技创新项目选题,如将人工智能与中国传统象棋结合到一起,同时结合机械移动装置自动下象棋的"象棋机器人",与五子棋结合构成"智能五子棋",还有"国际象棋"等。最近十年"火起来"的四旋翼飞行器也衍生出各种科技创新作品,甚至不少初创公司开发出新型飞行器去创业。正是从开始的一种"玩具"衍生到农业、交通、快递、甚至国防等领域。充分利用当前本领域的科学研究热点问题,指导科技创新活动的选题,既可以满足前文所述的科学性、创新性,也在一定程度上有可持续性。

3. 日常生活中的某种特定现象和需求

充分利用发现的眼光去观察社会,再结合专业方向对日常生活中的某种现象、需求加以分析、改进,也是重要的选题来源。例如,针对市面上电子门锁千奇百样,但是校园中宿舍的门锁还是使用钥匙,如何对现有的门锁进行改进,制作一把电子门锁,以解决同学携带钥匙不方便的问题,就是一个很好的选题来源。还有,大学校园中的饭卡、学生卡等多个卡片没有统一,能否将这些常用的卡片与智能手表结合到一起,构建基于智能手表的校园身份验证系统,也是不错的选择。日常生活的现象、需求因人而异,结合专业知识去发现问题,既可以做到独一无二,也有实用性和创新性,应该在选题中充分利用。好的选题能够让评委眼前一亮,"原来利用专业知识还可以解决这个问题啊""原来专业知识还能这么用啊"。

4. 行业的动态,行业的发展趋势

在之后的学习生活里,要学会注意生活中的没有被发现的创意,注意行业的动态。行业的发展趋势一般会成为竞赛的来源,行业发展遇到的问题也很可能成为参赛题目。另外,如果能有相关行业的从业人员帮助,无论是提供行业真实状况、创意思路,还是提供技术支持,都是非常难得的,对竞赛对专业发展都有好处。

这里的别人,可以是有经验的同学,可以是老师,也可以是行业从业者,任何可以交流思想的人都可以。这里有个捷径,就是听导师的,大学竞赛导师一般会选相关专业的老师,老师是有实验室的,如果能请老师提供创意思路,在老师已有的资源基础上再做工作,会比较容易。即使不是老师已有的项目,老师也能提供非常好的创新思路。但是,考虑到有些学生拿了老师的东西,不认真学习,不做任何改进,直接参赛,即使得到很好的成绩,也对自己的提高没有太多帮助。因此，如果自律性不强、劲头不足、不推荐用老师已有的资源，破釜沉舟，才可能激发潜力。

5. 个人兴趣或特长

个人兴趣与特长的选题，主要从选题原则中的展示性、互动性方面进行考虑。将专业知识与个人兴趣相结合的选题具有一定的新颖性，同时如果具有较好的展示性或者互动性，则在项目评比中会具有一定的优势。例如，团队中的某位成员精通乐器，无论是笛子、架子鼓、钢琴，还是其他适合与专业相结合的，都可以做一个基于互联网的远程乐器教学系统。在现场演示时，观众或评委现场操作，配合成员的高超演奏技巧，一定会吸引到足够的目光。

6. 指导教师有关的科研与技术开发（服务）课题中的子项目

学生的科技创新活动受到自身能力、经费等多方面因素的限制，完全依靠学生团队自身去摸索新的课题几乎不太现实。学生团队可以作为指导教师的副手，将指导教师有关的科研与技术开发（服务）课题中的子项目作为自己的基于项目学习课题。指导教师科研与技术开发科技中的子课题本身并非独立存在，学生团队可以综合己研究的成果、参阅一些资料，细心透视其横向联系、纵横交叉和互相渗透的现象，进行延伸性的选题，使工作循序渐进、步步深入，使已有的理论、假说或技术日趋完善，逐步达到学术的新高度。选择指导教师提供的课题，优点是方向成熟、经费充足，而且以导师的研究方向为蓝本，自主设计课题，能够锻炼能力。

7. 目标竞赛的参考选题

如果项目团队有参加科技创新竞赛的意愿，可以以目标竞赛的选题标准来指导科技创新项目的选题，也可以参考某项专业竞赛的历年获奖题目，变通后作为自己的项目选题。

6.3 选题的误区与注意事项

常见的有选题缺乏新意、集中在热点问题的表面、找不准切入点、课题不切实际、选题过大或过小、选题笼统抽象等问题。

1. 项目选题要符合专业背景

基于项目学习的出发点是通过参与项目，促进对本专业知识的掌握。因此，在选题时必须从自身的专业出发，选择与专业相关的选题，这样不仅可以加深对本专业相关知识的掌握，也可以促进相关专业技能的提高。以电子信息类科技创新选题为例，所选的题目主要应该涉及电子、信息相关的领域，或者与其他学科有交叉的研究领域。例如，"四旋翼无人机""智能小车"等相关题目就涉及电子、控制、机械等学科，均可以作为电子信息类科技创新选题的范围。但是，如果选择材料、环境类的课题，同时与电子信息无任何交集，则这样的选题就不符合基于项目学习的基本出发点，也就是说通过参与这样的课题，无法学到任何有用的专业知识。

项目选题与专业背景不相符的情况主要出现在"大一年度项目"阶段。由于刚入学，同学之间比较陌生，加上对本专业知识不了解，因此大一新生比较喜欢与同乡的同学组建基于项目学习团队。如果大家专业相近，选择的题目还能做到相关。如果对于相关性不大的专业，则需要慎重组建团队，除非可以选择一个兼顾专业相关知识的课题。

2. 项目选题要符合道德规范

项目选题要符合道德规范,不能利用专业知识做违反法律的项目。例如,当前有很多按键式、指纹式的密码锁,项目不能以破解相关密码锁作为选题。研究成果万一被犯罪分子所利用,则可能承担法律后果,应该避免这样有道德、法律风险的项目选题。

3. 项目选题要避免脱离实践

由于受到经历和环境的制约,大学生基于项目学习的选题可能脱离实践。最近几年,随着人们的生活质量提高,越来越多的人注重健康生活。针对这样的情况,有学生团队设计了一款"智能鞋垫"。该鞋垫匹配了 GPS 定位、计步、导航、太阳能充电、加热等功能,并配备有手机 App 用于数据的统计。从表面上看这是一个非常完整的基于项目学习的项目,但是由于加入了多个功能模块,一个鞋垫的厚度超过 2 cm,质量大于 500 g,成本价格在 300 元以上,这样的一个作品,其在可行性方面就有严重问题,脱离了鞋垫市场的真正需求。基于项目学习要求学生团队主动观察社会生活、体验社会生活,从生活中寻找研究的灵感与火花,不能异想天开。

4. 项目选题要避免雷同

项目雷同的含义有两个:一是同一年级的不同团队之间存在题目相同或相近的现象;二是低年级与高年级的项目选题存在相同或相近的现象。引起项目雷同问题的原因,主要是学生团队盲目追求热点、时髦,同时学生团队创新性不足,无法找到新的切入点。最近几年,"四旋翼无人机""智能小车""智能手套""脑电波"等研究方向非常火爆,这样就导致同一年级多个队伍都研究相同课题,内容也非常近似。虽然说如果深入研究也能学到知识,但是雷同的课题在项目评优、竞赛获奖方面竞争会更大。

5. 项目选题要避免笼统抽象

项目选题要求具体、集中、明确,避免笼统抽象。项目选题可以由宽泛的研究主题开始,逐步缩小到具体、集中的研究问题。很多学生团队容易选择比较宽泛或者是比较笼统的课题领域,甚至是某一类现象或问题,而不是一个明确、具体的课题,最终导致无从下手的局面。例如,"数学建模应用分析""利用 Cocos Creator 的游戏开发""利用 Unity 的游戏开发"等课题,题目不明确,涉及范围太广。

6. 项目选题要量力而行

大学生科技创新选题应该根据团队的专业技术水平、可利用的实验条件、能够得到的专家指导等综合确定项目选题的角度与难度,量力而行。具体应注意以下几点:选题不宜过大,如"新型火箭发射系统的研制""火星车的研制"等类型的题目,需要庞大的研究团队和深厚的技术积累才有可能成功,大学生创新团队无论是在技术还是团队上都不具备完成的可能,所以需要慎重选择此类范围过大的题目;选题不应该过难,尤其是在大一年度项目中刚刚接触到专业知识,如果项目选题太难,长时间无法取得进展,将影响团队整体的积极性,最终可能导致团队无法完成项目,结不了题。评估项目选题的可行性应该充分发挥指导教师的作用,学生团队应该与指导教师深入交流,就研究重点、技术难度等问题咨询指导教师。

7. 项目选题要考虑项目验收成果

大学生科技创新项目的结题一般是通过答辩完成的,需要专家验收点评通过才能结题,这就要求在项目选题过程中必须考虑项目验收成果。如果仅仅是一篇结题报告,而没有实质性的亮点,该项目注定是一个平庸的项目,在项目评审验收中不可能取得好成绩。特别是参加各类专业的学科竞赛,项目选题必须考虑作品的展示性和专家参与度,这两项将直接影响最终的竞赛成绩。

8. 项目名称准确规范

大学生科技创新项目名称是否准确、恰当将直接影响项目的形象与质量。准确规范地给项目命名需要注意以下几点。

(1)项目名称要准确。

准确就是要把项目研究的问题是什么、研究的对象是什么交待清楚。例如,一个创新创业训练项目名称为"基于树莓派的智能门禁管理系统",该项目的研究对象是门禁,使用处理器是树莓派,项目目标是实现智能化,项目的研究问题和研究对象非常清楚,一目了然,是一个准确的项目名称。另一个项目名称为"3D打印机的电路处理与算法优化",这个题目中,对具体研究对象定义不准确,研究对象是3D打印机还是3D打印机中的电路,算法优化具体是优化什么方面,这些在项目名称中均无法体现。

(2)项目名称要简洁。

项目名称不能太长,能不要的字就尽量不要,最长一般不要超过20个字。例如,一个创新创业训练项目名称为"基于DSP的24 GHz汽车防撞雷达的设计与实现",计算字母在内共23个字,该项目名称其实可以简化成"基于DSP的汽车防撞雷达的设计",干净利落。

(3)项目名称规范。

规范就是项目名称所用的词语、句型要规范、科学,似是而非的词不能用,口号式、结论式的句型不要用。

6.4 选题的评价

一般来说,大学生科技创新项目论证和评价的综合准则主要包括以下三项内容:一是立项背景,从选题意义和应用前景、研究目的、国内外研究现状分析或项目市场现状分析等三个方面,考察项目选题是否为当前社会发展热点问题或国内外前沿课题,是否有重要研究意义、实践意义和近期应用前景,项目研究目的是否明确,论证是否充分、严谨等;二是实施条件,根据学生团队的人员素质、设备、组织与完成项目的经费概算、研究进度,评价项目的可行性;三是成果预计,根据项目预期达到目标所产生的科学意义、经济效果,以及对社会的影响,评价项目的价值性、适用性等。

当然,对不同类型项目进行可行性评价的准则和范围应根据具体情况而异,不宜一刀切。例如,理论性研究项目应侧重项目的理论水平与科学价值,应用性项目则应强调创新性、展示性等。但是,无论什么项目的评价与论证,都不能忽略从立项背景、实施条件和成果预计这三方面详估。

大一年度项目参考评审细则见表7.1。

第 6 章　基于项目学习科技创新活动的选题

表 7.1　大一年度项目参考评审细则

一级指标	二级指标	评审标准			
		A	B	C	D
立项背景（30分）	选题意义和应用前景（10分）	选择当前社会发展热点问题或国内外前沿课题，有重要研究意义、实践意义和近期应用前景	选题有较大的研究和实践意义，能解决现实问题	有一定研究意义，有应用前景	研究意义不大，应用前景不明显
	研究目的（10分）	研究目的明确，论证充分、严谨	研究目的比较明确，论证比较充分、严谨	研究目的明确，论证充分	研究目的不明确，论证不充分
	国内外研究现状分析，或者项目市场现状分析（10分）	清楚，且分析准确、全面	清楚，分析不够全面	了解部分情况，分析不准确	不了解
研究内容及方法（50分）	研究内容（20分）	内容充实，结构完整，逻辑清晰	内容比较充实，结构比较完整，逻辑比较清晰	内容充实，结构完整	内容简单，结构存在问题，逻辑混乱
	项目创新点和特色（10分）	具有较大的理论创新或者实践创新，具有重大的推广价值和鲜明的研究特色	有一定的理论或实践创新，具有一定的推广价值和特色	具有部分创新，特色不够明显	没有创新点和特色
	拟采用的研究方法和技术路线（10分）	科学，先进，可行且有创新	先进，可行	可行	难以实行
	预期目标和成果（10分）	目标和成果明确，有先进性或有突破	目标和成果较明确，有一定的先进性	目标和成果不够明确	目标和成果不明确
其他（20分）	进度安排（10分）	进度安排清楚合理	进度安排合理	进度安排一般	进度安排不合理
	项目团队合作与分工（10分）	项目团队分工明确、合理，体现团队合作精神	项目团队分工明确、合理	项目团队分工一般	项目团队分工不合理，或者未考虑分工

　　以上的表格给出了专家评审的指标。其实，在进行项目选题时，学生团队在确定一个题目时也应该自己讨论项目的预期目标和成果。下面从项目成果形式和研究成果特色三个方面对项目的预期目标和成果进行介绍。

1. 研究成果形式

(1) 以硬件为主的成果。

体现在主要研发经费和工作用于购置、设计、开发基于器件和设备系统方面的成果称为硬件成果。以硬件为主的成果应该注重作品的展示性和参与度。例如,"图像采集遥控小车""环境监测四旋翼无人机""多功能智能化拐杖"这样的项目均是以硬件为主的成果形式。

(2) 以软件为主要特征的成果。

体现在主要研发经费和工作用于构思、设计、开发基于软件系统方面的成果称为软件成果。以软件为主要特征的成果应考虑软件的实用性、运行的环境要求、兼容性等。"利用 Cocos Creator 的游戏开发"和"基于 Unity 的游戏开发"这样的项目则单纯以软件设计为主。

(3) 研究报告。

体现在主要研发经费和工作用于构思、调研(检索)、设计、编纂基于可视图文材料的研究成果称为研究报告。研究报告还可以是著作、论文等形式。

研究成果形式可以涉及一个或多个,但应确定一个为主要代表。例如,设计一个"环境监测四旋翼无人机",环境监测传感器和四旋翼无人机都是硬件的范畴,但是中间所涉及的传感器数据读取、无人机飞行控制和信息远距离通信等均有软件开发的内容。

2. 研究成果特色

研究成果应体现以下内容之一或多项,但要以一个为主要特色。

(1) 实用性。

成果一旦得到应用,会产生现实的实用价值或社会效益,其影响面至少在一个局部产生效应。例如,"输液报警系统"在输液即将完成时实现报警功能,避免安全隐患;"老人关爱系统"则主要针对老年人易走丢现象,提供了导航回家的功能,并融合了心率测试、跌倒报警、行走路径查询、实时定位等功能,为老年人的出行提供了安全保障,具有广泛的实用性。

(2) 广义性。

一些带有基础研究的成果可以在多个不同的应用系统内得到普及应用,则说明研究成果的受益面宽厚,影响周期长久。

(3) 经济性。

研究成果得到应用后的性价比高,经济效益好。

(4) 趣味性。

某些研究成果能够体现很好的专业技术的综合性或具有很好的可视化效果,容易在学生群体中产生感性反响,则可以称为趣味性强。

(5) 理论性。

研究成果体现对研究对象的总结、归纳,并从中得出相应的规律或发展趋势,具有一定的理论研究价值,则认为该研究成果具有理论性。

(6) 连续性。

一些研究成果可能是一个阶段性的或可作为后续新的研究成果的一个台阶,当经过两个以上台阶后的研究成果将会是一个更出色的成果时,可以认定该研究成果具有连续性。

第 7 章

科技创新项目过程文档撰写

基于项目学习的科技创新活动在开题、中期和结题阶段均需要撰写报告并进行现场答辩。项目评审专家将根据报告和现场答辩情况评定项目等级和奖项等,所以撰写符合要求的立项报告、中期检查报告和结题报告等项目过程管理文档对取得好的项目成果具有重要意义。过程管理文档的两大主题为报告的内容和报告的格式。其中,格式部分可以参考学位论文撰写格式,项目过程文档参考正文格式如图 7.1 所示。因此,本章主要从规范、技巧方面对项目过程管理文档的撰写进行介绍。

> Word 文档页面设置为 A4 纸型,页边距各 2;文档网格设置为每页约 34 行,每行约 34 个字(参考哈工大研究生论文撰写规范),行间距一般采用多倍行距 1.25;正文用小四号宋体,其中阿拉伯数字、英文用 Times New Roman 体。

图 7.1　项目过程文档参考正文格式

7.1　立项报告的撰写

立项报告是基于项目学习的课题方向确定之后,由项目小组在深入调查研究的基础上,按照要求撰写的选题计划,主要用于说明所选课题的立项背景、已经具备的条件和准备如何开展研究等,也可以说是对所选课题的论证和设计。立项报告是提高选题质量和水平的重要环节。

学生在指导教师的指导下,完成选题、文献调研、实验方案论证等立项工作后,要填写"哈尔滨工业大学大一年度项目立项报告"。立项报告的准备,重要的是对其中的关键内容要阐述清楚。这些关键内容包括:研究目标、内容和解决的关键问题,研究方法,技术路线,实验方案,预期研究结果,进度计划等。立项报告初稿需经导师审核,修改定稿后再经答辩委员会(或答辩小组)公开答辩通过,即完成了立项过程。

一份完整的立项报告包括封面和内容,其中封面主要涵盖项目题目、团队成员、指导教师等信息,以及指导教师评语和答辩评语等。大一年度项目立项报告和大学生创新创业训练项目申请书封面信息如图 8.2 和图 8.3 所示。除需要统计项目名称、负责人、指导教师信息外,还需要指导教师给出立项评语。同时,在项目答辩完成后,将由项目评审专家组给出项目的总体评语,该总体评价将直接决定项目的资助金额,因此务必好好准备立项报告。

编号：

哈尔滨工业大学

大一年度项目立项报告

项目名称：______________________

项目负责人：__________学号：______

院系及专业：______________________

指导教师：__________职称：______

联系电话：________电子邮箱：______

院系及专业：______________________

哈尔滨工业大学基础学部制表

填表日期：　年　月　日

一、项目团队成员(包括项目负责人、按顺序)

姓名	性别	所在院系	学号	联系电话	本人签字

二、指导教师意见

签名：

年　月　日

三、项目专家组意见

批准经费：　元

组长签名：　(学部盖章)

年　月　日

图 7.2　大一年度项目立项报告封面信息

编号：

哈尔滨工业大学

大学生创新训练项目申请书

项目名称：______________________

申请级别：__________(国家级、校级)

负　责　人：__________学号：______

联系电话：________电子邮箱：______

院系及专业：______________________

指导教师：__________职称：______

联系电话：________电子邮箱：______

院系及专业：______________________

哈尔滨工业大学本科生院

填表日期：　年　月　日

项目名称：______________申请经费：______元

一、课题组成员(包括项目负责人、按顺序)

姓名	性别	所在院系	学号	联系电话	本人签字

二、指导教师意见

签名：

年　月　日

三、院(系)专家组意见

组长签名：　(盖章)

年　月　日

四、专家组意见

批准经费：　元

组长签名：　(盖章)

年　月　日

图 7.3　大学生创新创业训练项目申请书封面信息

图 7.4 给出了大一年度项目和大学生创新创业训练计划立项报告的撰写内容要求。由图可知，虽然大一年度项目的立项报告与大学生创新创业训练计划的立项报告在内容上有些许差异，但是总的来说，立项报告所涵盖的内容主要有以下几点：立项背景、已经具备的条

件、项目研究内容与实施方案、进度安排、中期及结题预期目标、经费使用计划、参考文献。大一年度项目立项报告与大学生创新训练项目申请书内容要求,如图7.4所示。下面针对这七项主要内容,分别做介绍。

大一年度项目立项报告内容要求
(一)立项背景(研究现状、趋势、研究意义等)
(二)项目研究内容及实施方案
(三)进度安排
(四)中期及结题预期目标(即中期检查和结题验收时考核的依据)
(五)经费使用计划
(六)主要参考文献(参考文献书写顺序:序号作者、文章名、学术刊物名、年,卷(期):引用起止页)

大学生创新训练项目申请书内容要求:
1. 项目简介(300~500字)
2. 申请理由(包括自由/团队具备的知识和能力情况、前期准备情况等)
3. 立背景(研究现状、趋势、研究意义等,参考文献和其他有关背景材料)
4. 项目实施方案(计划、技术路线、人员分工等)
5. 项目特色与创新
6. 进度安排
7. 中期及结题预期目标(即中检和结题时考核的依据,比如论文级别、专利、设计、产品、服务等)
8. 经费使用计划

图7.4 大一年度项目立项报告与大学生创新训练项目申请书内容要求

1. 立项背景

立项背景也就是立项依据,按照括号中给出的撰写建议,立项背景主要包括研究现状、趋势、研究意义等。立项背景主要用于说明开展此项工作的研究背景,分析以往研究工作的进展、趋势和存在问题,表明本课题将对哪一问题展开研究,或者在学习、生活中遇到了什么新问题或发现了什么新现象,而需要进行研究,将这些信息资料收集全进行分析,以证明对问题的选择和分析是正确的。简言之,立项背景就是说明"因为什么原因""我要做什么""为什么要做""现在其他人都做到什么水平了",能向评委解释清楚这个问题,就可以开展相关的研究工作了。

申报项目的出发点和目的要明确,立论依据要充分。当前科学研究既高度综合又高度分化,学科之间的相互交叉和渗透日趋广泛,新知识、新理论更新加快。即使在同一领域,由于研究背景和方法不同,对一个课题的理解、看法也差异很大,因此在撰写立项报告时,要在查阅大量国内外文献资料、广泛调研的基础上,尽可能地把申报项目的意义、特点和创新点充分表达出来。要清楚、客观、全面地说明国内外同行的研究状况,如已研究的程度、所用的方法和手段以及发展趋势。要特别指出目前需要解决的问题及其没有解决的原因,提出对此问题的解决办法及要达到的目的等。此外,参考文献的引用一定要得当,要注意引用文献发表的时间及杂志的权威性。

研究现状与研究趋势即文献综述,是指通过对文献资料的查阅,特别是近期的文献引证,了解所选课题在国内外的研究进展和发展趋势,用于论证所选课题的创新性,尤其是国内同行的工作要尽量引证,避免过激地评价别人工作。文献综述工作对项目的开展意义重大。首先,通过文献综述可以了解其他研究人员在所选领域的研究情况。研究工作最根本的特点就是要有创造性,熟悉了其他科研人员的研究情况,才不会在已经研究透彻、方案十分成熟的情况下重复别人的老路,而会站在别人研究的基础上,从事更高层次、更有价值的研究。其次,学生科技创新项目团队要掌握与课题相关的基础理论知识,理论基础扎实,研究工作才能有一个坚实的基础,否则,没有理论基础,很难研究深入,很难有真正的创新。因此,开展科学研究时,一定要多方面地收集资料,要加强理论学习,这样在制定研究方案和写立项报告时,才能更有把握,制定出的方案才能更科学、更完善,写出的立项报告也更加扎实可信。

研究的目的和意义也就是为什么要研究本课题、研究它有什么价值。一般可以先从现实需求方面去论述,指出现实当中存在什么问题需要去研究、去解决,本课题的研究有什么实际作用,可以解决什么问题,然后再提课题的理论和学术价值。研究目的和意义一般应具体、有针对性,不能漫无边际地空喊口号。

立项背景是要回答为什么要进行该项目研究的问题,有什么研究意义,这是立项的依据。切忌题目太大、研究内容过多,否则评审专家会给出"研究内容和研究目标太大,难以完成,不予资助"的评价。

2. 申请理由/已经具备的条件

申请理由和已经具备的条件主要是用于说明项目团队具备项目开展研究的一系列条件,按照撰写建议,一般包括自身、团队具备的知识和能力情况,前期准备情况等。对于大一年度项目来说,未单独要求写出申请理由/已经具备的条件的内容,也可以在立项背景中提出团队、个人具备的某方面的知识或能力,以及准备情况等。例如,大一年度项目的选题为"智能象棋",而如果项目团队中有对象棋感兴趣,或者曾经得过象棋比赛奖项的队友,则在这个选题中会更有说服力。相反,如果选择这样一个选题,但是团队成员中没有一个对象棋有所了解,则在项目答辩过程中,评委们往往会纠结"能否胜任"这样的问题,因为项目团队在开展研究工作前还得去熟悉象棋的规则。再如,选择了"游戏设计"的题目,团队成员中有游戏爱好者,同时编程能力突出,中学阶段就荣获编程竞赛奖项,这样在评委考察项目可行性时,会更有说服力。而对于大二学生的大学生创新创业训练计划,就不能单纯从兴趣、爱好方面来阐述申请理由。因为已经通过大一年度项目的锻炼,所以各个项目团队均具备了一定的专业研究能力,所有此时的申请理由应该突出专业能力,具备熟练的单片机硬件设计能力、软件开发能力,大一年度项目获得奖项,参加专业学科竞赛获得奖项……这些能够体现能力的素材,在立项答辩时往往能侧面论证完成项目的可能性,评委也更青睐具备一定能力的团队。

3. 项目研究内容与实施方案

项目的研究内容和实施方案,也就是项目"做些什么"和"怎样做",是立项报告的主体部分,也是立项答辩时需要主要介绍的内容。项目的研究内容主要用于说明项目所涉及的所有功能。实施方案则是项目确定之后,项目组在正式开展研究之前所制订的整个项目研究的工作计划,它初步规定了课题研究各方面的具体步骤。实施方案对整个研究工作的顺利开展起着关键的作用,尤其是对于科研经验较少的大学生来讲,一个好的方案可以避免无从下手,或者避免出现进行一段时间后不知道下一步干什么的情况,保证整个研究工作有条不紊地进行。可以说,研究方案水平的高低是一个课题质量与水平的重要反映。

为在立项报告中更好地说明项目的研究内容和实施方案,结合电子信息类大学生科技创新活动的特点,建议可以采用三幅图的形式:系统功能框图、系统硬件结构图和系统的软件控制流程图。

(1)系统功能框图。

系统功能框图是指按照系统功能的从属关系画成的框图,框图中的每一个方框均代表实际系统中的某个功能模块。功能模块可以根据具体情况划分,若需尽可能详细描述系统的结构功能关系,则可将每个子功能方框划分得更为细致。系统功能框图的设计过程就是把一个复杂的系统分解为多个功能较单一的模块的过程,这种分解为多个功能较单一的模块的方法称为模块化。模块化是一种重要的设计思想,这种思想把一个复杂的系统分解为一些规模较小、功能较简单的、更易于建立和修改的部分。一方面,各个模块具有相对独立性,可以分别加以设计实现;另一方面,模块之间的相互关系(如信息交换、调用关系)则通过一定的方式予以说明,各模块在这些关系的约束下共同构成统一的整体,完成系统的各项功能。通过绘制系统功能框图,再结合一定的文字说明,可以让人一目了然地知道项目的研究内容。

由图 7.5 所示的智能门锁系统功能框图可以清楚的了解到,所设计的智能门锁使用了密码、指纹、图像、音频、门禁卡五种开锁方式,并且支持自动锁门和开门、语音输出和联网功能。

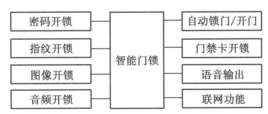

图 7.5 智能门锁系统功能框图

(2)系统硬件结构框图。

系统的硬件结构框图与系统功能框图一一对应,是指完成系统各个功能模块所采用的硬件结构。这里突出系统硬件结构框图的原因是,作为电子信息类基于项目学习的科技创新活动,一般的选题为设计一个应用电子系统,涉及软件和硬件部分。如果说选题只涉及软件而不需要搭建硬件系统,则无法给出系统硬件结构框图。

图 7.6 所示的智能门锁硬件结构框图与图 7.5 所示的智能门锁系统功能一一对应,由智能门锁的硬件结构框图可知各个功能的具体硬件实现方式,如主控芯片采用 Arduino,数字键盘模块主要用于密码开锁功能,指纹识别模块主要用于指纹开锁功能,WiFi 联网模块用于智能门锁联网等。

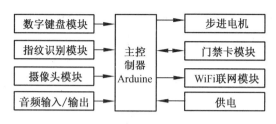

图 7.6 智能门锁硬件结构框图

(3)系统软件控制流程图。

系统软件控制流程图是指用统一规定的标准符号描述系统控制程序运行的各项具体步骤,是系统程序设计的最基本依据,用于说明系统运行程序的逻辑性与处理顺序,具体描述了系统工作的逻辑及步骤。系统软件控制流程图是系统算法的一种图形化表示方法,具有直观、清晰、更易理解的特点。

智能门锁中指纹开锁功能软件控制流程图如图 7.7 所示,该流程图明确了指纹采集、指纹预处理、特征提取、指纹库特征匹配、开锁等流程之间的逻辑与处理顺序,可以让读者直观地了解该功能的运行原理。

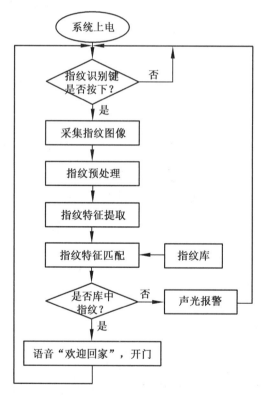

图 7.7 智能门锁中指纹开锁功能软件控制流程图

系统功能框图描述了系统的研究内容,硬件结构框图和软件控制流程图则分别从硬件和软件方面阐述的系统功能的具体实施方案。因此,在立项报告和答辩 PPT 中,只要绘制好这三张图并搭配适当的文字说明,则可以事半功倍,评委在评审时也能够对项目研究内容和实施方案一目了然。

(2) 系统硬件结构框图。

系统的硬件结构框图与系统功能框图一一对应，是指完成系统各个功能模块所采用的硬件结构。这里突出系统硬件结构框图的原因是，作为电子信息类基于项目学习的科技创新活动，常规的选题为设计一个应用电子系统，涉及软件和硬件部分。如果说选题只涉及软件而不需要搭建硬件系统，则无法给出系统硬件结构框图。

(3) 系统软件控制流程图。

系统软件控制流程图是指用统一规定的标准符号描述系统，控制程序运行的各项具体步骤，是系统程序设计的最基本依据，用于说明系统运行程序的逻辑性与处理顺序，具体描述了系统工作的逻辑及步骤。系统软件控制流程图是系统算法的一种图形化表示方法，具有直观、清晰、更易理解的特点。

4. 项目进度安排

项目进度安排，也就是项目在时间和顺序上的安排，一般与项目的研究内容和持续时间相关。进度的安排要充分考虑研究内容的相互关系和难易程度。一般情况下，都是从基础问题开始，分阶段进行，每个阶段从什么时间开始、至什么时间结束都要有明确规定。项目进度安排主要包括：整个研究拟分为哪几个阶段，各阶段的起止时间，各阶段要完成的研究目标、任务，各阶段的主要研究步骤，本学期研究工作的日程安排等。像大一年度项目一般持续时间在8个月左右，大学生创新创业训练计划一般为1～2年，各项目团队可以依据这一规定时间，合理安排进度。要把主要时间放在资料准备、知识学习、项目设计、软硬件调试等环节，具体研究时间的安排，要坚持"分配合理、重点突出、机动灵活、可操作性强"等原则。不可拖得太长，否则将失去时效性；也不宜太短，要适当留有余地。

5. 中期及结题预期目标

中期和结题的预期目标是指本项目研究在中期和结题阶段，拟取得什么形式的阶段研究成果和终结研究成果，用于界定项目中期和结题时产出物、可交付物（预期研究成果）的范围。预期的研究成果包括产品、设计、工艺、模型、装置、软件等。课题不同，研究成果的内容、形式也不一样，但无论形式是什么，课题研究必须有成果，否则就是这个课题没有完成。

6. 人员分工

在立项报告中，为更好地体现完成项目的团队力量，需要对团队中的人员分工进行明确。团队分工必须要分得明确合理，争取让每个人了解自己的工作和责任，不能吃大锅饭。但是在分工的基础上，也要注意全体人员的合作，大家共同研究，共同商讨，克服研究过程中的各种困难和问题。

6. 经费使用计划

无论是大一年度项目还是大学生创新创业训练计划，学校均会有一定的经费支持。经费支持一般按需报销，因此在立项报告中，应该根据项目的功能需求采购相关的原材料、元器件、图书资料等，然后根据资助金额给出合情合理的经费使用计划。经费使用计划一般用表格说明，给出各项支出，同时给出总计经费，方便评审时评估。

7. 参考文献

文献引用是项目学习环节中的一个重要内容，科学、合理地引用文献既是科学规范，也事关科学道德。引用别人的成果、思想、方法等而不列参考文献可认定为剽窃。参考文献是科技论文不可缺少的组成部分,反映论文的取材来源、材料的广博程度和材料的可靠程度。一份完整的参考文献也是向读者提供的一份有价值的信息资料。立项报告的撰写应本着严谨求实的科学态度,凡有引用他人成果之处,均应按论文中所出现的先后次序列于参考文献中。但需注意,产品说明书、各类标准、各种报纸上刊登的文章及未公开发表的研究报告等不宜作为参考文献引用。按照立项报告的要求,立项报告中的参考文献格式如图7.8所示。参考文献的格式是立项报告中最复杂,同时也是最考验文档处理水平的部分,需要加以注意。

> 参考其他文献,包括引用原文或参考、综述、评论他人观点,要在文中加引注标记,采用顺序编码制,符号按出现的先后顺序为[1][2]……,用上角标,与文后所列参考文献序号一致。参考文献只列出已经公开出版且在文中加注的文献,著录格式另附。文中图、表应有自明性,且随文出现,须注明图名、表名,按顺序标明序号如表1、表2、……、图1、图2、……,图名、表名及内容、参考文献均为五号字。请在稿件首页地脚处给出作者简介信息。
>
> 参考文献著录原则和方法:
>
> 1. 期刊杂志著录格式
>
> [1]作者姓名,作者姓名.参考文献题目[J].期刊或杂志等名称,年份,卷(期数):文章起-止页码.
>
> [2]刘凡丰.美国研究型大学本科教育改革透视[J].高等教育研究,2003,5(1):18-19.(没有卷的就直接写2003(1))
>
> 2. 中文图书著录格式
>
> [3]谭丙煜.怎样撰写科学论文[M].沈阳:辽宁人民出版社,1982,5-6.
>
> 3. 硕士、博士论文著录格式
>
> [4]作者姓名.参考文献题目[D].南京:南京农业大学,2002.
>
> 4. 报纸著录格式
>
> [5]作者姓名.参考文献题目[N].人民日报,2005-06-12(第几版).
>
> 5. 电子文献著录格式
>
> [6]作者姓名.电子文献题名[EB/OL].电子文献的出处或可获地址,发表或更新日期.
>
> 6. 论文集著录格式
>
> [7]作者姓名.参考文献题目[A].主编.论文集名[C].出版地:出版单位,出版年.起-止页码.
>
> 7. 原著翻译中文的著录格式
>
> [8]外国作者姓名(作者姓名:姓在前,名在后,姓全拼大写,名缩写,姓与名之间隔半格,作者之间用逗号隔开).参考文献题目[M].译者(名字)译.出版地:出版单位,出版年.起-止页码.(本条为原著翻译中文的著录格式,多个译者可写为:***,***,***,等译.)

图 7.8 立项报告中的参考文献格式

7.2 中期报告的撰写

中期检查是指在项目执行过程中,由基础学部和各个院系组织专家组对项目进展状态进行阶段性的检查,中期检查既可以让院系了解学生的项目进展状态,同时也能督促学生抓紧时间进行项目研究,是大一年度项目和大学生创新创业训练计划执行过程中的关键时间节点之一。与立项答辩相同,中期检查采取现场答辩的方式进行,专家通过查阅"中期检查报告"和听取项目组长关于项目进展情况的汇报,对每个项目提出改进意见和建议。项目中期检查阶段,学生可以根据项目的实际进展情况提出项目变更或中止请求。

大一年度项目中期报告封面如图 7.9 所示,大学生创新创业训练项目中期检查报告封面如图 7.10 所示。与立项报告不同,中期报告中项目专家组的意见是较固定的格式,主要判断项目进展是否已经达到中期目标,成绩评定是否合格,如果不合格,项目的实施意见是改正后继续执行还是终止项目等。由此可知,如果说项目中期检查不通过,则对项目能否继续实施有重大影响。每一个项目组均应该重视起来,正确对待中期检查。

图 7.9 大一年度项目中期报告封面

| 编号：

哈尔滨工业大学
大学生创新训练项目中期检查报告

项目名称：_____
申请级别：_____（国家级、校级）
负 责 人：_____ 学号：_____
联系电话：_____ 电子邮箱：_____
院系及专业：_____

指导教师：_____ 职称：_____
联系电话：_____ 电子邮箱：_____
院系及专业：_____

哈尔滨工业大学本科生院
填表日期： 年 月 日 | 一、课题组成员（包括项目负责人、按顺序）

\| 姓名 \| 性别 \| 所在院系 \| 学号 \| 联系电话 \| 本人签字 \|
\|---\|---\|---\|---\|---\|---\|
\| \| \| \| \| \| \|
\| \| \| \| \| \| \|
\| \| \| \| \| \| \|
\| \| \| \| \| \| \|

二、指导教师意见

签名：
年 月 日

三、专家组意见
1.是否达到中期目标（在□内打√）
□达到中期目标 □基本达到中期目标 □未达到中期目标
2.成绩评定（在□内打√）
□合格
□不合格，项目实施意见：□改进后可继续执行
□提出警告，观察后再定继续执行或中止
□中止实施
3.其他意见和建议：
组长签名： （学部盖章）
年 月 日 |

图 7.10 大学生创新创业训练项目中期检查报告封面

图 7.11 和图 7.12 所示为大一年度项目和大学生创新创业训练计划中期检查报告内容要求。由图可知，中期检查报告是在立项报告的基础上，增加了对前一阶段项目执行情况的总结，以及下一阶段的工作计划。下面主要就总结和计划两个方面内容进行简要说明。

大一年度项目中期检查报告内容要求：

（一）立项背景（研究现状、趋势、意义等）
（二）项目研究内容及实施方案
（三）项目实施的进展情况及初步取得的成果（包括遇到的困难，下一步工作计划等）
  1.目前的进展情况及成果
  2.目前所遇到的困难
  3.下一步计划和安排
（四）结题预期目标（结题验收时考核的依据）
（五）经费使用情况
（六）参考文献
（注：中期检查报告字数应不少于 2 000 字）

图 7.11 大一年度项目中期检查报告内容要求

第7章 科技创新项目过程文档撰写

```
大学生创新创业训练计划项目中期检查报告内容要求：
    1. 项目简介(300～500 字)
    2. 立项背景(研究现状、趋势、研究意义等,400 字左右)
    3. 项目方案
    4. 项目实施的进展情况及初步取得的成果
    5. 特色与创新
    6. 项目实施过程中的收获与体会
    7. 经费使用情况
```

图 7.12 大学生创新创业训练项目中期检查报告内容要求

1. 项目的进展情况

项目的进展情况是指从立项后到中期检查这一段时间内,项目组针对项目已经开展的工作情况,可以按时间顺序或内容板块有条理地说明研究工作的开展情况,有详有略、有主有次地陈述研究过程中做了什么、怎么做的。

2. 已经取得的阶段性成果

客观地阐明从立项后到中期检查这一段时间内,项目组完成的研究内容、达成研究目标的情况。按照电子信息类科技创新项目的特点,中期检查的阶段性成果一般包括搭建了系统电路、实验了某一项功能、检测并显示了某一项数据等,结合电路图、实验图等图片形式,证明在中期检查时,的确已经取得了一定的成果。阶段性成果最好是有图片、有实物展示,而不能是单纯的文字描述,图片和实物会更有说服力。

3. 目前遇到的困难

目前遇到的困难是指项目执行过程中遇到的难以解决的问题。一般来说,遇到的困难是指技术上的技术难题,而不是其他的外部环境或客观条件。同时,所有遇到困难的解决方案也应该做到心中有数,是学习某个方向的知识,或是向指导教师、师兄请教,还是更换研究内容,甚至改变研究方案,不能只是提出了困难,而没有解决方案。

4. 下一步的工作计划

下一步的工作计划是指前段应做而没有完成的工作如何补救、项目组面临的疑难困惑如何解决、后段研究思路有何调整、后段主要研究活动怎么安排。

5. 结题预期目标

与立项报告中的中期和结题预期目标类似,中期目标用于在中期检查时考核中期是否达到预期目标。此处的结题预期目标,则是在立项报告中的结题目标的基础上,结合项目进展情况和下一步工作计划修订后的结题预期目标。它可以与立项报告时的结题预期目标一致,也可以做修改。但是一旦确定并落实在中期检查报告中,项目结题时则会根据此目标进行验收。制定合情、合理的结题预期目标对项目的按时完成十分重要。

6. 经费使用情况

根据项目执行过程中的经费实际使用情况进行介绍,实事求是地说明经费花销。

项目中期检查阶段,除提交中期检查报告和现场答辩外,学生可以根据项目的实际进展情况,提出项目人员变更或中止请求。哈尔滨工业大学大一年度和大学生创新创业训练计划项目人员变更申请表见表 7.1 和表 7.2。哈尔滨工业大学大一年度和大学生创新创业训练项目中止实施申请表见表 7.3 和表 7.4。需要注意的是,按照哈尔滨工业大学创新学分管理办法,完成大一年度项目和大学生创新创业训练计划,均可以得到相应的创新学分,故应该尽量完成项目,不要中途放弃。

表 7.1　哈尔滨工业大学大一年度项目人员变更申请表

项目名称							
负责人		学号		联系电话		院(系)	
指导教师		职称		联系电话		院(系)	
原小组成员信息(包括负责人,按顺序)							
排序	姓名	学号			变动情况		本人签名
1					□不变　□退出		
2					□不变　□退出		
3					□不变　□退出		
4					□不变　□退出		
推荐加入成员信息(推荐加入成员不超过 2 人,且小组成员总数不超过 4 人)							
排序	姓名	基本信息					本人签名
1		性别		年级		学号	
		院(系)及专业			身份证号		
		联系电话			E-mail		
2		性别		年级		学号	
		院(系)及专业			身份证号		
		联系电话			E-mail		
变更理由:　　　　　　　　　　　　　　　　　　　　　　　　项目负责人签名: 　　　　　　　　　　　　　　　　　　　　　　　　　　　　　年　　月　　日							
指导教师意见: 　　　　　　　　　　　　　　　　　　　　　　　　　　　　签名: 　　　　　　　　　　　　　　　　　　　　　　　　　　　　　年　　月　　日							
院(系)意见: 　　　　　　　　　　　　　　　　　　　　　　　　　　　　(盖章) 　　　　　　　　　　　　　　　　　　　　　　　　　　　　　年　　月　　日							
学校意见: 　　□同意变更　□不同意变更　□原成员全部退出,终止该项目运行　(盖章) 　　　　　　　　　　　　　　　　　　　　　　　　　　　　　年　　月　　日							

注:此申请在项目中期检查前提交有效。

表7.2 哈尔滨工业大学大学生创新创业训练计划项目人员变更申请表

项目名称						级别		
负责人		学号		联系电话			院(系)	
指导教师		职称		联系电话			院(系)	
原小组成员信息(包括负责人,按顺序)									

排序	姓名	学号	变动情况	本人签名
1			□不变　□退出	
2			□不变　□退出	
3			□不变　□退出	
4			□不变　□退出	

推荐加入成员信息(推荐加入成员不超过2人,且小组成员总数不超过4人)				
排序	姓名	基本信息		本人签名
1		性别　　　　年级　　　　学号		
		院(系)及专业　　　　身份证号		
		联系电话　　　　E-mail		
2		性别　　　　年级　　　　学号		
		院(系)及专业　　　　身份证号		
		联系电话　　　　E-mail		

变更理由：
项目负责人签名： 年　月　日
指导教师意见：
签名： 年　月　日
院(系)意见：
(盖章) 年　月　日
学校意见： □同意变更　□不同意变更　□原成员全部退出,终止该项目运行　　(盖章) 年　月　日

注：此申请在项目中期检查前提交有效。

表 7.3　哈尔滨工业大学大一年度项目中止实施申请表

项目名称						
负责人		学号		联系电话		院（系）
指导教师		职称		联系电话		院（系）
成员一姓名及学号			成员二姓名及学号			
成员三姓名及学号			成员四姓名及学号			
立项时间		年　　月		经费报销金额		
项目已完成的工作的中止理由： 项目负责人签名： 年　　月　　日							
指导教师意见： 签名： 年　　月　　日							
基础学部意见： （盖章） 年　　月　　日							

表 7.4　哈尔滨工业大学大学生创新创业训练计划项目中止实施申请表

项目名称				级别	□国家级　　□校级	
负责人		学号		联系电话		院（系）
指导教师		职称		联系电话		院（系）
成员一姓名及学号			成员二姓名及学号			
成员三姓名及学号			成员四姓名及学号			
立项时间		年　　月		经费报销金额		
项目已完成的工作的中止理由： 项目负责人签名： 年　　月　　日							
院（系）意见： 签名： 年　　月　　日							
学校意见： （盖章） 年　　月　　日							

7.3 结题报告的撰写

项目结题是指项目研究工作即将结束时,对项目研究结果进行总结、探讨、理论阐释及提出新问题的过程。结题是项目研究的必要过程之一,是加强项目管理、提高项目质量的重要环节。通过结题可以发现好的或潜在的研究成果,经同行专家指导或推广,可以提升成果的理论价值和实践应用价值。结题为研究者提供了听取同行评议、反思自己研究过程和研究行为的机会,有利于发现研究中存在的问题或产生新的问题,为今后更深入的研究开辟了道路。

结题报告是课题研究人员撰写的,旨在反映课题研究过程和结果的书面材料。研究人员通过撰写结题报告向主管部门汇报开展研究工作的情况和成果,取得主管部门的承认、支持和理解。通过结题报告在同行或同学之间进行交流,在学术刊物上发表自己的研究成果以扩大影响。此外,大学生撰写结题报告可以培养自己归纳、总结、概括、推理和论述的能力,学会展示自己的工作和成果,总结和反思自己的研究工作,不断提高自己的科研水平。

图 7.13 和图 7.14 所示为大一年度项目和大学生创新创业训练计划结题报告封面及首页内容,除常规信息外,均要求列出项目成果。而且大学生创新创业训练计划项目还将项目成果分类成专利、论文和其他成果,进一步细化了成果形式。每一个项目组均应该从自己的科技创新项目中提炼出相应成果,撰写发明专利或期刊论文,进一步提升项目价值。

图 7.13 大一年度项目结题报告封面及首页内容

一、课题组成员（包括项目负责人、按顺序）					
姓名	性别	所在院系	学号	联系电话	本人签字

二、指导教师意见

签名：

年　月　日

三、院（系）专家组意见

组长签名：　（盖章）

年　月　日

四、学校专家组意见

组长签名：　（盖章）

年　月　日

五、项目成果

（一）申请专利情况

序号	专利名称	发明人	专利申请号	备注

注：请将专利申请书复印件作为附件报送。

（二）发表论文情况：

序号	论文题目	作者	刊物及期号	备注

注：请将所发表论文及其当期刊物封皮、目录的复印件作为附件报送。

（三）其他成果（软件、模型、图纸或作品等）：

序号	名称	说明

编号：

哈尔滨工业大学
大一年度项目验收书

项目名称：＿＿＿＿＿＿＿＿＿＿＿＿＿
申请级别：＿＿＿＿＿＿＿（国家级、校级）
负责人：＿＿＿＿＿＿＿学号：＿＿＿＿＿
联系电话：＿＿＿＿＿＿电子邮箱：＿＿＿＿
院系及专业：＿＿＿＿＿＿＿＿＿＿
指导教师：＿＿＿＿＿＿＿职称：＿＿＿＿＿
联系电话：＿＿＿＿＿＿电子邮箱：＿＿＿＿
院系及专业：＿＿＿＿＿＿＿＿＿＿

哈尔滨工业大学基础学部制表

填表日期：　　年　月　日

图7.14　大学生创新创业训练计划结题报告封面及首页内容

图7.15和图7.16所示为大一年度项目和大学生创新创业训练计划项目结题报告/验收书内容要求。由图可知，结题报告字数应在3 000字左右，内容包括选题背景、研究内容与方法、研究结果、创新点、参考文献等。其他研究成果还包括调查报告、设计、工艺、软件、模型、产品、作品、装置等。结题报告中的课题背景与立项报告和中期检查报告类似，此处不再赘述。下面就研究内容与方法、项目成果、结论等进行说明。

第7章 科技创新项目过程文档撰写

```
大一年度项目结题报告内容要求：
  1. 课题背景
  2. 课题研究内容与方法
  3. 研究结果
  4. 创新点
  5. 结束语
  6. 参考文献
（注：项目研究结题报告字数应不少于3 000字）
```

图7.15 大一年度项目结题报告内容要求

```
大学生创新创业训练计划项目验收书内容要求：
  1. 课题研究目的
  2. 课题背景
  3. 课题研究主要内容
  4. 结论（成果介绍）
  5. 经费使用情况
  6. 问题、体会与收获
  7. 建议
  8. 结束语与致谢
  9. 参考文献
（注：项目研究结题报告字数应不少于3 000字）
```

图7.16 大学生创新创业训练计划项目验收书内容要求

1. 课题研究内容与方法

陈述课题研究的目标、范围和重点，课题研究的方法、步骤与技术路线。目标要具体，扣紧课题题目，保持与研究内容的一致性。对于研究主要内容的表述，应紧扣研究目标、简明扼要、准确中肯。对于研究步骤与技术路线，要陈述在科研实施过程中所采取的阶段、方案，让别人知道课题研究是如何进行的、有什么样的过程等。要通过回顾、归纳、提炼，具体陈述采取哪些措施、策略或基本的做法来开展研究。

此处需要注意，在立项报告和中期报告中均有研究内容和实施方案等相关内容。而在结题报告中，可以参考立项和中期报告，但是不能完全照抄，而应该根据项目执行过程中的实际情况进行总结，对立项、中期报告中的研究内容和实施方案（方法）进行修正归纳，再落实到结题报告中。

2. 研究成果

研究成果是指项目研究所取得成果的有关论述、证明材料，主要包括结题报告、验收报告、科研成果（论文、研究报告、著作、实物、专利、获奖、应用证明等）。如果研究成果已经应用，还应增加成果效益的相关证明材料。研究成果是项目出彩的证明材料，尤其是电子信息类的科技创新作品，实物、竞赛得奖证明、发明专利受理书、学术论文等都是研究成果，只有在结题报告的基础上提供这些附加的项目研究成果，才能在评奖评优过程中更有竞争力。

3. 结论

结论是对整篇报告的最后总结，又称结束语、结语，是在理论分析和实验验证的基础上，通过严密的逻辑推理而得出的富有创造性、指导性、经验性的结果描述。它又以自身的条理性、明确性、客观性反映了研究成果的价值。结论的撰写要概括准确、措词严谨、明确具体、简短精练。

7.4　项目演示文稿的制作

根据哈尔滨工业大学大一年度项目管理规范和大学生创新创业训练计划管理规范,在立项、中期和结题时均需要项目组制作演示文稿进行现场答辩,因此项目演示文稿的制作也十分重要。

演示文稿也就是平常所说的PPT,是一种集文字、图形、图像、声音以及视频剪辑等多媒体元素于一体的幻灯片,可用于在公开场合展示自己的研究成果。通常在学位论文答辩、研究项目结题报告、学术会议和科技竞赛的作品展示等场合下,需要配合使用演示文稿。

通常情况下,演示文稿的篇幅要受到展示、答辩时间的约束。因此,要在有限的时间、有限的篇幅内,使听者能够清晰地把握住陈述对象的主要内容和特征、研究工作的创新点和重要价值,取得完美的展示效果,则需要把握好以下几点。

1. 明确演示文稿目的,做到有的放矢

制作演示文稿前,应该明确该PPT的目的,是介绍工作还是做知识普及。以大一年度项目或大学生创新创业训练计划的立项答辩报告来说,最主要的是向评委说明项目的选题可行,并得到评委的认可。因此,应该在简要介绍背景的基础上着重介绍项目的研究内容和实施方案,这个才是立项答辩的重点。在仅有的3～5 min答辩过程中,不必对项目的背景、经费使用计划、人员分工等做太多介绍,一带而过即可。而在结题答辩时,重点就不是项目的研究内容了,而是所采取的研究方案和最终的研究成果。因此,应该通过实物展示、图片、视频等着重突出项目所取得的成果介绍。做到有的放矢,才能通过演示文稿达到自己的目的。

2. 思路清晰,条理分明

在设计制作演示文稿之前,应先拟定演示提纲。可以按照立项报告、学术论文、学位论文、技术总结报告或其他文本内容的组成章节顺序拟定演示提纲,并标记出重点内容和辅助内容。PPT只有思路清晰、前后逻辑连贯、章节顺序条理分明,才能使听者在短时间内顺着讲述者的思路顺理成章地把握理解主题思想。如果内容较多,如学位论文答辩,则应该制定演讲目录,让人一目了然。而对于大一年度项目和大学生创新创业训练计划等项目答辩文稿来说,因为时间只有短短的3～5 min,内容较少,故可以不做目录。

3. 页数合适,遵守时间

在制作演示文档的时候往往会遇到一个矛盾:限定的时间短,而希望演示的内容多。这种情况下,务必要严格遵守限定时间。要限定演示文稿的页数,不可过多,优先演示主要内容,舍弃辅助内容,确保在有限的时间内完成演示;否则,有可能出现限定的时间到了,而主要的内容还没有讲的情况,这样的演示就达不到预期的效果。一般的基于项目学习科技创新活动答辩时间为3～5 min,再加上评委提问3 min左右,如果答辩时间超时,会造成整体进度拖沓,不利于答辩成绩。因此,在基于项目学习的答辩演示文稿中,一般6～8页均可,每页 PPT 停留 30 s～1 min。超过 10 页的 PPT，答辩过程翻页太迅速，往往不能达到预期展示效果。

4. 重点突出，用时合理

陈述答辩时，听者所能够掌握的信息取决于陈述者所传达的信息。因此，陈述者认为重要、价值大、水平高的内容，必须作为陈述的重点。例如，研究工作方案选择、工作原理，以及所用的设计、算法、实验、方法、技术关键、创新点等是主体，应详述，分配较多的时间；而与研究工作相关的一些理论基础、研究背景或是发展现状等内容要尽量简短，研究成果的结论更要简明扼要、铿锵有力，在短时间内说明问题，传达给听者的有效信息尽可能多。

5. 创新点鲜明，实事求是

科学研究提倡创新，因此在陈述中，务必鲜明地指出哪些是具有创新性的工作。但大学生开展科学研究活动时，还应注意列举创新点不可为了凑数而无中生有、生拉硬扯，要实事求是，在调研的基础上研究对比，确定研究工作的创新点。

6. 设计合理，美观大方

PPT 演示文稿功能强大，设计过程中可以充分利用它集文字、图形、图像、声音以及视频剪辑等多媒体元素于一体的优势，合理编排使用各种表现手法，选择符合演示场合的背景主题和配色方案，以求获得最佳的演示效果。设计过程中首先应该注意配色问题，受投影仪的限制，字体颜色、大小等在正式答辩时往往会和在个人电脑上显示的有差别，如颜色对比度太浅或字体太小导致看不清文字等。这种问题在经验不足的学生中经常发生，应该加以避免。因此，在选用字体方面，要把握住一个原则：文字与背景的颜色要对比强烈，根据演示环境的空间大小选择大小合适的字体。一页文稿中文字不宜过多，最好是图文配合。其次，要慎用动画和声音。立项、中期和结题答辩是一个非常正式、严肃的场合，所以演示文稿不应该有太特殊、突出的声音和花里胡哨的动画。简洁朴素的色调不过时，花里胡哨却有可能适得其反。最后，有条件的应该在准备答辩现场使用的计算机上面提前进行播放试验，以免在正式答辩时由于文件格式等原因造成无法播放、效果失真等问题。

设计制作演示文稿是大学生必备的技能之一，它简单、易上手，但做好也并不容易，需要在多次实践练习中不断体会，逐步提高。各类科技创新竞赛均设有作品演示和答辩环节，这一环节的表现是与评审专家面对面的机会，非常重要。如果作品展示和答辩效果较好，有可能为作品的竞赛成绩加分。因此，大学本科生应从进入大学开始，训练演示文档的制作和答辩的技能。

1. 立项答辩演示文稿

立项答辩评审的评价指标主要包括：

(1) 项目负责人具备的知识和能力情况，前期准备情况；

(2) 项目方案的条理性，实验设计的合理性，方法的可行性等；

(3) 选题的科学性、内容的新颖程度、研究价值；

(4) 研究目标是否明确，是否有可视化的实验过程和数据或可量化的对比结果；

(5) 成员结构，鼓励跨学科、跨专业申报；

(6) 项目陈述和回答问题情况。

因此，在准备立项答辩演示文稿时，依立项报告的内容，根据 3～5 min 的答辩时间限制,可以采用以下推荐的 6 页演示文稿内容进行设计。立项报告 6 页演示文稿参考设计方案如图 7.17 所示。

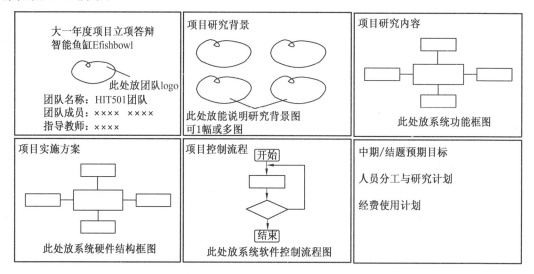

图 7.17　立项报告 6 页演示文稿参考设计方案

第一页:放置项目团队的相关信息,主要包括项目名称、项目/团队的 logo、团队名称、团队成员和指导教师。本页中的项目名称可以参考选题章节的介绍,团队 logo 可以参考组建大学生科技创新团队章节内容。目前鼓励多学科交叉立项,如果说团队成员中有其他专业的同学,或者选题中涉及其他专业的知识,则在介绍团队成员或指导教师时,应该着重提一下相关专业背景。此页介绍一般不超过 20 s。

第二页:放置项目的研究背景,主要采用图片的形式加以说明。项目的研究背景主要用于说明立项依据,主要包括研究现状、趋势、研究意义等,使用图片展示,再结合答辩人员的语言解释,评委可以一目了然地知道本项目的出发点。此页介绍一般不超过 30 s。

第三页:放置项目的研究内容。项目的研究内容使用系统的功能框图来展现,功能框图可以直接从立项报告中摘取出来。研究内容是立项答辩中的主要内容,应该使用尽可能详细的语言加以解释。通过本页的展示,评委可以了解本项目所要完成的主要功能。此页介绍一般不超过 1 min。

第四页:放置项目的实施方案。项目的实施方案使用系统的硬件结构框图来展现,可以直接从立项报告中摘取出来。实施方案是项目的具体实施方式,是对研究内容的具体化,因此应该着重介绍解释。在立项答辩过程中,评委所提的问题也主要集中在研究内容和实施方案上。此页介绍一般不超过 1 min。

第五页:放置系统控制流程。控制流程主要采用软件控制流程图来展现,直接从立项报告中摘取。软件控制流程图决定了一个复杂电子系统的运行机制,对其进行介绍,可以让评委了解系统的运行方式是否符合常规、是否存在考虑不周之处等。此页介绍一般不超过 1 min。

第六页:对立项报告中的其他内容进行简单介绍,主要包括中期/结题预期目标、人员分工和研究计划、经费使用计划等,均可以使用分项或表格的方式来说明。本页不是立项答辩的主要内容,一带而过。

2. 中期检查答辩演示文稿

中期检查答辩演示文稿的内容可以直接参考中期报告,如前文所述,受答辩时间3~5 min的限制,不能制作太多的演示文稿。图7.18所示为中期检查报告6页演示文稿参考设计方案。

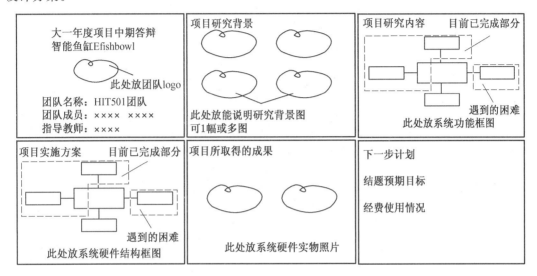

图7.18 中期检查报告6页演示文稿参考设计方案

第一页:放置项目团队的相关信息,与立项一致,一带而过,不详细展开讲述。此页介绍一般不超过20 s。

第二页:放置项目的研究背景,与立项一致,一带而过,不详细展开讲述。此页介绍一般不超过20 s。

第三页:放置项目的研究内容。项目的研究内容使用系统的功能框图来展现,在说明了系统的功能以后,可以在此框图基础上使用动画弹出虚线框,标记出目前已经完成的部分,再使用动画弹出虚线框标记遇到的困难。同时,通过语言解释,说明对遇到困难的解决办法及下一步的计划等。这样,已完成功能、未完成功能和遇到的困难都十分明确地展示在功能框图上,便于评委了解项目的进展。此页是中期检查答辩的重点,介绍一般不超过60 s。

第四页:放置项目的研究实施方案,使用系统的硬件结构框图来展示。与第三页的系统功能框图一致,在说明了系统的总体实施方案以后,可以在此框图基础上使用动画弹出虚线框标记出目前已经完成的部分,再使用动画弹出虚线框标记遇到的困难。同时,通过语言解释,说明对遇到困难的解决办法及下一步的计划等。这样,已完成功能、未完成功能和遇到的困难都十分明确地展示在硬件结构框图上,便于评委了解项目的进展。此页是中期检查答辩的重点,介绍一般不超过60 s。

第五页:放置项目已经取得的成果,对于电子信息类科技创新项目而言,成果主要就是硬件电路实物图、实物视频、竞赛获奖照片等。因此,此处通过图片形式展现,再加以语言的解释。由于是图片形式,因此本页不需要占用太长时间,一带而过,让评委能看清楚即可,一般不超过30 s。

第六页:对中期检查报告中的其他内容进行简单介绍,主要包括下一步计划、结题预期目标,经费使用情况等。本页不是中期检查答辩的主要内容,一带而过即可。

3. 结题答辩演示文稿

结题答辩演示文稿的内容可以直接参考结题报告,如前文所述,受答辩时间 3~5 min 的限制,不能制作太多的演示文稿。图 7.19 所示为结题报告 6 页演示文稿参考设计方案。

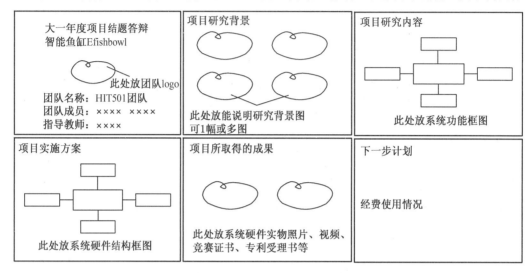

图 7.19 结题报告 6 页演示文稿参考设计方案

第一页:放置项目团队的相关信息,与立项、中期一致,一带而过,不详细展开讲述。此页介绍一般不超过 20 s。

第二页:放置项目的研究背景,与立项、中期一致,一带而过,不详细展开讲述。此页介绍一般不超过 20 s。

第三页:放置项目的研究内容,项目的研究内容使用系统的功能框图来展现。虽然在立项、中期阶段答辩时均绘制了系统的功能框图,但是在结题时,应该根据实际的完成情况对系统的功能框图进行修正。对于未实现的功能应该删除,而新增加的功能则应该补充上去。同时,借助语言解释,向评委说明完整的系统功能。此页是结题答辩的重点,介绍一般不超过 60 s。

第四页:放置项目的实施方案,项目的实施方案使用系统的硬件结构框图来展现。虽然在立项、中期阶段答辩时均绘制了系统的硬件结构框图,但是在结题时,应该根据实际的完成情况对系统的硬件结构框图进行修正,对于未使用的硬件应该删除,而新增加的硬件则应该补充上去,硬件结构框图需要和系统功能框图一一对应。同时借助语言解释,向评委说明完整的系统实施方案。此页是结题答辩的重点,介绍一般不超过 60 s。

第五页:放置项目所取得的成果。对于电子信息类科技创新项目而言,成果主要就是硬件电路实物图、实物视频、竞赛获奖照片、专利受理证书等。因此,此处通过图片形式展现,再加以语言的解释。由于是图片或视频形式,因此本页不需要占用太长时间,让评委能看清楚即可,一般不超过 30 s。

第六页:对结题报告中的其他内容进行简单介绍,主要包括下一步计划、经费使用情况等。其中,下一步计划是团队对本项目后续的发展情况的介绍,如基于项目成果参加学科竞赛、撰写发明专利或者撰写学术论文等。本页不是立项答辩的主要内容,可以稍加介绍,一般不超过 30 s。

当然,上述给出的设计方案只是作为参考,各个科创小组应该根据具体的项目需求制定个性化的演示文稿,而不是千篇一律,各组都雷同。

参加基于项目学习的科技创新项目答辩,在专家面前进行项目陈述,可以有效提高学生的口头表达与项目展示能力,这种能力的提升对后续的工作也十分有益。除制作一个图文并茂的项目演示文稿外,应该制定详细的答辩文字大纲,做到熟练、脱稿,演讲时口齿清楚、流利、声音响亮、富于感染力,可使用适当的手势,以取得答辩的最佳效果。

第 8 章

大学生科研学术道德规范

8.1 大学生学术道德规范

学术道德是指从事学术活动的主体在进行学术研究、学术评价、学术奖励等活动过程及结果处理时所遵循的行为准则和道德素质规范的总和。学术道德是科学研究的基本伦理规范,是提高学术水平和研究能力的重要保证,对增强自主创新能力、促进学术繁荣发展具有不可忽视的重要作用;学术道德是人才培养的重要内容,与学风、教风、校风建设相互促进、相辅相成;学术道德是社会道德的重要方面,对良好社会风气的形成具有示范和引导作用。

大学生在参与基于项目学习和科技创新活动中不可避免地会涉及学术研究活动,大学生学术道德就是指大学生在求学、治学过程中形成的与学习研究活动相关联的行为准则和道德素质规范的总和。大学生学术道德体现在很多方面,如在参与基于项目学习和科技创新活动时的价值观念、学生自身的品行修养、个人荣誉观与团队意识等。对于当代大学生而言,具备良好的学术道德是学术自律的体现,是个人学术的基本素养,是更有效开展学术活动的核心要求。大学生学术道德的实施和维系主要依靠学生个人的良心和学校、社会所施加的道德舆论,坚持大学生学术道德教育是确保高校各类学术活动稳定运行的基本前提,同时也是学术人员保持健康发展状态的重要条件。

大学生学术道德具有实事求是、追求真理,善于继承、勇于创新,勤奋求知、严谨治学和诚实守信、尊重他人等内涵。作为一个特殊的青年群体,参与科学研究活动的大学生们努力学习、勤奋求知、严于律己、认真钻研学术问题、勇于创新,在学术道德上表现出的整体精神风貌是健康、积极和向上的。但是不可否认,受社会、环境等各种消极因素的影响,一些大学生的学术道德出现了较为严重的缺失现象,主要表现在以下几个方面。

1. 抄袭作业

日常教学过程中,为巩固学生所学,提高其应用理论知识解决实际问题的能力,教师都会布置一些作业供学生课后练习。学生独立完成作业是恪守学术道德的基本要求,但是这种最基本的要求,目前许多大学生都无法做到。直接抄袭同学的作业,或者直接从网络上搜寻作业答案,原封不动地抄袭上交的现象普遍存在。虽然抄袭作业现象看似小事,但是正是这样日常学术过程中不明显的学术道德失范的积累,使大学生挑战学术道德底线的胆量越来越大,最后引出更严重的违反学术道德事件发生。

2. 篡改或伪造实验数据

在基于项目学习过程或各类实验课程学习过程中,由于实验数据不理想,因此学生随意篡改、伪造原始实验数据的现象也十分普遍。实验过程中所取得的原始实验数据作为第一手资料,是保证科学研究客观性、创造性的前提。学生先入为主地杜撰理想数据、随意删改自己取得的原始数据,不仅有违实事求是的学术道德精神,而且也可能导致有价值的实验成果的埋没、丧失,直接影响到学生创新能力的培养和发挥。

3. 考试作弊

考试作弊是高校的顽疾,屡禁不止,而且作弊手段更加先进,形式更加多样。考试作弊现象的扩散与蔓延是大学生学术道德缺失的体现,违背了公平、公正的考试原则,严重影响了高校的教育教学秩序,破坏了高校的校风、学风。虽然各高校出台了一些惩罚考试作弊的严厉措施,处罚从原来通报批评、警告、严重警告上升到记过、留校察看直至勒令退学,但这些"重典"威慑并没有使作弊现象完全消失,每年均有因为考试作弊被留校察看、勒令退学的案例发生。

4. 抄袭论文

大学生能够在期刊、会议上发表学术论文是收益颇多的一项成果,尤其是在评奖评优过程中,更是可以直接获得荣誉和经济利益。正是这些利益的吸引力,使得一些同学在自身学术水平未达标的情况下铤而走险,想通过抄袭其他学者的论文来达到快速发表论文的目的。抄袭论文现象在高校中屡禁不止,经常会有期刊论文或学术论文抄袭的新闻出现,而一旦被发现有论文抄袭,所涉及的人员和单位都将名誉扫地。因此,大学生务必杜绝抄袭论文的念头,踏实做学问。

5. 随意署名、一稿多投

大学生的科研成果包括学术论文、专利、科技竞赛获奖等诸多种类,而在发表相应成果时,署名的顺序对大学生的影响较大。因此,许多大学生在学术活动中弄虚作假,把他人的科研成果据为己有,在论文被录用或者成果获奖后,任意修改作者次序和著作单位,任意把名人、专家的名字署在自己的论文上借以发表,任意为别人署名。此外,还存在一稿多投、一稿多用现象,这些都是学术道德失范在成果发表中的典型现象,也是目前普遍存在的。

6. 钱物交易

基于项目学习的科技创新活动结题时需要提交作品,一些课程、科技创新竞赛也需要提交硬件实物,所以在这个过程中,有些同学不认真提高自身的能力,而通过网络购买实物、付费找人代做等"捷径"来获得实物或论文。这种钱物交易的方式对其他认真准备的同学不公平,而且往往还能得到一个比其他同学更好的成绩,在学生中影响十分恶劣,应该予以杜绝。

为维护学术诚信,促进学术创新和发展,国务院、教育部、科技部等国家部委自2002年开始就印发了多部涉及学术道德建设的法律法规,对科研工作者的学术道德行为进行约束。

2002年2月,教育部印发《关于加强学术道德建设的若干意见》(教人〔2002〕4号),意见指出:广大教育工作者在促进学术进步的事业中取得了可喜成绩,但是在学术研究工作中存在着不容忽视、某些方面还比较严重的学术风气不正、学术道德失范的问题。为此,端正学术风气,加强学术道德建设成为我国高等学校一项刻不容缓的重要任务。

2006年5月,教育部印发《教育部关于树立社会主义荣辱观进一步加强学术道德建设的意见》(教社科〔2006〕1号),分别从充分认识加强学术道德建设的重要性和紧迫性,加强自律、维护学者和学术尊严,建章立制、为加强学术道德建设提供制度保障和加强领导、把学术道德建设落到实处四个方面对高校学术道德建设提出了意见和建议。

2007年1月,中国科协发布《科技工作者科学道德规范(试行)》,明确了科技工作者的学术道德规范,并对学术不端行为及其监督处理给出了相应的阐述。

2009年6月,为规范学校师生的学术行为,端正学术风气,强化学术诚信意识,鼓励学术创新,健全学术评价机制,哈尔滨工业大学成立校学术道德委员会,并制定出台了《哈尔滨工业大学学术道德规范》,对基本的学术道德规范、学术道德委员会的职责、学术不端行为的认定和举报以及对学术不端行为的处理作出了明确而详细的规定。学术道德委员会为处理学术不端行为的最高学术调查评判机构,负责审议学校在学术道德方面的方针、政策和规范,分析和研究学校在学术道德方面存在的问题并提出意见和建议,调查、评议和仲裁校内知识产权纠纷、学术失范行为等与学术道德相关的事项。

2009年10月,科学技术部、教育部、财政部等十部委联合印发《关于加强我国科研诚信建设的意见》(国科发政〔2009〕529号),分别从加强科研诚信建设的必要性、紧迫性、指导思想、原则与目标,法制和规范建设,管理制度建设,教育制度建设,监督和惩戒机制,组织领导等七个方面给出了具体要求。

2010年11月,国务院学位委员会发布《关于在学位授予工作中加强学术道德和学术规范建设的意见》,就学位授予工作中出现的一些学术不端行为进行了明确,对于在学位授予工作各环节中存在通过不正当手段获取成绩,在学位论文或在学期间发表学术论文中存在学术不端行为,购买或由他人代写学位论文等舞弊作伪行为的当事人,必须严肃处理,其指导导师也要承担相应责任。

2016年3月,国务院办公厅印发《全民科学素质行动计划纲要(2016—2020)》(国办发〔2016〕10号),对大学生自身的学术科研能力有了更高的要求。同时,应该加强高校科学道德和学风建设,推动高校师生广泛树立科学道德和科学精神。

2016年9月,教育部出台《高等学校预防与处理学术不端行为办法》。该办法是教育部首次以部门规章形式对高校预防和处理学术不端作出的规定,从过去的规范性文件上升为部门规章,映射出学术造假频发的严峻形势及教育界对学术不端的"零容忍"。这一针对学术不端行为的"亮剑"举措,可使高校在实际操作中更有章可循、有据可循,将有助于遏制学术不端顽疾,营造风清气正的学术生态。

2018年5月,中共中央办公厅和国务院办公厅印发《关于进一步加强科研诚信建设的若干意见》,分别从总体要求、完善科研诚信管理工作机制和责任体系、加强科研活动全流程诚信管理、进一步推进科研诚信制度化建设、切实加强科研诚信的教育和宣传、严肃查处严重违背科研诚信要求的行为、加快推进科研诚信信息化建设、保障措施等八个方面对科研诚信建设工作进行了指导。

2019年3月,两会工作报告中首次提及"惩戒学术不端"和"科研伦理"等方面的问题。学位论文作假行为露头即查、一查到底、有责必究、绝不姑息并不只是一句空话,事关国家发展和民心所向。可能专门立法遏制学术不端,把科研领域的学术不端犯罪放在和职务犯罪、贪污同样重点治理的领域。

2019年10月,科技部、最高人民法院、最高人民检察院、教育部等二十部委联合印发《科研诚信案件调查处理规则(试行)》(国科发监〔2019〕323号),明确了科研诚信案件调查处理过程中的职责分工、申诉复查、保障与监督等事项,是涉及科研诚信案件调查处理的纲领性指导文件,为高校和科研院所处理学术不端问题提供了处理流程参考。

按照《哈尔滨工业大学学术道德规范》要求,学校师生员工在从事科学研究的过程中,应严格遵守《中华人民共和国著作权法》《中华人民共和国专利法》和《国家自然科学基金条例》等国家有关法律、法规、社会公德及学术道德规范,要坚守严谨和诚信原则,应当遵守下述学术道德规范。

(1)在学术活动中,充分尊重他人已经获得的研究成果;引用他人成果时注明出处;所引用的部分不能构成引用人作品的主要部分或者实质部分;从他人作品转引第三人成果时,注明转引出处。

(2)合作研究成果在发表前要经过所有署名人审阅,并签署确认书。所有署名人对研究成果负责,合作研究的主持人对研究成果整体负责。

(3)在对自己或他人的作品进行介绍、评价时,应遵循客观、公正、准确的原则,在充分掌握国内外材料、数据基础上,做出全面分析、评价和论证。

全体师生员工不得有下述学术道德不端行为。

(1)抄袭、剽窃、侵吞、篡改他人学术成果。在学术活动过程中抄袭、篡改他人作品等成果,剽窃、篡改他人的学术观点、学术思想或实验数据、调查结果;违反职业道德利用他人重要的学术认识、假设、学说或者研究计划等行为。

(2)伪造、拼凑、篡改科学研究实验数据、结论、注释或文献资料。在自己的研究成果中,故意做出虚假的陈述,捏造、拼凑、篡改实验数据、结论或引用的资料、注释,改动原始文字记录和图片等行为。

(3)伪造学术经历。为专业技术职务晋升、资历评定及申报科技项目等,在填写有关个人简历信息及学术情况时不如实报告个人简历、学术经历、学术成果,伪造专家鉴定、证书及其他学术能力证明材料等行为。

(4)一稿多投,重复或变相重复发表自己的科研成果等行为。将同一研究成果提交多个出版机构出版或提交多个出版物发表,将本质上相同的研究成果改头换面发表。

(5)未如实反映科研成果。虚报科研成果,或重复申报同级同类奖项,或随意提高成果的学术档次,在出版成果时不如实注明著、编著、编、译著、编译等行为。

(6)不当或滥用署名。未参加科学研究或者论著写作,而在别人发表的作品等成果中署名;未经被署名人同意而署其名等行为;在科研成果的署名位次上高于自己的实际贡献的行为;未经被署名人允许的随意代签、冒签;损害他人著作权,侵犯他人的署名权,将做出创造性贡献的人排除在作者名单之外。

(7)滥用学术信誉。在学术活动过程中夸大成果价值;未按照有关规定或学科管理惯例经过有关专家严格论证,或未经相关组织机构的学术论证,擅自通过新闻媒体发布、炒作研究成果,谋取个人或单位的不正当利益。

(8)其他违背学术界公认的学术道德规范的行为。包括授意(或指导教师默许其指导对象)、指使、协助他人进行有违学术道德规范的行为;在科研活动过程中违背社会道德,骗取经费、装备和其他支持条件等科研资源;故意干扰或妨碍他人的研究活动等行为。

对于违反规范的在校学生,视情节轻重追究相关责任。处理方式包括:全校范围内通报批评、警告、严重警告、记过、留校察看、开除学籍的纪律处分;撤销获得的有关奖励或其他资格;取消参加各类奖励评定的资格;取消申请获得相关学位的资格。若当事人的行为侵犯其他个人或单位的权益,在给予上述处分的同时,责令其向有关个人或单位公开赔礼道歉,补偿损失。对于在读期间违反本规范的已毕业学生,将依照问题的严重程度,给予相应的追加处分,直至撤销其所获学位,并通报其所在工作单位。以上处理方式可以单独做出,也可以并用。

【延伸阅读】 学术论文撤稿事件

2015年3月,英国现代生物出版集团(BioMed Central)宣布撤销旗下12种期刊43篇论文,其中41篇来自中国。撤稿理由为"发现第三方机构有组织地为这些论文提供了虚假同行评审服务"。2015年8月,施普林格(Springer)撤回旗下10个学术期刊已发表的64篇中国作者的论文。2015年10月,爱思唯尔(Elsevier)撤销旗下5本杂志中的9篇论文,论文全部来自中国高校或研究机构,撤稿理由是"论文的同行评审过程被人为操纵"。2017年4月,施普林格·自然出版集团(Springer Nature)发表声明,宣布撤回旗下《肿瘤生物学》(*Tumor Biology*)期刊107篇发表于2012—2015年的论文,撤稿原因是"同行评议造假"。107篇论文全部与中国研究机构有关,还创下了正规学术期刊单次撤稿数量之最。107篇论文撤稿事件发生后,虽然施普林格·自然出版集团对媒体表示,撤稿不会造成今后对中国科学家的投稿采用更为严格的流程,但还是有人担心中国科研工作者的国际声誉因此受创——中国科学家的投稿或许会被预设为有问题而加大核查力度,延长投稿周期,甚至相关学术机构也会因此受到影响。

【延伸阅读】 博士"不知知网"事件

2019年2月初,网友发布视频,北京电影学院博士、获得北大光华管理学院博士后科研流动站入站资格的某著名演员Z,在直播互动中表示"不知知网为何物",从而引发公众对其论文和学术水平的质疑。经过相关部门调查,最终确定Z涉及学术不端行为,撤销其博士学位和北大光华管理学院博士后科研流动站入站资格。该事件的时间轴如下。

2018年6月29日,Z在微博上晒出北京电影学院的毕业照。

2018年8月26日,Z直播与网友互动期间,有粉丝问,他的博士论文能不能在"知网"搜到,Z回答"知网"是什么东西。

2019年1月31日,Z在微博上晒出北京大学博士后录用通知书。

2019年2月8日前的某一天,网友挖出Z"不知知网"的视频,并在网上发布,2月8日该词条上到百度热搜榜单,网友开启"大家一起来找茬"模式,不断爆料。

2019年2月9日,Z博士期间的一篇小论文《谈电视剧〈白鹿原〉中"白孝文"的表演创作》被网友扒出,并在知网进行查重,重复率达到40%之高。

2019年2月14日,Z通过个人微博账号对其错误反省、道歉,表示愿意配合调查,并申请退出(北京大学光华管理学院)博士后科研流动站的相关工作。

2019年2月15日,教育部新闻发言人续梅回应表示:①教育部对此高度重视,第一时间要求有关方面进行核查;②调查不仅涉及本人学术不端,也涉及工作中的各种环节;③重申教育部对学术不端的坚持零容忍态度;④绝对不能允许出现无视学术规矩,破坏学术规范,损害教育公平的行为,将坚持发现一起,核实一起,查处一起,绝不姑息。

第8章 大学生科研学术道德规范

2019年2月16日,北京大学发布《关于招募Z为博士后的调查说明》称,调查小组经调查确认Z存在学术不端行为,学校同意光华管理学院2月13日对Z作出退站(北京大学博士后科研流动站)的意见。另外,学校决定对Z的合作导师作出停止招募博士后的处理。

2019年2月19日,北京电影学院撤销Z博士学位,取消其导师的博士研究生导师资格。其他相关问题还在继续调查中。

在不到1个月的事件里,Z因学术不端行为,从博士、入站博士后身份到一无所有,对所有科研工作者都是一个警醒。只有严格要求、遵循学术规范、杜绝学术不端行为,才能在科研工作中有所收获。

8.2 有关学术道德和科研诚信的文件汇编

8.2.1 科研诚信案件调查处理规则(试行)

关于印发《科研诚信案件调查处理规则(试行)》的通知

国科发监〔2019〕323号

科研诚信建设联席会议成员单位,各省、自治区、直辖市及计划单列市科技厅(委、局),新疆生产建设兵团科技局:

《科研诚信案件调查处理规则(试行)》已经科研诚信建设联席会议第七次会议审议通过,现印发给你们,请遵照实施。

科技部　中央宣传部　最高人民法院

最高人民检察院　国家发展改革委　教育部

工业和信息化部　公安部　财政部

人力资源社会保障部　农业农村部　国家卫生健康委

国家市场监管总局　中科院　社科院

工程院　自然科学基金委　中国科协

中央军委装备发展部　中央军委科技委

2019年9月25日

科研诚信案件调查处理规则(试行)

第一章 总 则

第一条 为规范科研诚信案件调查处理工作,根据《中华人民共和国科学技术进步法》《中华人民共和国高等教育法》《关于进一步加强科研诚信建设的若干意见》等规定,制定本规则。

第二条 本规则所称的科研诚信案件,是指根据举报或其他相关线索,对涉嫌违背科研诚信要求的行为开展调查并作出处理的案件。

前款所称违背科研诚信要求的行为(以下简称科研失信行为),是指在科学研究及相关活动中发生的违反科学研究行为准则与规范的行为,包括:

(一)抄袭、剽窃、侵占他人研究成果或项目申请书;

（二）编造研究过程，伪造、篡改研究数据、图表、结论、检测报告或用户使用报告；

（三）买卖、代写论文或项目申请书，虚构同行评议专家及评议意见；

（四）以故意提供虚假信息等弄虚作假的方式或采取贿赂、利益交换等不正当手段获得科研活动审批，获取科技计划项目（专项、基金等）、科研经费、奖励、荣誉、职务职称等；

（五）违反科研伦理规范；

（六）违反奖励、专利等研究成果署名及论文发表规范；

（七）其他科研失信行为。

第三条 任何单位和个人不得阻挠、干扰科研诚信案件的调查处理，不得推诿包庇。

第四条 科研诚信案件被调查人和证人等应积极配合调查，如实说明问题，提供相关证据，不得隐匿、销毁证据材料。

第二章 职 责 分 工

第五条 科技部和社科院分别负责统筹自然科学和哲学社会科学领域科研诚信案件的调查处理工作。应加强对科研诚信案件调查处理工作的指导和监督，对引起社会普遍关注，或涉及多个部门（单位）的重大科研诚信案件，可组织开展联合调查，或协调不同部门（单位）分别开展调查。

主管部门负责指导和监督本系统科研诚信案件调查处理工作，建立健全重大科研诚信案件信息报送机制，并可对本系统重大科研诚信案件独立组织开展调查。

第六条 科研诚信案件被调查人是自然人的，由其被调查时所在单位负责调查。调查涉及被调查人在其他曾任职或求学单位实施的科研失信行为的，所涉单位应积极配合开展调查处理并将调查处理情况及时送被调查人所在单位。

被调查人担任单位主要负责人或被调查人是法人单位的，由其上级主管部门负责调查。没有上级主管部门的，由其所在地的省级科技行政管理部门或哲学社会科学科研诚信建设责任单位负责组织调查。

第七条 财政资金资助的科研项目、基金等的申请、评审、实施、结题等活动中的科研失信行为，由项目、基金管理部门（单位）负责组织调查处理。项目申报推荐单位、项目承担单位、项目参与单位等应按照项目、基金管理部门（单位）的要求，主动开展并积极配合调查，依据职责权限对违规责任人作出处理。

第八条 科技奖励、科技人才申报中的科研失信行为，由科技奖励、科技人才管理部门（单位）负责组织调查，并分别依据管理职责权限作出相应处理。科技奖励、科技人才推荐（提名）单位和申报单位应积极配合并主动开展调查处理。

第九条 论文发表中的科研失信行为，由第一通信作者或第一作者的第一署名单位负责牵头调查处理，论文其他作者所在单位应积极配合做好对本单位作者的调查处理并及时将调查处理情况报送牵头单位。学位论文涉嫌科研失信行为的，学位授予单位负责调查处理。

发表论文的期刊编辑部或出版社有义务配合开展调查，应当主动对论文内容是否违背科研诚信要求开展调查，并应及时将相关线索和调查结论、处理决定等告知作者所在单位。

第十条 负有科研诚信案件调查处理职责的相关单位，应明确本单位承担调查处理职责的机构，负责科研诚信案件的登记、受理、调查、处理、复查等。

第三章 调　　查

第一节　举报和受理

第十一条　科研诚信案件举报可通过下列途径进行：

（一）向被举报人所在单位举报；

（二）向被举报人单位的上级主管部门或相关管理部门举报；

（三）向科研项目、科技奖励、科技人才计划等的管理部门（单位）、监督主管部门举报；

（四）向发表论文的期刊编辑部或出版机构举报；

（五）其他方式。

第十二条　科研诚信案件的举报应同时满足下列条件：

（一）有明确的举报对象；

（二）有明确的违规事实；

（三）有客观、明确的证据材料或查证线索。

鼓励实名举报，不得恶意举报、诬陷举报。

第十三条　下列举报，不予受理：

（一）举报内容不属于科研失信行为的；

（二）没有明确的证据和可查线索的；

（三）对同一对象重复举报且无新的证据、线索的；

（四）已经做出生效处理决定且无新的证据、线索的。

第十四条　接到举报的单位应在15个工作日内进行初核。初核应由2名工作人员进行。

初核符合受理条件的，应予以受理。其中，属于本单位职责范围的，由本单位调查；不属于本单位职责范围的，可转送相关责任单位或告知举报人向相关责任单位举报。

举报受理情况应在完成初核后5个工作日内通知实名举报人，不予受理的应说明情况。举报人可以对不予受理提出异议并说明理由。符合受理条件的，应当受理；异议不成立的，不予受理。

第十五条　下列科研诚信案件线索，符合受理条件的，有关单位应主动受理，主管部门应加强督查。

（一）上级机关或有关部门移送的线索；

（二）在日常科研管理活动中或科技计划、科技奖励、科技人才管理等工作中发现的问题和线索；

（三）媒体披露的科研失信行为线索。

第二节　调　　查

第十六条　调查应制订调查方案，明确调查内容、人员、方式、进度安排、保障措施等，经单位相关负责人批准后实施。

第十七条　调查应包括行政调查和学术评议。行政调查由单位组织对案件的事实情况进行调查，包括对相关原始数据、协议、发票等证明材料和研究过程、获利情况等进行核对验证。学术评议由单位委托本单位学术（学位、职称）委员会或根据需要组成专家组，对案件涉及的学术问题进行评议。专家组应不少于5人,根据需要由案件涉及领域的同行科技专家、管理专家、科研伦理专家等组成。

第十八条　调查需要与被调查人、证人等谈话的,参与谈话的调查人员不得少于2人,谈话内容应书面记录,并经谈话人和谈话对象签字确认,在履行告知程序后可录音、录像。

第十九条　调查人员可按规定和程序调阅、摘抄、复印、封存相关资料、设备。调阅、封存的相关资料、设备应书面记录,并由调查人员和资料、设备管理人签字确认。

第二十条　调查中应当听取被调查人的陈述和申辩,对有关事实、理由和证据进行核实。可根据需要要求举报人补充提供材料,必要时经举报人同意可组织举报人与被调查人当面质证。严禁以威胁、引诱、欺骗以及其他非法手段收集证据。

第二十一条　调查中发现被调查人的行为可能影响公众健康与安全或导致其他严重后果的,调查人员应立即报告,或按程序移送有关部门处理。

第二十二条　调查中发现关键信息不充分,或暂不具备调查条件的,或被调查人在调查期间死亡的,可经单位负责人批准中止或终止调查。条件具备时,应及时启动已中止的调查,中止的时间不计入调查时限。对死亡的被调查人中止或终止调查不影响对案件涉及的其他被调查人的调查。

第二十三条　调查结束应形成调查报告。调查报告应包括举报内容的说明、调查过程、查实的基本情况、违规事实认定与依据、调查结论、有关人员的责任、被调查人的确认情况以及处理意见或建议等。调查报告须由全体调查人员签字。

如需补充调查,应确定调查方向和主要问题,由原调查人员进行,并根据补充调查情况重新形成调查报告。

第二十四条　科研诚信案件应自决定受理之日起6个月内完成调查。

特别重大复杂的案件,在前款规定期限内仍不能完成调查的,经单位主要负责人批准后可延长调查期限,延长时间最长不得超过一年。上级机关和有关部门移交的案件,调查延期情况应向移交机关或部门报备。

第四章　处　　理

第二十五条　被调查人科研失信行为的事实、性质、情节等最终认定后,由调查单位按职责对被调查人作出处理决定,或向有关单位或部门提出处理建议,并制作处理决定书或处理建议书。

第二十六条　处理决定书或处理建议书应载明以下内容:

(一)责任人的基本情况(包括身份证件号码、社会信用代码等);

(二)违规事实情况;

(三)处理决定和依据;

(四)救济途径和期限;

(五)其他应载明的内容。

做出处理决定的单位负责向被调查人送达书面处理决定书,并告知实名举报人。

第二十七条　作出处理决定前,应书面告知被处理人拟作出处理决定的事实、理由及依据,并告知其依法享有陈述与申辩的权利。被调查人没有进行陈述或申辩的,视为放弃陈述与申辩的权利。被调查人作出陈述或申辩的,应充分听取其意见。

第8章 大学生科研学术道德规范

第二十八条 处理包括以下措施：

（一）科研诚信诫勉谈话；

（二）一定范围内或公开通报批评；

（三）暂停财政资助科研项目和科研活动，限期整改；

（四）终止或撤销财政资助的相关科研项目，按原渠道收回已拨付的资助经费、结余经费，撤销利用科研失信行为获得的相关学术奖励、荣誉称号、职务职称等，并收回奖金；

（五）一定期限直至永久取消申请或申报科技计划项目（专项、基金等）、科技奖励、科技人才称号和专业技术职务晋升等资格；

（六）取消已获得的院士等高层次专家称号，学会、协会、研究会等学术团体以及学术、学位委员会等学术工作机构的委员或成员资格；

（七）一定期限直至永久取消作为提名或推荐人、被提名或推荐人、评审专家等资格；

（八）一定期限减招、暂停招收研究生直至取消研究生导师资格；

（九）暂缓授予学位、不授予学位或撤销学位；

（十）其他处理。

上述处理措施可合并使用。科研失信行为责任人是党员或公职人员的，还应根据《中国共产党纪律处分条例》等规定，给予责任人党纪和政务处分。责任人是事业单位工作人员的，应按照干部人事管理权限，根据《事业单位工作人员处分暂行规定》给予处分。涉嫌违法犯罪的，应移送有关国家机关依法处理。

第二十九条 有关机构或单位有组织实施科研失信行为的，或在调查处理中推诿塞责、隐瞒包庇、打击报复举报人的，主管部门应撤销该机构或单位因此获得的相关利益、荣誉，给予单位警告、重点监管、通报批评、暂停拨付或追回资助经费、核减间接费用、取消一定期限内申请和承担项目资格等处理，并按照有关规定追究其主要负责人、直接负责人的责任。

第三十条 被调查人有下列情形之一的，认定为情节较轻，可从轻或减轻处理：

（一）有证据显示属于过失行为且未造成重大影响的；

（二）过错程度较轻且能积极配合调查的；

（三）在调查处理前主动纠正错误，挽回损失或有效阻止危害结果发生的；

（四）在调查中主动承认错误，并公开承诺严格遵守科研诚信要求、不再实施科研失信行为的。

第三十一条 被调查人有下列情形之一的，认定为情节较重或严重，应从重或加重处理：

（一）伪造、销毁、藏匿证据的；

（二）阻止他人提供证据，或干扰、妨碍调查核实的；

（三）打击、报复举报人的；

（四）存在利益输送或利益交换的；

（五）有组织地实施科研失信行为的；

（六）多次实施科研失信行为或同时存在多种科研失信行为的；

（七）态度恶劣，证据确凿、事实清楚而拒不承认错误的；

（八）其他情形。

有前款情形且造成严重后果或恶劣影响的属情节特别严重,应加重处理。

第三十二条 对科研失信行为情节轻重的判定应考虑以下因素:

(一)行为偏离科学界公认行为准则的程度;

(二)是否有故意造假、欺骗或销毁、藏匿证据行为,或者存在阻止他人提供证据,干扰、妨碍调查,或打击、报复举报人的行为;

(三)行为造成社会不良影响的程度;

(四)行为是首次发生还是屡次发生;

(五)行为人对调查处理的态度;

(六)其他需要考虑的因素。

第三十三条 经调查认定存在科研失信行为的,应视情节轻重给予以下处理:

(一)情节较轻的,警告、科研诚信诫勉谈话或暂停财政资助科研项目和科研活动,限期整改,暂缓授予学位;

(二)情节较重的,取消3年以内承担财政资金支持项目资格及本规则规定的其他资格,减招、暂停招收研究生,不授予学位或撤销学位;

(三)情节严重的,所在单位依法依规给予降低岗位等级或者撤职处理,取消3~5年承担财政资金支持项目资格及本规则规定的其他资格;

(四)情节特别严重的,所在单位依法依规给予取消5年以上直至永久取消其晋升职务职称、申报财政资金支持项目等资格及本规则规定的其他资格,并向社会公布。

存在本规则第二条(一)(二)(三)(四)情形之一的,处理不应低于前款(二)规定的尺度。

第三十四条 被给予本规则第三十三条(二)(三)(四)规定处理的责任人正在申报财政资金资助项目或被推荐为相关候选人、被提名人、被推荐人等的,终止其申报资格或被提名、推荐资格。

利用科研失信行为获得的资助项目、科研经费以及科技人才称号、科技奖励、荣誉、职务职称、学历学位等的,撤销获得的资助项目和人才、奖励、荣誉等称号及职务职称、学历学位,追回项目经费、奖金。

第三十五条 根据本规则规定给予被调查人一定期限取消相关资格处理和取消已获得的相关称号、资格处理的,均应对责任人在单位内部或系统通报批评,并记入科研诚信严重失信行为数据库,按照国家有关规定纳入信用信息系统,并提供相关部门和地方依法依规对有关责任主体实施失信联合惩戒。

根据前款规定记入科研诚信严重失信行为数据库的,应在处理决定书中载明。

第三十六条 根据本规则给予被调查人一定期限取消相关资格处理和取消已获得的相关称号、资格处理的,处理决定由省级及以下地方相关单位作出的,决定作出单位应在决定生效后1个月内将处理决定书和调查报告报送所在地省级科技行政管理部门或哲学社会科学科研诚信建设责任单位和上级主管部门。省级科技行政管理部门应在收到后10个工作日内通过科研诚信信息系统提交至科技部。

处理决定由国务院部门及其所属单位作出的,由该部门在处理决定生效后1个月内将处理决定书和调查报告提交至科技部。

第三十七条 被调查人科研失信行为涉及科技计划(专项、基金等)、科技奖励、科技人才等的,调查处理单位应将调查处理决定或处理建议书同时报送科技计划(专项、基金等)、科技奖励和科技人才管理部门(单位)。科技计划(专项、基金等)、科技奖励、科技人才管理部门(单位)在接到调查报告和处理决定书或处理建议书后,应依据经查实的科研失信行为,在职责范围内对被调查人同步做出处理,并制作处理决定书,送达被处理人及其所在单位。

第三十八条 对经调查未发现存在科研失信行为的,调查单位应及时以公开等适当方式澄清。

对举报人捏造事实,恶意举报的,举报人所在单位应依据相关规定对举报人严肃处理。

第三十九条 处理决定生效后,被处理人如果通过全国性媒体公开作出严格遵守科研诚信要求、不再实施科研失信行为承诺,或对国家和社会做出重大贡献的,做出处理决定的单位可根据被处理人申请对其减轻处理。

第五章 申诉复查

第四十条 当事人对处理决定不服的,可在收到处理决定书之日起 15 日内,按照处理决定书载明的救济途径向做出调查处理决定的单位或部门书面提出复查申请,写明理由并提供相关证据或线索。

调查处理单位(部门)应在收到复查申请之日起 15 个工作日内作出是否受理决定。决定受理的,另行组织调查组或委托第三方机构,按照本规则的调查程序开展调查,作出复查报告,向被举报人反馈复查决定。

第四十一条 当事人对复查结果不服的,可向调查处理单位的上级主管部门或科研诚信管理部门提出书面申诉,申诉必须明确理由并提供充分证据。

相关单位或部门应在收到申诉之日起 15 个工作日内作出是否受理决定。仅以对调查处理结果和复查结果不服为由,不能说明其他理由并提供充分证据,或以同一事实和理由提出申诉的,不予受理。决定受理的,应再次组织复查,复查结果为最终结果。

第四十二条 复查应制作复查决定书,复查决定书应针对当事人提出的理由一一给予明确回复。复查原则上应自受理之日起 90 个工作日内完成。

第六章 保障与监督

第四十三条 参与调查处理工作的人员应遵守工作纪律,签署保密协议,不得私自留存、隐匿、摘抄、复制或泄露问题线索和涉案资料,未经允许不得透露或公开调查处理工作情况。

委托第三方机构开展调查、测试、评估或评价时,应履行保密程序。

第四十四条 调查处理应严格执行回避制度。参与科研诚信案件调查处理工作的专家和调查人员应签署回避声明。被调查人或举报人近亲属、本案证人、利害关系人、有研究合作或师生关系或其他可能影响公正调查处理情形的,不得参与调查处理工作,应当主动申请回避。

被调查人、举报人以及其他有关人员有权要求其回避。

第四十五条 调查处理应保护举报人、被举报人、证人等的合法权益,不得泄露相关信息,不得将举报材料转给被举报人或被举报单位等利益涉及方。对于调查处理过程中索贿受贿、违反保密和回避原则、泄露信息的,依法依规严肃处理。

第四十六条 高等学校、科研机构、医疗卫生机构、企业、社会组织等单位应建立健全调查处理工作相关的配套制度,细化受理举报、科研失信行为认定标准、调查处理程序和操作规程等,明确单位科研诚信负责人和内部机构职责分工,加强工作经费保障和对相关人员的培训指导,抓早抓小,并发挥聘用合同(劳动合同)、科研诚信承诺书和研究数据管理政策等在保障调查程序正当性方面的作用。

第四十七条 主管部门应加强对本系统科研诚信案件调查处理的指导和监督。

第四十八条 科技部和社科院对自然科学和哲学社会科学领域重大科研诚信案件应加强信息通报与公开。

科研诚信建设联席会议各成员单位和各地方应加强科研诚信案件调查处理的协调配合、结果互认和信息共享等工作。

第七章 附 则

第四十九条 从轻处理,是指在本规则规定的科研失信行为应受到的处理幅度以内,给予较轻的处理。

从重处理,是指在本规则规定的科研失信行为应受到的处理幅度以内,给予较重的处理。

减轻处理,是指在本规则规定的科研失信行为应受到的处理幅度以外,减轻一档给予处理。

加重处理,是指在本规则规定的科研失信行为应受到的处理幅度以外,加重一档给予处理。

第五十条 各有关部门和单位应依据本规则结合实际情况制定具体细则。

第五十一条 科研诚信案件涉事人员或单位属于军队管理的,由军队按照其有关规定进行调查处理。

相关主管部门已制定本行业、本领域、本系统科研诚信案件调查处理规则且处理尺度不低于本规则的,可按照已有规则开展调查处理。

第五十二条 本规则自发布之日起实施,由科技部和社科院负责解释。

9.2.2 高等学校预防与处理学术不端行为办法

中华人民共和国教育部令

第 40 号

《高等学校预防与处理学术不端行为办法》已于 2016 年 4 月 5 日经教育部 2016 年第 14 次部长办公会议审议通过,现予发布,自 2016 年 9 月 1 日起施行。

教育部部长
2016 年 6 月 16 日

高等学校预防与处理学术不端行为办法

第一章 总 则

第一条 为有效预防和严肃查处高等学校发生的学术不端行为,维护学术诚信,促进学术创新和发展,根据《中华人民共和国高等教育法》《中华人民共和国科学技术进步法》《中华

第8章 大学生科研学术道德规范

人民共和国学位条例》等法律法规,制定本办法。

第二条 本办法所称学术不端行为是指高等学校及其教学科研人员、管理人员和学生,在科学研究及相关活动中发生的违反公认的学术准则、违背学术诚信的行为。

第三条 高等学校预防与处理学术不端行为应坚持预防为主、教育与惩戒结合的原则。

第四条 教育部、国务院有关部门和省级教育部门负责制定高等学校学风建设的宏观政策,指导和监督高等学校学风建设工作,建立健全对所主管高等学校重大学术不端行为的处理机制,建立高校学术不端行为的通报与相关信息公开制度。

第五条 高等学校是学术不端行为预防与处理的主体。高等学校应当建设集教育、预防、监督、惩治于一体的学术诚信体系,建立由主要负责人领导的学风建设工作机制,明确职责分工;依据本办法完善本校学术不端行为预防与处理的规则与程序。

高等学校应当充分发挥学术委员会在学风建设方面的作用,支持和保障学术委员会依法履行职责,调查、认定学术不端行为。

第二章 教育与预防

第六条 高等学校应当完善学术治理体系,建立科学公正的学术评价和学术发展制度,营造鼓励创新、宽容失败、不骄不躁、风清气正的学术环境。

高等学校教学科研人员、管理人员、学生在科研活动中应当遵循实事求是的科学精神和严谨认真的治学态度,恪守学术诚信,遵循学术准则,尊重和保护他人知识产权等合法权益。

第七条 高等学校应当将学术规范和学术诚信教育,作为教师培训和学生教育的必要内容,以多种形式开展教育、培训。

教师对其指导的学生应当进行学术规范、学术诚信教育和指导,对学生公开发表论文、研究和撰写学位论文是否符合学术规范、学术诚信要求,进行必要的检查与审核。

第八条 高等学校应当利用信息技术等手段,建立对学术成果、学位论文所涉及内容的知识产权查询制度,健全学术规范监督机制。

第九条 高等学校应当建立健全科研管理制度,在合理期限内保存研究的原始数据和资料,保证科研档案和数据的真实性、完整性。

高等学校应当完善科研项目评审、学术成果鉴定程序,结合学科特点,对非涉密的科研项目申报材料、学术成果的基本信息以适当方式进行公开。

第十条 高等学校应当遵循学术研究规律,建立科学的学术水平考核评价标准、办法,引导教学科研人员和学生潜心研究,形成具有创新性、独创性的研究成果。

第十一条 高等学校应当建立教学科研人员学术诚信记录,在年度考核、职称评定、岗位聘用、课题立项、人才计划、评优奖励中强化学术诚信考核。

第三章 受理与调查

第十二条 高等学校应当明确具体部门,负责受理社会组织、个人对本校教学科研人员、管理人员及学生学术不端行为的举报;有条件的,可以设立专门岗位或者指定专人,负责学术诚信和不端行为举报相关事宜的咨询、受理、调查等工作。

第十三条 对学术不端行为的举报,一般应当以书面方式实名提出,并符合下列条件:

(一)有明确的举报对象;

（二）有实施学术不端行为的事实；

（三）有客观的证据材料或者查证线索。

以匿名方式举报，但事实清楚、证据充分或者线索明确的，高等学校应当视情况予以受理。

第十四条 高等学校对媒体公开报道、其他学术机构或者社会组织主动披露的涉及本校人员的学术不端行为，应当依据职权，主动进行调查处理。

第十五条 高等学校受理机构认为举报材料符合条件的，应当及时作出受理决定，并通知举报人。不予受理的，应当书面说明理由。

第十六条 学术不端行为举报受理后，应当交由学校学术委员会按照相关程序组织开展调查。

学术委员会可委托有关专家就举报内容的合理性、调查的可能性等进行初步审查，并作出是否进入正式调查的决定。

决定不进入正式调查的，应当告知举报人。举报人如有新的证据，可以提出异议。异议成立的，应当进入正式调查。

第十七条 高等学校学术委员会决定进入正式调查的，应当通知被举报人。

被调查行为涉及资助项目的，可以同时通知项目资助方。

第十八条 高等学校学术委员会应当组成调查组，负责对被举报行为进行调查；但对事实清楚、证据确凿、情节简单的被举报行为，也可以采用简易调查程序，具体办法由学术委员会确定。

调查组应当不少于3人，必要时应当包括学校纪检、监察机构指派的工作人员，可以邀请同行专家参与调查或者以咨询等方式提供学术判断。

被调查行为涉及资助项目的，可以邀请项目资助方委派相关专业人员参与调查组。

第十九条 调查组的组成人员与举报人或者被举报人有合作研究、亲属或者导师学生等直接利害关系的，应当回避。

第二十条 调查可通过查询资料、现场查看、实验检验、询问证人、询问举报人和被举报人等方式进行。调查组认为有必要的，可以委托无利害关系的专家或者第三方专业机构就有关事项进行独立调查或者验证。

第二十一条 调查组在调查过程中，应当认真听取被举报人的陈述、申辩，对有关事实、理由和证据进行核实；认为必要的，可以采取听证方式。

第二十二条 有关单位和个人应当为调查组开展工作提供必要的便利和协助。

举报人、被举报人、证人及其他有关人员应当如实回答询问，配合调查，提供相关证据材料，不得隐瞒或者提供虚假信息。

第二十三条 调查过程中，出现知识产权等争议引发的法律纠纷的，且该争议可能影响行为定性的，应当中止调查，待争议解决后重启调查。

第二十四条 调查组应当在查清事实的基础上形成调查报告。调查报告应当包括学术不端行为责任人的确认、调查过程、事实认定及理由、调查结论等。

学术不端行为由多人集体做出的，调查报告中应当区别各责任人在行为中所发挥的作用。

第二十五条 接触举报材料和参与调查处理的人员,不得向无关人员透露举报人、被举报人个人信息及调查情况。

第四章 认 定

第二十六条 高等学校学术委员会应当对调查组提交的调查报告进行审查;必要的,应当听取调查组的汇报。

学术委员会可以召开全体会议或者授权专门委员会对被调查行为是否构成学术不端行为以及行为的性质、情节等作出认定结论,并依职权作出处理或建议学校作出相应处理。

第二十七条 经调查,确认被举报人在科学研究及相关活动中有下列行为之一的,应当认定为构成学术不端行为:

(一)剽窃、抄袭、侵占他人学术成果;

(二)篡改他人研究成果;

(三)伪造科研数据、资料、文献、注释,或者捏造事实、编造虚假研究成果;

(四)未参加研究或创作而在研究成果、学术论文上署名,未经他人许可而不当使用他人署名,虚构合作者共同署名,或者多人共同完成研究而在成果中未注明他人工作、贡献;

(五)在申报课题、成果、奖励和职务评审评定、申请学位等过程中提供虚假学术信息;

(六)买卖论文、由他人代写或者为他人代写论文;

(七)其他根据高等学校或者有关学术组织、相关科研管理机构制定的规则,属于学术不端的行为。

第二十八条 有学术不端行为且有下列情形之一的,应当认定为情节严重:

(一)造成恶劣影响的;

(二)存在利益输送或者利益交换的;

(三)对举报人进行打击报复的;

(四)有组织实施学术不端行为的;

(五)多次实施学术不端行为的;

(六)其他造成严重后果或者恶劣影响的。

第五章 处 理

第二十九条 高等学校应当根据学术委员会的认定结论和处理建议,结合行为性质和情节轻重,依职权和规定程序对学术不端行为责任人作出如下处理:

(一)通报批评;

(二)终止或者撤销相关的科研项目,并在一定期限内取消申请资格;

(三)撤销学术奖励或者荣誉称号;

(四)辞退或解聘;

(五)法律、法规及规章规定的其他处理措施。

同时,可以依照有关规定,给予警告、记过、降低岗位等级或者撤职、开除等处分。

学术不端行为责任人获得有关部门、机构设立的科研项目、学术奖励或者荣誉称号等利益的,学校应当同时向有关主管部门提出处理建议。

学生有学术不端行为的,还应当按照学生管理的相关规定,给予相应的学籍处分。

学术不端行为与获得学位有直接关联的,由学位授予单位作暂缓授予学位、不授予学位或者依法撤销学位等处理。

第三十条 高等学校对学术不端行为作出处理决定,应当制作处理决定书,载明以下内容:

(一)责任人的基本情况;

(二)经查证的学术不端行为事实;

(三)处理意见和依据;

(四)救济途径和期限;

(五)其他必要内容。

第三十一条 经调查认定,不构成学术不端行为的,根据被举报人申请,高等学校应当通过一定方式为其消除影响、恢复名誉等。

调查处理过程中,发现举报人存在捏造事实、诬告陷害等行为的,应当认定为举报不实或者虚假举报,举报人应当承担相应责任。属于本单位人员的,高等学校应当按照有关规定给予处理;不属于本单位人员的,应通报其所在单位,并提出处理建议。

第三十二条 参与举报受理、调查和处理的人员违反保密等规定,造成不良影响的,按照有关规定给予处分或其他处理。

第六章 复核

第三十三条 举报人或者学术不端行为责任人对处理决定不服的,可以在收到处理决定之日起 30 日内,以书面形式向高等学校提出异议或者复核申请。

异议和复核不影响处理决定的执行。

第三十四条 高等学校收到异议或者复核申请后,应当交由学术委员会组织讨论,并于 15 日内作出是否受理的决定。

决定受理的,学校或者学术委员会可以另行组织调查组或者委托第三方机构进行调查;决定不予受理的,应当书面通知当事人。

第三十五条 当事人对复核决定不服,仍以同一事实和理由提出异议或者申请复核的,不予受理;向有关主管部门提出申诉的,按照相关规定执行。

第七章 监督

第三十六条 高等学校应当按年度发布学风建设工作报告,并向社会公开,接受社会监督。

第三十七条 高等学校处理学术不端行为推诿塞责、隐瞒包庇、查处不力的,主管部门可以直接组织或者委托相关机构查处。

第三十八条 高等学校对本校发生的学术不端行为,未能及时查处并做出公正结论,造成恶劣影响的,主管部门应当追究相关领导的责任,并进行通报。

高等学校为获得相关利益,有组织实施学术不端行为的,主管部门调查确认后,应当撤销高等学校由此获得的相关权利、项目以及其他利益,并追究学校主要负责人、直接负责人的责任。

第八章 附 则

第三十九条 高等学校应当根据本办法,结合学校实际和学科特点,制定本校学术不端行为查处规则及处理办法,明确各类学术不端行为的惩处标准。有关规则应当经学校学术委员会和教职工代表大会讨论通过。

第四十条 高等学校主管部门对直接受理的学术不端案件,可自行组织调查组或者指定、委托高等学校、有关机构组织调查、认定。对学术不端行为责任人的处理,根据本办法及国家有关规定执行。

教育系统所属科研机构及其他单位有关人员学术不端行为的调查与处理,可参照本办法执行。

第四十一条 本办法自2016年9月1日起施行。

教育部此前发布的有关规章、文件中的相关规定与本办法不一致的,以本办法为准。

9.2.3 哈尔滨工业大学学术道德规范(试行)

哈尔滨工业大学学术道德规范(试行)

第一章 总 则

第一条 为进一步弘扬我校"规格严格,功夫到家"的优良学风,规范全校师生员工的学术行为,端正学术风气,强化学术诚信意识,鼓励学术创新,健全学术评价机制,特制定《哈尔滨工业大学学术道德规范》。

第二条 本规范适用于哈尔滨工业大学全体师生员工,包括全体在编教学人员、研究人员、博士后、职员和在读博士生、硕士生、本科生等;也适用于以哈尔滨工业大学名义从事学术活动的访问学者和进修教师等。

第二章 基本学术道德规范

第三条 全校师生员工在从事科学研究的过程中,应严格遵守《中华人民共和国著作权法》《中华人民共和国专利法》和《国家自然科学基金条例》等国家有关法律、法规、社会公德及学术道德规范,要坚守严谨和诚信原则,应当遵守下述学术道德规范。

(一)在学术活动中,充分尊重他人已经获得的研究成果;引用他人成果时注明出处;所引用的部分不能构成引用人作品的主要部分或者实质部分;从他人作品转引第三人成果时,注明转引出处。

(二)合作研究成果在发表前要经过所有署名人审阅,并签署确认书。所有署名人对研究成果负责,合作研究的主持人对研究成果整体负责。

(三)在对自己或他人的作品进行介绍、评价时,应遵循客观、公正、准确的原则,在充分掌握国内外材料、数据基础上,做出全面分析、评价和论证。

第四条 全体师生员工不得有下述学术道德不端行为。

(一)抄袭、剽窃、侵吞、篡改他人学术成果。在学术活动过程中抄袭、篡改他人作品等成果,剽窃、篡改他人的学术观点、学术思想或实验数据、调查结果;违反职业道德利用他人重要的学术认识、假设、学说或者研究计划等行为。

(二)伪造、拼凑、篡改科学研究实验数据、结论、注释或文献资料。在自己的研究成果中,故意做出虚假的陈述,捏造、拼凑、篡改实验数据、结论或引用的资料、注释,改动原始文字记录和图片等行为。

（三）伪造学术经历。为专业技术职务晋升、资历评定及申报科技项目等,在填写有关个人简历信息及学术情况时,不如实报告个人简历、学术经历、学术成果,伪造专家鉴定、证书及其他学术能力证明材料等行为。

（四）一稿多投,重复或变相重复发表自己的科研成果等行为。将同一研究成果提交多个出版机构出版或提交多个出版物发表,将本质上相同的研究成果改头换面发表。

（五）未如实反映科研成果。虚报科研成果,或重复申报同级同类奖项,或随意提高成果的学术档次,在出版成果时不如实注明著、编著、编、译著、编译等行为。

（六）不当或滥用署名。未参加科学研究或者论著写作,而在别人发表的作品等成果中署名；未经被署名人同意而署其名等行为；在科研成果的署名位次上高于自己的实际贡献的行为；未经被署名人允许的随意代签、冒签；损害他人著作权,侵犯他人的署名权,将做出创造性贡献的人排除在作者名单之外。

（七）滥用学术信誉。在学术活动过程中夸大成果价值；未按照有关规定或学科管理惯例经过有关专家严格论证,或未经相关组织机构的学术论证,擅自通过新闻媒体发布、炒作研究成果,谋取个人或单位的不正当利益。

（八）其他违背学术界公认的学术道德规范的行为。包括授意（或指导教师默许其指导对象）、指使、协助他人进行有违学术道德规范的行为；在科研活动过程中违背社会道德,骗取经费、装备和其他支持条件等科研资源；故意干扰或妨碍他人的研究活动等行为。

第三章　处理机构及其职责

第五条　学校的学院（系）、相关职能部门在维护学术道德与诚信方面须履行下列职责。

（一）制定学术道德规范的相关政策,并向师生员工做广泛的宣传教育。

（二）把学术道德规范作为教师,尤其是新教师岗前培训的必修内容,并纳入本专科学生和研究生教育教学之中,把学风表现作为教师考评的重要内容,把学风建设绩效作为学校各级领导干部考核的重要方面,形成学术道德规范教育的长效机制。

（三）在人事录用、专业技术职务岗位聘任、研究生指导教师遴选、成果评审、项目立项、考核评估等工作中,充分发挥校、院（系）两级学术委员会的作用,须认真调查候选人遵守学术道德的情况。在一经发现有违背学术道德,以及损害学校权益和声誉的问题时,实行一票否决。

（四）对发现的有违反学术道德规范的情况,根据既定程序进行认真严肃的调查,并做出明确的结论,对确实存在违反学术道德行为的相关责任人,根据情节给予行政纪律处分或组织处理。

（五）及时向师生员工通报对违反学术道德行为处理的情况。

第六条　学校设立专门的学术道德委员会,是处理学术不端行为的最高学术调查评判机构。负责审议学校在学术道德方面的方针、政策和规范,分析和研究学校在学术道德方面存在的问题并提出意见和建议,调查、评议和仲裁校内知识产权纠纷、学术失范行为等学术道德相关的事项。

第七条　学术道德委员会由坚持原则、顾全大局、学风正派、公平客观、清正廉洁的资深

第8章 大学生科研学术道德规范

专家组成。

第八条 由科学与工业技术研究院、人事处、研究生院、学科建设办公室、教务处、学生工作处、纪委监察处等相关职能部门的负责人组成工作组,协助校学术道德委员会调查审议,并具体执行学校做出的处理决定。

第九条 校学术道德委员会下设工作办公室,作为日常执行机构,负责受理举报等日常工作。具体挂靠在科学与工业技术研究院基础研究部。

第四章 学术不端行为的举报和认定

第十条 在教师聘任、专业技术职务岗位聘任、职务晋升、著作出版、论文发表、成果奖励等过程中,实行信息公开制度,增强公开性和透明度,广泛接受社会监督。

第十一条 针对学术不端行为,校内外任何个人和组织可直接向相关院(系)、职能部门举报。若相关院(系)、职能部门未处理或处理不当,可再向学校学术道德委员会举报。

(一)在接到举报或已发现存在学术道德问题后,校学术道德委员会在5个工作日内,对于有初步证据证明可能涉及学术不端的行为,正式委托被举报人或当事人所属学科的专家或所在学院(系)的学术委员会委员(不少于3人)共同调查。当被调查对象涉及院(系)负责人或学术委员会委员时,校学术道德委员会可指定专门人员组成相对独立的工作调查组进行调查。

(二)参与调查的人员,包括校学术道德委员会委员或学科专家、学院(系)学术委员会委员,如涉及学术道德问题,或与当事人有亲属关系或特殊利益关系,应主动回避,退出调查。当事人有充分的理由证明参与调查人员与自己有特殊利益关系,不宜参加调查,经学术道德委员会主任批准,可以要求相关人士回避。

(三)对于正式列入调查的举报,应分别听取举报人和被举报人的陈述,并于30个工作日内完成事实认定,形成书面调查报告,提交校学术道德委员会。报告的结论以无记名投票方式表决。如有特殊情况,可向校学术道德委员会申请延长调查时间。

(四)校学术道德委员会将书面调查报告送达举报人和被举报人。在书面调查报告被送达后5个工作日内,举报人和被举报当事人可以书面形式提出对报告的不同意见。

(五)校学术道德委员会委员(不少于5人)在以上调查工作的基础上,开会审议,做出事实认定与处理意见,结论以无记名投票方式表决,三分之二通过有效。

(六)参与调查的所有人员在受理举报和调查过程中,一切程序和资料均在保密范围之内,不得泄露调查和处理情况,并须采取适当措施保护举报人、被举报人和证人。

第五章 处理与申诉

第十二条 校学术道德委员会对违反学术道德规范的个人可视其行为和情节,做出相应的处理建议。

(一)对于侵犯他人著作权、名誉权或专利权的人员,依照《中华人民共和国著作权法》《中华人民共和国民法通则》和《中华人民共和国专利法》等有关法律中的条款,当事人依法承担相应的法律责任。

(二)对于违背职业道德,违反本规范的教师及相关科研人员,将依据学术不端行为的性质和情节轻重,追究相关责任,处理方式包括:全校范围内通报批评、给予警告或记过处分;

暂缓申报高一级专业技术职务岗位及硕导、博导岗位;取消今后申报高一级专业技术职务岗位及硕导、博导岗位的资格;取消已有的专业技术职务岗位和硕导、博导岗位的聘任资格以及相应的工资福利待遇,按低一级的专业技术职务或学位享受其相应的工资、岗位津贴和其他福利待遇;撤消当事人行政职务;对其所从事的学术工作,可采取暂停、终止科研项目并追缴已拨付的项目经费,撤销其因违反学术道德行为而获得的有关学术奖励、学术荣誉及其他资格;给学校造成重大损失、情节严重者,给予当事人解聘、开除等行政处分。如当事人的行为侵犯其他个人或单位的权益,在给予上述处分的同时,责令其向有关个人或单位公开赔礼道歉,补偿损失。触犯国家法律的,移送司法机关处理。以上处理方式可以单独做出,也可以并用。

(三)对于违反本规范的在校学生,视情节轻重,追究相关责任,处理方式包括:全校范围内通报批评、警告、严重警告、记过、留校察看、开除学籍的纪律处分;撤销获得的有关奖励或其他资格;取消参加各类奖励评定的资格;取消申请获得相关学位的资格。如当事人的行为侵犯其他个人或单位的权益,在给予上述处分的同时,责令其向有关个人或单位公开赔礼道歉,补偿损失。对于在读期间违反本规范的已毕业学生,将依照问题的严重程度,给予相应的追加处分,直至撤销其所获学位,并通报其所在工作单位。以上处理方式,可以单独做出,也可以并用。

(四)对违反本规范教职员工的处分期限,一般为 2~4 年。在处分期限内,无申请及获得相关学位资格,无晋升高一级专业技术职务岗位资格,无晋升工资资格,无申请科研项目和学术奖励资格。处分察看期满,经校学术道德委员会和有关职能部门审查,确认其在受处分期限内能够认识到其学术不端行为,并有改正错误的实际行动,且未发现有新的违规行为,可获得正常聘任资格,并恢复其申请获得相关学位、晋升高一级专业技术职务岗位的资格。在处分期限内如被再次发现学术不端行为,将依规从严处理。

(五)校长办公会根据学术道德委员会提出的处理建议,正式决定处理意见,处分决定书应送达当事人和举报人。

第十三条 被举报人或当事人为教职员工,如对处分决定有异议,可在 15 个工作日内向上一级主管部门提出申诉;被举报人或当事人为学生,如对处分决定有异议,则按教育部《普通高等学校学生管理规定》第六十一条、六十二条、六十三条履行申诉程序。申诉期内不停止处分决定的执行。

第十四条 对恶意诬告者,经校学术道德委员会调查,参照第十二条做出相应处理或向有关机构提出处理建议。

第十五条 有关院系、各级管理部门及相关负责人有意掩盖事实真相、拖延不加处理,应受到相应组织处理和行政处分。

第十六条 查处结果在一定范围内公开,接受全校师生员工监督。

第六章 附 则

第十七条 本规范由校学术道德委员会负责解释。

第十八条 本规范经中共哈尔滨工业大学委员会常委会讨论通过,自发布之日起生效。

参 考 文 献

[1] 陈坤杰,张伟林.大学生科研训练教程[M].合肥:合肥工业大学出版社,2016.
[2] 罗伟民.大学生科技创新教育导论[M].上海:上海交通大学出版社,2014.
[3] 周苏,陈敏玲.创新思维与科技创新[M].北京:清华大学出版社,2017.
[4] 赵希文.大一年度项目学习指南[M].哈尔滨:哈尔滨工业大学出版社,2017.
[5] 赵希文.大学生创新创业实践导论[M].哈尔滨:哈尔滨工业大学出版社,2019.
[6] 赵希文.大学生项目学习的理论与实践[M].杭州:浙江大学出版社,2013.
[7] 赵希文,杨海.大学生项目学习导论[M].哈尔滨:哈尔滨工业大学出版社,2012.
[8] 赵希文.大学生学习方法导论[M].杭州:浙江大学出版社,2015.
[9] 张伟刚.科研方法导论[M].2版.北京:科学出版社,2017.
[10] 张丽君,王冬晓,张忠廉,大学新生科技技术研究基础[M].北京:北京理工大学出版社,2016.
[11] 孙洪义.创新创业基础[M].北京:机械工业出版社,2016.
[12] 美国巴克教育研究所.项目学习教师指南[M].北京:教育科学出版社,2010.
[13] 王雯姝,杜晶波.当前大学生学术道德缺失现象分析及引导[J].清华大学教育研究,2006(03):83-89.
[14] 吴莉霞.活动理论框架下的基于项目学习(PBL)的研究与设计[D].武汉:华中师范大学,2006.
[15] 国家级大学生创新创业训练计划专家工作组.国家级大学生创新创业训练计划工作手册[M].南京:东南大学出版社,2013.